스타트업,
아름다운
성공

스타트업, 아름다운 성공

스타트업 게임의
최종 종착지는 굿 엑시트다!

유효상 지음

클라우드나인
CLOUD 9

사업의 성공은 끝에서 시작된다

얼마 전 창업한 지 5년도 지나지 않은 스타트업을 2,000억 원이 넘는 금액으로 매각해 주위에 부러움을 산 안트러프러너entrepreneur를 만났다. 그는 힘들게 스타트업을 운영하는 많은 안트러프러너에게 부러움의 대상이었다. 언론사들은 앞다투어 그에게 '성공'이라는 왕관을 씌워주었다. 시끌벅적한 대관식이 끝난 후 오랜만의 만남이었고 나는 꽤 기분 좋은 긴장감을 느꼈다. 국내 스타트업 매각 규모로는 주목할 만한 사례에 해당되고 무엇보다 우리 스타트업계에 '엑시트 후'의 좋은 모델이 별로 없었는데 바람직한 선례가 될 스토리를 발굴할 수 있으리라는 기대가 컸던 탓이다. 하지만 그날의 만남은 깊은 공허함만 주었다.

스타트업계는 그의 성공적인 엑시트 후의 행보를 주목했다. 적극적으로 연쇄 창업에 도전하거나, 경제적 성공을 바탕으로 엔젤투자자 혹은 액셀러레이터로 변신하거나, 아니면 사회공헌활동에 적극적으로 참여하리라는 예측이 많았다. 스타트업 생태계가 발전한 나라에서 경제적으로 성공한 안트러프러너 행보가 대개 그러했기 때문이다.

하지만 그는 엑시트 후 새로운 도전에 나서지 않았다. 자발적으로 이른 은퇴를 선택한 것이라면 충분히 만족스러운 삶이었을 것이다. 하지만 그보다는 벼락부자들이 겪는 부작용을 앓고 있었다. 그의 인생 목표는 마치 수중의 돈 자체를 지키는 것인 듯 보였다. 주변을 경계하고 어렵게 쌓은 인적 네트워크를 단절했다. 뚜렷한 목표와 계획은 없지만 그렇다고 은퇴를 인정하지도 않았다. 창업 후 고난의 행군을 거듭하던 시기에도 생기를 잃지 않았던 눈빛과 여유로움은 어디에서도 찾아볼 수 없었다. 그가 다시 인생에서 추구할 만한 가치를 찾고 안트러프러너십entrepreneurship을 발휘해 새로운 목표를 설정하고 도전을 감행할 수 있을까? 쉽지 않아 보였다.

그의 경제적 성공은 자신의 삶을 풍요롭게 하기는커녕 오히려 영혼을 빈곤하게 만들었다. 왜 이런 일이 벌어졌을까? 원인을 단 한 가지로 말할 수는 없다. 그러나 가장 큰 원인이 무엇인지는 알 수 있다. 그는 스타트업 여정의 최종 목적지에 도달했다. 그것만으로도 성공이라 할 수 있고 경제적으로도 큰 성과를 거뒀다. 그러나 그에겐 엑시트 이후 삶의 목표와 계획이 전혀 없었다.

스타트업이 성장하면서 기업가치가 커지고 큰 금액으로 회사를 매각해 부자가 되는 건 바람직하다. 스타트업 생태계에서 게임의 법칙이자 가장 성공적인 엑시트 유형이다. 그러나 엄청난 돈을 벌었다는 것이 자신에게 반드시 해피엔딩인 것은 아니다. 실제로 경제적 성공을 거둔 안트러프러너 중에는 회사 매각을 후회하고 무기력, 우울증

세, 정체성 상실로 오랫동안 고통을 받는 경우가 적지 않다.

안트러프러너들이 미래를 확신할 수 없는 상황에서도 온갖 어려움을 극복해낼 수 있는 것은 성공의 결과가 곧 행복이라는 믿음 때문이다. 현장에서 만난 다수의 안트러프러너와 예비 창업가들은 "왜 창업을 하는가?"라는 질문에 "부자가 되고 싶다." 또는 "사회에 영향력을 발휘하고 싶다."라고 말한다. 하지만 이는 본질을 벗어난 답이다. 성공이 창업의 목표가 되려면 어떤 성공을 원하고 왜 그런 성공이 미래의 삶에 필요한지에 대한 답을 가지고 있어야 한다. 가령 부자가 목표라면 부자가 된 후 많은 돈으로 무엇을 할 것인지를 계획하는 것이 순서다. 사회에 영향력을 발휘하고 싶다면 이루고자 하는 구체적 삶의 모습을 그려놓아야 한다.

스타트업의 여정은 한 편의 게임과 같다. 모든 게임은 반드시 끝이 있다. 게임을 무사히 끝내면 다음 단계의 게임을 시작하거나 새로운 게임에 도전할 수 있다. 스타트업 게임의 시작은 창업이고 끝은 엑시트다. 게임을 시작한 모든 스타트업은 엑시트를 향해 전력질주해야한다. 하지만 엑시트 후를 계획하지 않은 전력질주의 끝은 결과가 어떻든 자신에게 긍정적이지 않다. 게임에서 여러 번 실패할 수 있으나정작 고통의 크기는 실패의 횟수보다 어떤 실패인가에 좌우된다. 어렵게 성공할 수 있으나 어떤 성공인가에 따라 삶의 질이 달라진다. 목표 달성 이후 방향을 잃은, 특히 성취한 부의 규모가 클수록 개인의 삶에 미치는 후유증은 생각보다 매우 크다.

스타트업의 진정한 성공은 끝에서 시작된다

에베레스트 정복을 꿈꾸는 산악인의 목표는 당연히 정상에 오르는 것이다. 정상을 정복하면 등반은 일단 성공이다. 그러나 최정상에 깃발을 꽂아도 등반은 끝나지 않는다. 반드시 무사히 산 아래로 내려와야만 한다. 산악인 엄홍길 대장은 산 중에서 최고로 힘든 산은 '하산'이라고 말한 적이 있다. 모두가 정상 정복에 환호하지만 실제로 등반은 정상 정복 후가 더 중요하고 어렵다는 의미다. 따라서 노련한 산악인일수록 치밀하게 계산된 하산 계획을 준비한다. 정상 정복은 등반의 성공 여부를 결정하지만 무사 귀환하지 못하면 영원히 다음 산에 오를 수 없다.

비즈니스도 이와 같다. 등반의 성공이 정상 정복으로 결정되듯 스타트업의 성공 여부는 엑시트로 결정된다. 엑시트란 안트러프러너 자신을 포함한 투자자들이 회사를 키우는 데 투자한 자금을 성공적으로 회수하는 행위를 말한다. 성공적인 엑시트는 주로 두 가지 방법으로 가능하다. 하나는 인수합병M&A을 통해 경제적 성공을 이루고 게임을 끝내는 것이다. 또 하나는 기업공개IPO를 통해 투자자들은 자금을 회수하고 안트러프러너는 경영자로서 더 큰 성장을 해나가는 것이다. 상장하면 스타트업으로서의 공식 게임을 끝낸 것이다. 상장 기업은 전혀 다른 룰의 비즈니스 게임을 다시 시작하게 된다. 스타트업은 매각이든 상장이든 엑시트에 성공하지 못하면 좀비가 되거나 파산 혹은 청산된다. 스타트업 세계에서 엑시트는 곧 완주를 의미한다. 그래서 엑시트는 경제적 규모와 수익과는 상관없이 그 자체로 성공이다.

그런데 엑시트도 좋은 엑시트가 있고 나쁜 엑시트가 있다. 당연히 목표는 좋은 엑시트여야 한다. 바람직한 성공을 준비하라는 얘기다. 좋은 성공이란 '모두가 행복한' 엑시트다. 안트러프러너는 자신이 만든 비즈니스 모델을 성공적으로 키워 희망하는 기업가치를 인정받아 충분한 보상을 받고 투자자, 임직원, 거래처 등 이해관계자들도 모두 합당한 보상을 받는 것이 행복한 엑시트다. 이 과정을 통해 안트러프러너는 성취감으로 충만해진다.

나쁜 엑시트는 이와 반대다. 안트러프러너에게 적절한 보상이 이뤄지지 않거나 함께 고생한 동료들이 실직하게 된다. 또는 안트러프러너 혼자 엑시트에 대한 모든 공치사를 하고 함께한 주변인들에게는 어떤 보상도 없다. 축하하는커녕 손가락질을 받으며 야반도주하듯 떠난다. 공들여 키운 기업이 결국 파괴되기도 한다. 경제적 성공을 이루었더라도 다음 목표로 나아가지 못하고 무희망의 상태에서 허우적댄다. 이 모든 과정에서 안트러프러너는 정체성을 잃고 과도한 상실감으로 고통받는다. 엑시트 자체는 성공했지만 내용적으로는 실패한 엑시트다. 좋은 엑시트를 에베레스트 등반에 비유하면 정상 정복뿐만 아니라 무사 귀환 후 다음 등반을 계획하는 것과 같다. 엑시트 후 경제적 성공을 기반으로 안트러프러너가 어떤 목표이든 다시 새로운 도전을 시작한다면 더할 나위 없이 아름다운 성공이라고 부를 만하다.

그런데 이런 행복한 결말은 비즈니스 초기부터 엑시트와 엑시트 후를 미리 고민하고 전략을 준비했을 때 이룰 확률이 높다. 세계적인 경영 구루들이 이구동성으로 "사업의 성공은 끝에서 시작된다."라고 말하는 까닭은 '최종 목표end game'가 명확해야 그곳에 도달하기 위해 무엇을 해야 하는지 알고 경영의 방향을 결정할 수 있기 때문이다.

비즈니스의 여정은 험난하다. 특히 맨땅에서 사투를 벌여야 하는 스타트업 초기는 하루하루가 생존을 위한 투쟁의 시간이다. 엑시트는 고사하고 엑시트 후를 고민할 여유가 거의 없다. 실제로 이 단계에서 많은 스타트업이 생을 마감한다. 살아남아 성장 단계로 진입해도 상황은 별반 다르지 않다. 그렇기에 안트러프러너들은 현재에 더 강하게 매몰되는 '활동의 함정activity trap'에 빠지기 쉽다. 눈앞에 산적한 문제에 집중하기 때문에 본질적이고 중요한 것, 즉 최종 목표인 엑시트는 급하지 않은 일로 치부되고 뒤로 미루어진다. 그 결과 방향을 잃고 잘못된 길을 가는 것이다.

스타트업 게임의 마지막 단계인 엑시트를 창업 초기부터 준비해야 하는 까닭은 안트러프러너 자신과 기업에 유리한 기회를 잡기 위해서다. 준비 과정이 있어야 좋은 기회를 알아보는 안목을 갖추게 된다. 그렇지 않으면 정작 엑시트를 해야 할 때 선택지가 없어 떠밀리듯 울며 겨자 먹기 식으로 결정해야 하는 상황에 맞닥뜨리게 된다. 많은 스타트업이 상장을 꿈꾸지만 실제 게임에서 상장을 통한 엑시트는 극히 미미하다. 따라서 현실적으로 '좋은' 엑시트 전략이라고 할 수 없다.

시기의 문제일 뿐 모든 안트러프러너는 언젠가 자신이 일군 사업을 떠난다. 스타트업은 그 시점이 생각보다 더 빨리 다가온다. 엑시트 준비가 빠를수록 스타트업의 생존 가능성이 커지고 강한 회사로 성장할 가능성도 커진다. 비즈니스 플랜이 엑시트라는 결승선에서 시작되어야 하는 까닭이다.

영원히 소유할 것처럼 경영하고 오늘 매각할 수 있게 준비하라

"비즈니스는 영원히 소유할 것처럼 경영하고 오늘이라도 당장 매각할 수 있도록 준비하라."는 말이 있다. 무슨 얘기인가? 가령 내가 평생 살 집을 짓는다고 하자. 작은 자재 하나도 허투루 고르지 않는다. 집을 팔 계획이 없어도 틈틈이 페인트칠하고 인테리어를 바꾼다. 이런 노력으로 집의 가치가 꾸준히 유지되고 높은 가격으로 팔 수 있다. 기업도 이와 같다. 당장 팔 수 있을 정도로 기업을 유지한다면 언제라도 엑시트의 기회가 왔을 때 최상의 가치를 인정받을 수 있다. 기업가치를 꾸준히 유지하기 위한 경영전략이 바로 '엑시트 플랜'이다.

좋은 플랜이 더 나은 엑시트를 가능하게 한다. 어떻게 시작해야 할까? 가장 먼저 안트러프러너의 자기인식이 필요하다. 스스로 '비즈니스의 목적'과 '삶의 궁극적 목표' 등을 질문함으로써 정체성을 인식해야 한다. 엑시트는 단지 테이블 위에 돈을 놓고 거래하는 행위가 아니다. 자신은 물론 가족, 직원, 거래처, 거래처 직원에게까지 지대한 영향을 미치는 결정이다. 직원과 투자자에 대한 책임감이 매우 중요하다. 엑시트를 준비하는 과정은 곧 자아성찰의 과정이다. 이런 성찰의 시간이 좋은 엑시트 플랜의 토대가 된다.

사실 엑시트는 스타트업 혼자 온전하게 결정할 수 있는 이벤트가 아니다. 매각은 매수 기업이 필요하다. 상대가 있는 게임이다. 상장은 기업공개의 문턱을 넘어야 한다. 매각이든 상장이든 원하는 타이밍에 원하는 기업가치로 엑시트를 할 수 있는 게 아니다. 하지만 매각, 상장, 혹은 승계 등 엑시트의 방식은 결정할 수 있다. 물론 일찌감치 준비된 엑시트 플랜이 있다면 말이다. 특히 매각을 통한 엑시트는 꼼꼼

한 준비가 필요하다. 성공적 매각은 운이 좋아 '일어나는' 것이 아니라 적극적으로 '만드는' 것임을 기억해야 한다.

엑시트는 선택할 수 있는 이벤트가 아니라 반드시 통과해야 할 관문이다. 안트러프러너라면 피할 수 없는 운명이다. 그러나 현장의 많은 안트러프러너가 엑시트의 중요성을 제대로 인식하지 못한다. 지금 안트러프러너로서 당신은 엑시트를 할 준비가 되어 있는가? 다음 질문에 답을 해보자.

나에 대한 질문

왜 스타트업을 하는가?

무엇을 이루고자 하는가?

어떻게 마무리하고 싶은가?

엑시트 후 무엇을 할 것인가?

비즈니스에 대한 질문

우리 회사를 사려는 인수자가 있는가?

(있다면) 왜 우리 회사를 사려고 하는가?

우리 회사의 가치는 얼마인가?

고평가받으려면 무엇을 해야 하는가?

이러한 간단한 질문에 답을 할 수 없다면 엑시트의 중요성을 충분히 알고 있지 못하며 준비도 전혀 되어 있지 않은 상태다. 엑시트 플랜은 막연하게 매출 규모나 희망하는 기업가치를 기준으로 대략의 타이밍을 생각하는 것과는 전혀 다르다.

엑시트는 매우 복잡하고 예민한 과정으로 진행된다. 전문적 지식이 필요하다. 그런데 시중에 창업 정보는 넘쳐날 만큼 많지만 상대적으로 엑시트 정보는 매우 부실하다. 눈을 현혹하는 숫자와 화려한 수식어를 제외하고 나면 정작 필요한 정보는 거의 찾을 수 없다.

엑시트 플랜을 준비하려면 엑시트의 유형, 타이밍, 과정 등을 알아야 한다. 무엇보다 먼저 엑시트의 파트너인 투자자에 관한 공부가 되어야 한다. 다양한 투자자들은 전혀 다른 의도의 엑시트를 추진한다. 어떤 유형의 투자자로부터 자금을 받았는가에 따라 엑시트의 방향이 달라진다. 투자자의 관점으로 비즈니스를 보고 엑시트 플랜을 고민해야 한다.

따라서 스타트업 게임을 성공적으로 완결하려면 좋은 전략이 필요하다. 좋은 전략은 충분한 학습을 전제로 한다. 이 책은 엑시트에 대한 기초적 이해를 돕기 위해 썼다. 스타트업 생태계와 조기 엑시트의 중요성, 비즈니스 모델과 엑시트 전략, 벤처캐피털의 속성, 밸류에이션의 과정 등 엑시트를 준비하는 과정에 반드시 알아야 할 내용을 쉽게 정리했다. 이 책을 통해 안트러프러너와 예비 창업가들이 엑시트 플랜의 중요성을 인식하고 각자에게 맞는 엑시트와 그 후의 모습을 고민하길 바란다. 더 나아가 현실적으로 가능한 전략을 수립하고 실제 경영에 실행함으로써 엑시트의 성공 가능성을 높여나가길 희망한다.

제대로 준비되지 않은 엑시트는 안트러프러너 자신과 주변 사람들을 모두 불행하게 할 수 있다. 매각을 통한 엑시트는 안트러프러너가 회사를 포기하는 선택이 아니다. 상장이 무조건 더 좋은 엑시트인 것도 아니다. 스타트업 생태계의 법칙은 오직 하나다. 안트러프러너, 스타트업, 투자자 모두 게임을 빨리 완결하고 다음 단계로 나아가야 살아남는다는 것이다. 게임에 참여하는 시간이 오래될수록 엑시트의 기회는 빠르게 줄어든다.

안트러프러너와 창업을 꿈꾸는 모든 이들이여, 오늘 당장 엑시트를 공부하자. 그리고 플랜을 세우자. 미지의 창공을 향해 힘차게 날아오른 안트러프러너들의 용기 있는 비행이 아름다운 성공으로 나아가기를 기원한다.

2022년 12월

유효상

| 차례 |

4부 **혁신 국가 전략** · 273

⑦장 **스타트업 게임의 법칙을 이해하라** · 275

1부

안트러프러너
전략

Start up

1장

창업 때 엑시트 전략이
있어야 한다

세계 경제 지도가 바뀌고 있다

미국 실리콘밸리의 IT 기업에서 일하는 마케터 A는 코로나 팬데믹으로 줄곧 재택근무를 했다. 그는 2년여 기간 거의 모든 시간을 집에서 보내야 했는데 재택근무를 시작한 후 곧 적응해 팬데믹 이전의 루틴을 되찾았다. 평소와 다름없는 시간에 일어나고 간단하게 아침 식사를 마치고 출근 시간에 맞춰 컴퓨터를 켠다.

먼저 구글 미트에 접속해 동료들과 인사를 나누고 구글 캘린더를 확인한다. 팀의 주요 일정을 확인하고 자신의 일정도 업데이트한다. 오전 회의 시간에 맞춰 줌에 접속한다. 한참 일에 집중하다 보면 어느새 오후다. 그런데 전날부터 심상치 않던 목의 통증이 꽤 심하다. 자연스럽게 스마트폰으로 텔라닥Teladoc 앱을 켜고 화상으로 진행하는 원격진료를 받는다. 퇴근 시간이 되어 컴퓨터를 끄고 눔Noom 앱을 켠다. 체중 관리를 위해 헬스케어 구독서비스를 이용 중이다. 처방된 칼로리와 식단을 확인하고 밀키트 구독 서비스인 헬로프레시**Hello Fresh**에 식사를 주문한다. 직접 요리하는 것을 즐기기에 평소 인스타카트 **Instacart** 앱으로 장을 보지만 오후에 몸 상태가 좋지 않아 간편하게 식사하고 일찍 잠을 청하기로 했다.

그의 일상은 실리콘밸리만의 라이프스타일은 아니다. 이미 우리가 사는 도시에서도 익숙한 일상이다. 첨단 디지털 기술 혁명이 평범한 일상 속으로 깊숙하게 들어온 지 오래다. 4차 산업혁명을 우리 생활에서 실현함으로써 삶의 방식을 바꿔나가고, 새로운 경제 패러다임을 주도하는 이들이 바로 스타트업이다.

세계는 지금 말 그대로 스타트업 열풍이다. 거의 모든 국가가 미래에 나아갈 방향으로 스타트업 중심의 경제를 말한다. 실제로 스타트업이 주도하는 정보기술 분야는 팬데믹 상황에서도 성장을 유지하고 있으며 매년 최소 5%씩 증가(IDC, Global ICT)할 것으로 예상된다. 스타트업이 경제 성장의 중심축을 담당할 것이라는 데 이견이 없다. 미국은 기업의 99%가 소규모이고 팬데믹 기간인 2021년에만 540만 개의 기업이 새롭게 탄생했다.

〈스타트업 관련 통계〉
- 스타트업은 주로 핀테크, 인터넷 소프트웨어 및 서비스, 전자상거래 및 D2C, 인공지능 및 의료 분야 (CB인사이트, 2022)
- 전 세계 스타트업의 61%는 B2B, 39%는 B2C (스태티스타, 2022)

전 세계 스타트업 현황

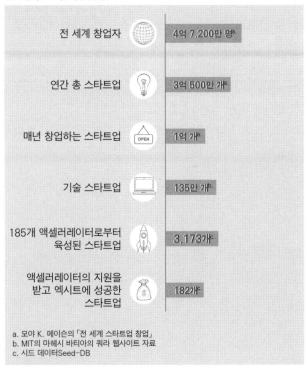

전 세계 창업자　　4억 7,200만 명[b]

연간 총 스타트업　3억 500만 개[b]

매년 창업하는 스타트업　1억 개[b]

기술 스타트업　135만 개[b]

185개 액셀러레이터로부터 육성된 스타트업　3,173개[c]

액셀러레이터의 지원을 받고 엑시트에 성공한 스타트업　182개[c]

a. 모야 K. 메이슨의 「전 세계 스타트업 창업」
b. MIT의 마헤시 바티아의 쿼라 웹사이트 자료
c. 시드 데이터Seed-DB

(출처: 겟2그로스)

- 전체 중소기업의 13%가 스타트업 (미국 중소기업청SBA, 2021)

- 스타트업의 75%는 개인 자금으로 시작함 (미국 중소기업청SBA, 2022)

- 스타트업의 50%가 2만 5,000달러 미만으로 창업, 12%는 초기 자본 25만 달러 이상이 듦 (미국 중소기업청SBA, 2022)

- 스타트업은 2020년에 300만 개 이상의 일자리를 창출함 (스태티스타, 2021)

- 미국 인구의 15.4%가 스타트업에 종사하거나 관련 있음 (스태티

스타, 2021)

- 나이가 많은 창업자가 성공할 가능성이 더 큼. 50세가 30세보다 성공할 확률이 2배 더 높음 (켈로그인사이트, 2018)

- 2021년 최고 투자자는 타이거글로벌매니지먼트로 328개 스타트 업에 투자함 (CB인사이트, 2022)

- 2022년에는 투자가 전년 대비 19% 감소했으며 대규모 투자는 30% 감소함 (CB인사이트, 2022)

- 2020년 미국에 하이테크 스타트업이 135만 개 존재함 (겟2그로 스, 2020)

- 하이테크 창업자의 평균 연령은 45세 (켈로그인사이트, 2018)

- 하이테크 스타트업은 유니콘까지 평균 1억 달러에서 2억 2,000 만 달러 펀딩 (맥킨지앤컴퍼니, 2021)

- 유럽 하이테크 스타트업은 주로 헬스케어(24%), SaaS(18%), 핀테 크(16%) (맥킨지앤컴퍼니, 2021)

- 유럽은 유니콘까지 최대 10년이 소요됨 (맥킨지앤컴퍼니, 2021)

- 유니콘의 45%가 미국에 있으며, 북미와 아시아-태평양 지역은 전 세계 유니콘의 90%를 보유함 (스태티스타, 2022)

- 유럽은 전 세계 스타트업의 3분의 1 이상이지만 유니콘은 14% (맥킨지앤컴퍼니, 2021)

- 영국은 '스타트업' 관련 검색이 1위를 기록함 (마이크로비즈매거진, 2021)

- 시리즈A 스타트업의 47% 이상이 한 달에 40만 달러 이상을 지출 함 (펀즈)

- 창업비용 중 가장 큰 지출은 급여이며, 미국의 경우 5명의 직원에 대해 평균 300만 달러를 지출함 (스마트에셋)
- 미국 스타트업의 53%는 여성 임원이 최소 한 명 이상 (포츄리)
- 공동 창업이 단독 창업보다 163% 많음 (퍼스트라운드캐피털)
- 스타트업은 한 명 이상 고용에 평균 6개월이 소요됨 (『포브스』)
- 스타트업은 직원 수 11~50명에서 실패율이 가장 높음 (페일로리)
- 경험만으로 성공적인 팀 구성이 어렵고 안트러프러너십과 열정이 중요함 (『하버드 비즈니스 리뷰HBR』)
- 창업팀에 여성이 한 명이라도 있는 경우가 남성으로만 이루어진 팀보다 63% 더 나은 성과를 보임 (퍼스트라운드캐피털)
- 2019년 안트러프러너의 남녀 비율은 10:7 (글로벌 기업가정신 모니터GEM)

스타트업은 오늘날 세계 경제지도를 바꾸고 있다. 이런 변화의 중심에 스타트업의 꽃으로 불리는 유니콘 기업(이하 유니콘)이 있다. 유니콘은 기업가치 10억 달러(1조 3,000억 원) 이상의 비상장 스타트업을 말한다. 유니콘은 안트러프러너와 투자자 모두에게 매우 매력적인 존재라고 할 수 있다. 투자자라면 누구나 그런 회사에 투자하고 싶어할 것이고 예비 창업자라면 그런 회사를 창업하는 것을 꿈꾸며 하다못해 그런 회사에서 일이라도 해보고 싶어한다. 하지만 그런 회사는 정말 흔하지 않다. 2013년 유니콘이라는 용어가 처음 등장했을 때만 하더라도 10년간 유니콘은 단지 39개에 불과했다.

하지만 불과 10년 사이에 유니콘의 숫자는 폭발적으로 증가했다. 주요 스타트업 시장조사 기관과 미디어를 통해 발표된 유니콘 통계를 종합해보면 2022년 8월 기준 전 세계 유니콘 수는 기업공개나 인수합병을 통해 엑시트가 된 엑시콘을 제외하고 약 2,500개 정도로 추정된다. 상세한 회사 명단과 내용은 CB인사이트(1,180개 2022년 8월 13일), 크런치베이스(1,387개 2022년 8월 13일), 중국의 후룬연구소(1,048개 2021년 12월 20일) 등 유니콘 정보를 제공하는 매체에서 확인할 수 있다. 그런데 이 중 무려 1,000개 이상이 코로나 팬데믹 시기에 탄생했다.

유니콘이라는 용어를 스타트업 분야에 처음 사용한 사람은 미국 벤처캐피털 카우보이벤처스의 대표인 에일린 리**Aileen Lee**다. 그는 시드 **seed** 단계를 주로 투자했는데 효과적인 투자 전략을 연구할 목적으로 2003년부터 10여 년 동안 실리콘밸리에서 투자받은 스타트업의 기업가치가 어떻게 변했는지를 추적했다. 그는 무려 6만 건의 투자 사례를 살펴보던 중 천문학적으로 기업가치가 오른 39개의 스타트업을 발견하고는 '이 희귀한 스타트업들을 분석해보면 투자해서 대박을 낼 회사를 예측할 수 있을 것'으로 확신했다. 그는 이러한 기업을 상상 속 동물인 '유니콘**unicorn**'이라고 명명했다. 그리고 분석결과를 '유니콘 클럽에 오신 것을 환영합니다: 10억 달러 스타트업 클럽에서 배우다**Welcome To The Unicorn Club: Learning From Billion-Dollar Startups**'라는 제목의 기고를 통해 공개했다. 당시 에일린은 유니콘의 탄생 확률은 투자받은 스타트업의 1,538개당 1개인 0.065%로 분석했다.

여기서 주목할 점은 유니콘의 개념이 아니라 탄생 배경이다. 설립

글로벌 금융위기 직전 전 세계 시가총액 순위 (2007년 5월 31일)

1	액손모빌	4,685억 달러
2	GE	2,866억 달러
3	마이크로소프트	2,936억 달러
4	씨티그룹	2,695억 달러
5	패트로차이나(중)	2,618억 달러
6	AT&T	2,548억 달러
7	로열더치셸(영)	2,408억 달러
8	BoA	2,250억 달러
9	중국공상은행(중)	2.233억 달러
10	토요타(일)	2,163억 달러

(출처: 각국 주식시장 참조)

한 지 얼마 지나지 않은 스타트업의 기업가치가 10억 달러를 넘는 현상은 '기대'와 '돈'이 만들어낸 결과다. 유니콘은 투자자가 향후 수십억 달러 이상의 기업가치를 기대하며 대규모 자금을 투자하면서 탄생한 것이다. 결국 유니콘은 투자자 관점에서 고수익이 예측되는 '대박 투자 모델'을 의미한다. 역사적으로 최고 수익률을 기록한 벤처펀드는 여러 스타트업에 투자했는데 단 몇 개가 대박을 터뜨려서 전체적으로 큰 수익을 내왔다. 아울러 계속해서 펀드 규모가 커지면서 점점 더 대규모의 엑시트가 요구되는 시점에서 투자자들에게는 유니콘이 구세주와 같은 존재가 된 것이다.

세계적으로 유니콘이 증가하는 이유는 천문학적 자금이 계속해서 스타트업계에 투자되고 있기 때문이다. 글로벌 투자 규모가 확대됨에 따라 유니콘을 넘어 기업가치가 100억 달러를 넘는 데카콘과 1,000억 달러 이상인 헥토콘이 탄생했다. 투자의 흐름은 미래 경제를 예측할 수 있는 훌륭한 방향타다. 스타트업에 자본이 몰리는 현상은 그만

코로나19 이후 전 세계 시가총액 순위 (2022년 11월 20일)

(% 연초 대비 시가총액 변화)

1	애플	2.40조 달러 (-17.0%)	3,232조 원
2	아람코(사우디)	1.97조 달러 (+3.4%)	2,639조 원
3	마이크로소프트	1.79조 달러 (-28.7%)	2,414조 원
4	구글	1.26조 달러 (-34.0%)	1,688조 원
5	아마존	9,833억 달러 (-41.8%)	1,324조 원
6	버크셔헤서웨이	6,842억 달러 (+2.2%)	916조 원
7	테슬라	5,605억 달러 (-47.1%)	764조 원
8	유나이티드헬스	4,952억 달러 (+4.7%)	665조 원
9	엑손	4,615억 달러 (+77.9%)	619조 원
10	존슨앤존슨	4,606억 달러 (+2.2%)	618조 원

12. TSMC -25.9%　13. 월마트 +1.6%　15. 엔비디아 -47.7%　16. LVMH -12.2%
24. 삼성전자 -29.7%　26. 메타 -67.7%　27. 마오타이 -31.5%　86. 넷플릭스 -52.0%
연초 대비　다우지수 -7.1%　나스닥지수 -28.7%

(출처: 각국 주식시장 참조)

큼 세계 경제가 굉장히 빠르게 변하고 있으며 그 중심에 스타트업이 자리잡고 있음을 나타낸다. 거대 자본으로부터 수조 원에서 수백조 원의 기업가치를 인정받은 유니콘, 데카콘, 헥토콘의 거침없는 행보는 놀랍기만 하다. 이들 중 엑시콘이 된 회사들은 일찌감치 지난 시대를 풍미했던 GE, IBM, 엑손모빌과 같은 전통적 글로벌 기업을 밀어내고 세계 시가총액 상위권을 차지했다. 세상이 정말 빠르게 바뀌고 있다.

2022년 상반기에 들어서 투자 규모가 줄기는 했지만 2020년과 2021년 코로나 팬데믹 기간에 전 세계에서 스타트업 투자가 천문학적으로 증가했다. 북미, 유럽, 아시아 모두 공통된 현상이다. 특히 미국은 지금까지 엄청난 규모의 투자를 하고도 여력이 상당하다. 우리나라 현황도 이와 다르지 않다. 2020년 국내 벤처투자는 역대 최대 규모였던 2019년 4조 2,777억 원보다 268억 원이 더 늘어난 4조

3,045억 원을 기록했으며 2021년에는 무려 7조 7,000억 원의 투자가 진행됐다. 2022년에는 6월까지 매월 1~2조 원의 투자가 진행되고 있어서 이내로라면 10조 원을 넘길 것으로 예상된다.

한마디로 스타트업 경제의 판이 커졌다. 바야흐로 우리나라도 스타트업 전성시대가 열린 듯하다. 그러나 이런 수치들이 곧 스타트업 생태계의 봄날을 뜻하지는 않는다. 투자 규모가 커지면서 유니콘이 증가하고 세간의 눈이 이들의 화려한 플레이에 취해 있다. 하지만 스타트업 생태계의 현실은 이들과는 거리가 멀다.

스타트업의 10%만이 성공한다

한 나라의 스타트업에 대한 관심도를 나타내는 지표는 창업률이다. 스타트업 창업률은 세계 주요 국가에서 모두 증가세다. 우리나라의 창업 열기도 뜨겁다. 청년층의 창업 의향이 무려 72.2%에 달한다. 일회적 현상이 아니라 과거 수년간 꾸준히 이어지는 흐름이다.

2022년 중소벤처기업부가 발표한 「2019년 창업 기업실태조사」 결과를 보면 2019년 말 기준 업력 7년 이하 창업 기업은 196만 3,000개로 나타났다. 그중 제조업은 17만 4,488개(8.9%)이고 지식서비스업은 32만 1,909개(16.4%)다. 지식서비스업은 정보통신, 금융·보험, 전문·과학, 사업지원, 교육서비스, 보건·사회복지, 예술, 스포츠, 수상·항공업종을 말한다. 경제협력개발기구OECD 기준에 따라 제조업과 지식서비스업을 합쳐 기술 기반 업종이라 부른다. 기술 기반 업종은 49만 6,397개(25.3%)에 달했다.

2017~2019년 주요 업종별 창업기업 현황

구분	2017		2018		2019		전년 대비 증감률
	기업수(개)	비중(%)	기업수(개)	비중(%)	기업수(개)	비중(%)	
전체	1,747,791	100.0	1,874,532	100.0	1,962,665	100.0	4.7
기술 기반 업종	**439,715**	**25.2**	**475,011**	**25.3**	**496,397**	**25.3**	**4.5**
제조업	157,012	9.0	170,441	9.1	174,488	8.9	2.4
지식서비스업	282,703	16.2	304,570	16.2	321,909	16.4	5.7
비기술 기반 업종	1,308,076	74.8	1,399,521	74.7	1,466,268	74.7	4.8

기술 기반 업종: 제조업 및 일부 지식서비스업(정보통신, 금융·보험, 전문·과학, 사업지원, 교육서비스, 보건·사회복지, 예술, 스포츠, 수상·항공업)
※ 경제협력개발기구OECD 및 유럽연합EU 기준 적용

2017~2019년 대표자 연령대별 창업기업 현황

구분	2017		2018		2019		전년 대비 증감률
	기업수(개)	비중(%)	기업수(개)	비중(%)	기업수(개)	비중(%)	
전체	1,747,791	100.0	1,874,532	100.0	1,962,665	100.0	4.7
청년층	478,263	27.4	520,666	27.8	543,595	27.7	4.4
20대	93,487	5.3	109,049	5.8	**121,822**	**6.2**	**11.7**
30대	384,776	22.0	411,617	22.0	421,773	21.5	2.5
중장년층	1,268,006	72.5	1,352,126	72.1	1,416,641	72.2	4.8
40대	583,750	33.4	601,537	32.1	611,014	31.1	1.6
50대	483,750	27.7	520,707	27.8	545,685	27.8	4.8
60대	200,336	11.5	229,882	12.3	**259,942**	**13.2**	**13.1**
연령 미상*	1,522	0.1	1,740	0.1	2,429	0.1	39.6

※ 연령 미상: 통계청 모집단(기업통계등록부) 데이터상 누락 개인정보
(출처: 중소벤처기업부)

대표자 연령은 40대가 31.1%로 가장 많았다. 또 60대 이상이 13.2%, 20대 이하도 6.2%에 달했다. 업력별로는 창업 1년 이하가 26%로 가장 많았다. 이어 1년 초과~3년(20%), 2년 초과~3년 이하(15.3%), 3년 초과~4년 이하(12.5%), 4년 초과~5년 이하(10.4%), 5년 초과~6년 이하(8.7%), 6년 초과~7년 이하(7.2%) 순으로 집계됐다. 20대 이하 창업자

와 60대 이상 창업자가 전년보다 많이 증가했다.

2021년 한 해에만 국내에서 창업한 기업도 12만 5,000여 개에 이른다. 적지 않은 수치다. 그들은 과연 시장에서 얼마나 생존하고 있을까? 국내 창업 기업의 1년 생존율은 68%다. 10개 중 3개의 창업 기업이 1년 안에 망한다. 2년 생존율은 52.8%다. 3년 생존율은 42.5%다. 이렇게 계속 줄어서 5년 생존율은 29.2%로 크게 낮아진다(중소벤처기업부, 2020). 창업 기업 10개 중 7개가 창업 후 5년 안에 시장에서 사라지고 있다.

그런데 한 해 창업 기업 12만 5,000개는 도심의 푸드트럭부터 카페와 식당 등 자영업형 창업을 모두 포함한 수치다. 그중 우리가 말하는 '스타트업'은 과연 얼마나 될까? 공식 업종 분류에 따라 스타트업은 '기술창업'에 해당하며 연간 수만 개가 새로 탄생하는 것으로 추정된다. 기술창업의 기준은 최종 생산물이다. 기술제품 혹은 기술서비스를 생산하거나 제공해야 기술창업으로 분류된다. 우버와 에어비앤비는 차량과 숙박을 공유하고 배달의민족은 음식을 배달하는 등 이종의 서비스를 연결하는 플랫폼 비즈니스 모델이다. 이런 스타트업들은 실제로 내부적으로는 최고 수준의 인공지능 기술과 알고리즘을 개발하고 보유하고 있다. 하지만 외부적으로 기술을 제공하는 서비스도 아니고 원천 기술을 개발하지 않은 것으로 보인다. 따라서 스타트업의 기준을 단순히 업종으로 분류하는 것은 의미 없는 일이다.

스타트업과 일반 생계형 자영업은 정확하게 구분해야 한다. 그들의 생존율은 다르게 해석되어야 하기 때문이다. 가령 나 홀로 창업한 두 사람이 있다고 하자. 한 사람은 중학교 앞에 작고 예쁜 떡볶이 가게를 창업했다. 초기 자금이 부족했던 사장은 직원을 고용하지 않고 잠을 줄여가며 고투했다. 몇 년 후 SNS 맛집으로 입소문이 나면서 직원도 고용하고 분점도 개선하는 등 안정적 기반을 마련했다. 자영업형 창업은 이처럼 나 홀로 땀 흘리며 버티는 방식의 생존이 수년 후 성공으로 이어지는 사례가 다수다. 그래서 버티는 생존 자체가 중요하고 또 의미가 있다.

그러나 스타트업은 다르다. 그들은 혁신 기술을 적용한 비즈니스 모델을 기반으로 창업한다. 시장에서 실현되고 미래 확장 가능성이 검증되기까지 꾸준히 자금을 조달해서 상당한 규모로 성장해야 한다. 그러다 보니 스타트업은 5년 동안 외부 투자 없이 버티기가 어렵다. 설령 자력으로 버틴다고 해도 전문가로부터 인정받지 못한 비즈니스임이 입증된 것이다. 스타트업이 5년 이상을 무작정 버티는 건 큰 의미가 없다. 그보다는 빨리 실패를 인정하고 새로운 비즈니스 모델로 재도전하는 것이 더 지혜롭고 또 필요하다.

우리와는 다르게 구체적인 데이터를 기반으로 스타트업 생존율을 조사하는 미국은 일찌감치 '스타트업의 90%가 실패한다.'라는 결론을 내렸다. 여기서 실패란 대부분 투자유치, 즉 펀딩의 실패를 말한다. 10개 스타트업 중 9개가 단 한 차례의 적은 금액의 투자조차 받지 못하고 폐업한다. 그런데 시드 투자를 받은 10% 중에서도 벤처캐피털 등 기관투자자의 투자를 받은 스타트업은 25%에 불과하다. 그리고 여기서 단 2%만이 기업공개와 인수합병을 통해 엑시트에 성공한다. 미국은 한 해 약 50만 개의 스타트업이 창업된다고 한다. 그중 상장에 성공한 기업은 고작 0.1%에 불과한 게 현실이다. 투자를 받지 못한 스타

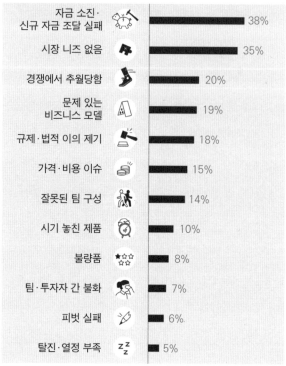

스타트업이 실패하는 12가지 이유

이유	비율
자금 소진·신규 자금 조달 실패	38%
시장 니즈 없음	35%
경쟁에서 추월당함	20%
문제 있는 비즈니스 모델	19%
규제·법적 이의 제기	18%
가격·비용 이슈	15%
잘못된 팀 구성	14%
시기 놓친 제품	10%
불량품	8%
팀·투자자 간 불화	7%
피벗 실패	6%.
탈진·열정 부족	5%

(출처: CB인사이트)

트업과 투자를 받았더라도 엑시트하지 못한 스타트업은 폐업하거나 좀비 상태로 생존한다. 스타트업 생태계에서 의미 있는 생존이란 폐업신고를 하지 않고 버티는 것이 아니다. 지속적으로 투자를 유치하는 상태를 말한다.

미국이든 우리나라든 스타트업 생태계의 현실은 똑같이 혹독하다. 이런 환경에서 어떻게 생존하고 성장의 동력을 만들어갈 수 있을까? 실리콘밸리 생존율 10%에 답이 있다. 실리콘밸리의 벤처투자는 평균 400여 개 스타트업을 꼼꼼하게 심사하고 그중 1개 기업에 이뤄진다.

10%에 포함되는 스타트업은 모두 400:1의 경쟁을 통과한 우수 기업이다. 투자의 가장 중요한 기준은 '고수익'이다. 투자자는 미래 기업가치의 상승이 기대되지 않는 스타드입에 투자하지 않는다. 미래 기업가치를 판단하는 기준은 비즈니스 모델이다. 생존율 10%는 곧 스타트업의 경쟁력을 뜻한다. 벤처투자의 깐깐한 허들을 통해 될 만한 비즈니스 모델이 가려진다. 스타트업이 생존하지 못하는 것은 단지 돈이 없기 때문만은 아니다. 중요한 건 성장 역량이다. 가령 정책자금 지원을 통해 강제로 투자 허들을 낮춘다고 하자. 초기 스타트업 생존율은 높아질 것이다. 하지만 스스로 살아갈 능력, 즉 경쟁력 없는 비즈니스 모델은 결국 오래 버티지 못하고 망한다. 돈을 줘서 생존시키는 방식의 지원은 스타트업 생태계를 좀비가 생존하기 좋은 환경으로 만들 뿐이다.

결론적으로 창업을 많이 하면 할수록 펀드 역시 최소한 같은 비율로는 늘어나야 생존율을 제자리라도 지킬 수 있다. 생존율이 같더라도 창업 기업의 숫자가 늘어나면 투자를 받지 못해 문을 닫는 스타트업이 늘어날 수밖에 없다. 또한 지속적으로 펀드의 규모를 키우고 좋은 스타트업이 계속 늘어난다고 해도 상장을 위한 주식시장이 무제한으로 늘어날 수도 없고 전략적 투자자SI, Strategic Investor들이 끊임없이 인수합병을 할 수도 없다. 그 때문에 무작정 창업을 유도하고 벤처투자를 늘리는 정책이나 분위기 조성은 굉장히 안이하고 무책임한 처사라 할 수 있다.

스타트업은
자금조달 방식이 다르다

스타트업이란 무엇인가? 모두 안다고 생각하지만 명확하게 개념을 이해하는 경우는 적다. 『린 스타트업』의 저자 에릭 리스Eric Ries는 스타트업을 '극심한 불확실성 속에서 새로운 제품이나 서비스를 만들고자 하는 조직'으로 정의한다. 와이콤비네이터의 공동 창업자 폴 그레이엄Paul Graham은 '스타트업은 곧 성장'이라고 말한다. 성장이야말로 스타트업의 본질이라는 주장이다. 실리콘밸리의 대표적인 연쇄창업자 스티브 블랭크Steve Blank는 '스타트업은 반복적이고 확장 가능한 비즈니스 모델을 찾아내기 위해 만들어진 조직'이라고 말한다. 그들의 얘기를 종합하면 스타트업의 특징은 '극심한 불확실성' '성장' '비즈니스 모델'의 3가지 핵심 키워드로 정리된다.

스타트업의 정체성은 무엇인가? 먼저 구조를 이해해야 한다. 스타트업은 반드시 두 개의 구성 요소를 갖춰야 한다. 첫째, 시장에서 확장 가능한 비즈니스 모델이 있어야 한다. 둘째, 그 비즈니스 모델을 기반으로 사업을 이끌고 나가는 안트러프러너가 있어야 한다. 즉 스타트업은 '안트러프러너가 확장 가능한 비즈니스 모델을 찾고 개발하고 입증하기 위해 만든 회사'다.

스타트업은 비즈니스 모델을 '개발'하고 시장에서 확장 가능한지 '입증'하는 것을 목표로 한다. 완성된 비즈니스 모델이 아니라 '미래의 확장 가능성'이 기업가치의 핵심이다. 그래서 스타트업은 태생적으로 불확실성이 매우 높다. 스타트업의 일부만이 성공을 경험하며 그중에서도 극히 일부만이 유니콘이 된다. 그런데 유니콘이 되기도 어렵지만 유니콘이 곧 스타트업의 목표가 될 수도 없다. 유니콘이 되어도 스타트업의 여정은 끝나지 않기 때문이다.

그럼 스타트업은 언제 끝나는가? 유니콘을 넘어 데카콘과 헥토콘이 되어도 여전히 스타트업인가? 애플, 메타, 아마존, 테슬라, 네이버, 카카오는 스타트업인가? 도대체 어느 지점에 도달해야 스타트업에서 졸업하는 것인지에 대한 기준은 없다. 하지만 전략적 투자자SI에 매각되어 경영권이 넘어가거나 주식시장에 상장된 회사를 더 이상 스타트업으로 분류하는 건 무리다.

스타트업과 일반 기업의 두드러진 차이는 자금조달의 방식이다. 일반적으로 기업은 영업 활동을 통해 수익을 내고 또다시 그 수익을 투자하여 더 큰 이익을 내면서 성장한다. 그래서 성장을 하기 위해서는 영업활동 현금흐름CFO, cash flow from operations이 중요하다. 성장을 위한 자금이 부족한 경우에는 은행에 담보를 제공하고 돈을 빌리기도 한다. 이렇듯 일반 기업은 필요한 자금을 영업활동을 통한 이익과 금융

스타트업 게임의 법칙(삼위일체)

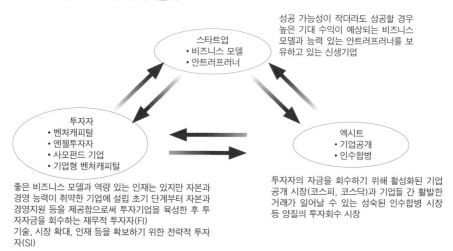

스타트업
• 비즈니스 모델
• 안트러프러너

성공 가능성이 작더라도 성공할 경우 높은 기대 수익이 예상되는 비즈니스 모델과 능력 있는 안트러프러너를 보유하고 있는 신생기업

투자자
• 벤처캐피털
• 엔젤투자자
• 사모펀드 기업
• 기업형 벤처캐피털

엑시트
• 기업공개
• 인수합병

좋은 비즈니스 모델과 역량 있는 인재는 있지만 자본과 경영 능력이 취약한 기업에 설립 초기 단계부터 자본과 경영지원 등을 제공함으로써 투자기업을 육성한 후 투자자금을 회수하는 재무적 투자자(FI)
기술, 시장 확대, 인재 등을 확보하기 위한 전략적 투자자(SI)

투자자의 자금을 회수하기 위해 활성화된 기업공개 시장(코스피, 코스닥)과 기업들 간 활발한 거래가 일어날 수 있는 성숙된 인수합병 시장 등 양질의 투자회수 시장

기관의 대출로 충당한다. 또한 규모가 커지고 실적이 좋아지면 주식시장에 상장해 자금을 조달할 수도 있다. 그러나 초기 스타트업은 매출도 변변치 않고 은행에서 돈을 빌리기 위해 제공할 담보도 거의 없다. 따라서 스타트업이 필요한 자금을 조달할 수 있는 유일한 방법은 투자받는 것뿐이다.

스타트업은 안정적인 수익 기반이 구축되거나 현금흐름이 안정적으로 될 때까지 여러 차례에 걸쳐 회사 내부에서 만들어지는 영업이익보다는 거의 모든 자금을 외부에서 투자받아 충당하면서 비즈니스를 확장해가야 한다. 필요한 자금을 계속해서 확보해 상장에 도달하기도 하고 그전에 다른 기업에 매각되기도 한다. 이러한 결말을 엑시트exit라 한다.

엑시트는 투자의 상대 개념으로 '투자 회수'를 말한다. 대표적으로 투자자와 안트러프러너의 성공적인 엑시트는 기업공개(상장)IPO와 인수합병(매각)M&A이 있다. 매각을 통해 엑시트에 성공한 안트러프러너는 주로 경제적 성공을 기반으로 다시 창업에 도전하는 연쇄 창업가가 되거나 유망 스타트업을 발굴하고 투자하는 투자자의 길을 걷는다. 스타트업과 투자 그리고 성공적인 엑시트, 또다시 재창업과 재투자로 이어지는 순환 구조의 플랫폼이 바로 스타트업 생태계다.

스타트업 생태계는 다양한 요소들로 구성된다. 대기업, 대학과 연구소, 엔젤투자자와 벤처투자자, 스타트업 빌더, 각종 서비스 제공자, 멘토와 같은 조력자, 그리고 안트러프러너와 좋은 인재들이 긴밀하게 연결되어 서로 영향을 주고받는다. 여기서 가장 중요한 주체는 스타트업과 투자자다. 안트러프러너가 창업하면 투자자는 스타트업이 필요한 자금을 투자한다. 투자가 이루어지면 서로의 목표는 엑시트로 연결된다. 즉 스타트업과 투자자가 서로 협력하여 성공적으로 엑시트를 하게 되면 스타트업의 여정은 일단락된다.

엑시트는 스타트업 생태계의 가장 중요한 연결고리다. 엑시트가 없으면 순환의 사슬은 끊어진다. 스타트업은 절대 스스로의 노력만으로는 성공할 수 없다. 시장 잠재력과 미래 확장 가능성이 있는 비즈니스 모델과 회사를 성공적으로 이끌어갈 유능한 안트러프러너는 있지만 결정적으로 돈이 없다. 비즈니스 모델의 가능성을 입증하려면 큰돈이 필요하다. 돈이 있어야 직원을 충원할 수 있고, 비즈니스 모델을 더 발전시킬 수 있고, 본격적으로 성장의 발판을 마련할 수 있다. 아무리 좋은 스타트업이라도 투자자를 만나지 못하면 게임을 시작도 해보지 못하고 빠르게 사라지게 된다.

스타트업이 투자를 받으면 본격적인 게임이 시작되고 즉시 엑시트

스타트업 생태계

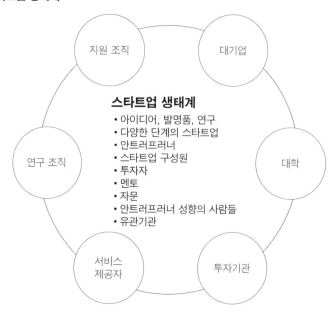

스타트업 생태계
- 아이디어, 발명품, 연구
- 다양한 단계의 스타트업
- 안트러프러너
- 스타트업 구성원
- 투자자
- 멘토
- 자문
- 안트러프러너 성향의 사람들
- 유관기관

(출처: 위키피디아)

라는 새로운 목표가 설정된다. 투자자가 스타트업에 투자하는 이유는 자선사업이 아니라 큰돈을 벌기 위해서다. 회수를 하지 못한 투자는 당연히 실패다. 특히 벤처캐피털, 사모펀드 등 투자 수익capital gain을 최우선으로 하는 재무적 투자자FI, financial investor는 정해진 기간 내에 최대 수익을 올리기 위해 노력한다. 그러나 투자자라 하더라도 비즈니스 모델, 기술, 인재 확보 등을 주목적으로 하는 전략적 투자자SI, Strategic Investors는 재무적 투자자와는 전혀 다른 생각을 하고 있다. 기본적으로 자신들의 전략적 목적이 유지되는 한 특별히 엑시트를 신경쓰지 않는다. 오히려 상황에 따라 투자한 스타트업을 인수하거나 경영에 더 깊게 참여한다. 다만 전략적 목적이 사라지면 수익과는 관계

없이 즉시 엑시트를 추진한다.

재무적 투자자의 투자를 받는다는 것은 안트러프러너가 경영권을 가지고 하는 것이지만 정해진 기간 내 수익을 내서 엑시트를 할 수 있도록 약속하는 것이다. 전략적 투자자의 투자를 받는다는 것은 실질적 경영권을 넘긴다는 의미가 된다. 일반적으로 재무적 투자자와 전략적 투자자는 투자의 목적과 지향점이 다르다. 그 때문에 재무적 투자자와 전략적 투자자의 투자를 동시에 받게 되면 이해관계 상충으로 복잡한 상황에 놓이게 된다.

재무적 투자자가 계획대로 엑시트를 못하면 스타트업에 대한 매우 부정적 사인이 된다. 즉 스타트업의 생존에 빨간불이 켜졌다는 의미다. 이런 경우 재무적 투자자는 손실을 감수할 수밖에 없다. 초기 스타트업에 투자했다면 투자 규모가 크지 않겠지만 만일 유니콘이나 성장기의 스타트업에 투자했다면 손실 규모가 수천만 달러나 수억 달러로 커질 수 있다. 예상했던 궤도에서 벗어나 엑시트에 실패하면 제아무리 유니콘이라도 활로를 찾기 어렵다. 스타트업의 여정을 완결하지 못한 유니콘은 좀비콘(좀비 상태의 유니콘)이 되거나 파산에 이르는 유니콥스(유니콘과 시체corpse의 합성어)가 된다.

자본은 생태계의 혈관을 흐르는 양분이다. 엑시트가 활성화될수록 투자자는 더 많은 자금을 스타트업에 투자할 수 있다. 스타트업 생태계에 자본이 풍성할수록 창업도 늘어나고 생존 가능성도 커진다. 그러나 스타트업, 투자자, 엑시트로 연결되는 3개의 퍼즐 중 어느 하나라도 제 역할을 못 하면 스타트업 생태계는 존재할 수 없다.

게임의 판은 커졌지만
기회는 줄어들었다

스타트업의 본격적인 시작은 벤처캐피털의 투자를 받으면서다. 그 전까지는 피땀과 눈물로 버티며 이른바 '죽음의 계곡valley of death'을 건너야 한다. 죽음의 계곡은 비즈니스 모델을 개발하고 시제품을 출시해 매출이 발생하기 직전까지의 시기를 말한다. 이 시기에 많은 스타트업이 개발비, 인건비, 사무실 임대료 등 나갈 돈은 많은데 들어올 돈은 없어서 버티지 못하고 사라진다.

나 홀로 창업이나 차고 창업 등의 고생담은 스타트업 생태계에서는 흔하다. 창업 초기 안트러프러너는 모든 일을 직접 해내야 한다. 죽음의 계곡을 무사히 넘는 데 필요한 돈도 가급적 최소한으로 지출하며 웬만하면 대부분 그냥 몸으로 때우는 '노동 자본sweat equity'으로 최대한 버틴다. 이 단계에 투자하는 사람을 가리켜 실리콘밸리에서는 4F, 즉 창업자 자신founder, 가족family, 친구friends, 바보fools라고 부른다. 초

스타트업 자금 조달 사이클

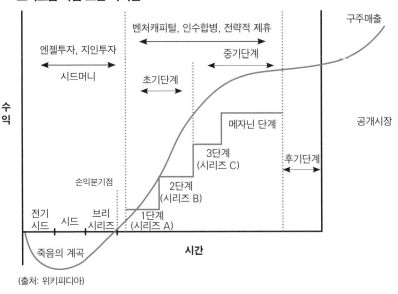

(출처: 위키피디아)

기 스타트업은 투자해도 시간도 오래 걸리고 회수 가능성이 매우 낮아서 창업자 자신, 가족, 친구, 그리고 진짜 바보들만 투자한다는 의미다.

그래도 이 시기에 외부 투자도 진행된다. 엔젤투자는 투자 위험이 아주 큰 초기 스타트업에 투자한다. 이 단계의 투자를 시드 투자라고 한다. 말 그대로 씨앗에 단비를 뿌려주는 역할이다. 엔젤투자 규모는 그리 크지 않다. 엔젤투자를 받아 죽음의 계곡을 건너면 드디어 본격적으로 벤처캐피털 투자를 받을 수 있다. 스타트업이 시장에 제품(서비스)을 출시하고 매출이 발생하기 시작하는 시점을 전후로 벤처캐피털 투자가 시작된다. 스타트업 투자는 흔히 시리즈series와 라운드round라는 표현을 쓴다. 이는 스타트업을 성공적으로 키우기 위해서는 일회성 투자에 그쳐서는 안 되고 단계별로 여러 번에 걸쳐 투자가 이루

스타트업 투자 단계와 규모

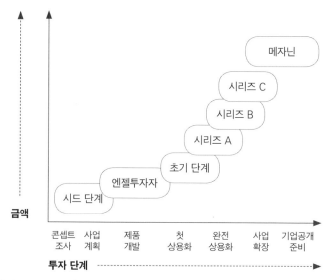

(출처: abstractops.com)

어져야 하기 때문이다.

일반적으로 스타트업은 비즈니스에 필요한 전체 자금을 한 번에 투자받지 않고 성장 단계에 맞춰 그 단계에서 필요한 자금만 조달하고 계획대로 사업이 진행되면 계속해서 그다음 단계에서 필요한 자금을 조달한다. 스타트업은 불확실성과 위험성이 크기 때문에 투자자도 절대 한 번에 많은 돈을 투자하지 않고 사업의 진척 사항과 시장 현황을 파악하면서 나눠서 한다. 스타트업은 투자자와 약속한 일정대로 회사를 성장시켜야 다음 단계 투자를 받을 수 있다. 예정대로 진행되지 않으면 이미 투자가 많이 됐더라도 중단된다. 그러면 스타트업은 생존하기 어렵다.

투자는 시제품 출시, 특허 취득, 시장점유율, 성장률, 해외 진출 등을 고려해 시리즈 A, B, C, D, E, F, G 등으로 나누고 순차적으로 진행된다. 투자가 지속된다는 것은 스타트업이 잘 성장하고 있다는 의미다. 따라서 후기 시리즈로 갈수록 기업가치는 지속적으로 상승한다. 가령 한 회사가 시리즈 A에서 100억 원의 기업가치를 인정받고 투자를 받아서 원하는 결과가 나오면 다시 시리즈 B에서 투자를 받을 가능성이 커지고 기업가치도 시리즈 A 가치보다 커지게 된다. 시리즈 B로 인한 성과가 나타나면 또다시 시리즈 C로 넘어가면서 기업가치가 높아진다. 이러한 사이클은 회사가 엑시트를 하거나 치명적인 문제로 투자가 중단될 때까지 지속된다. 통상 국내 벤처투자의 시리즈 A 규모는 10억~30억 원대로서 실리콘밸리 평균 1,000만 달러보다 적다. 시리즈 A에서 조달한 자금은 주로 매출 등 규모 확장을 위한 브랜딩과 마케팅 등에 사용된다.

시리즈 B 단계는 고용을 늘리고 시장을 확장하는 등 본격적으로 성장하는 시기다. 투자 규모는 국내가 30~100억 원 정도이고 실리콘밸리가 약 1,500만~2,500만 달러에 이른다. 시리즈 C 단계는 비즈니스를 확장하는 시기다. 이때는 기업 인수나 글로벌 진출 등 두드러진 성과를 내야 한다. 투자 규모는 국내가 100억 원 이상이며 실리콘밸리는 약 5,000만 달러 이상의 투자가 진행된다. 건당 1억 달러 이상인 투자를 메가라운드mega-round라고 한다. 미국을 비롯한 전 세계에서 급증하고 있다. 우리나라도 최근 들어 투자금액이 커지면서 메가 라운드가 늘어나고 있다.

최근 투자시장에서는 시리즈 개념이 많이 희미해지는 분위기다. 실제로 시리즈와 라운드를 명확하게 분리하지 않는다. 라운드는 1차 라운

투자단계별 투자금액과 자금 용도

투자 라운드	시드	시리즈 A	시리즈 B	시리즈 C
회사 상황	시제품	매출 증대	성장	대규모 확장
자금 용도	고용	개발, 운영, 브랜딩과 마케팅	고용, 시장 확대, 인수합병	인수합병 해외 시장 진출
투자금액	1만~100만 달러	1,000만 달러	1,500만 ~2,500만 달러	~5,000만 달러

(출처: 유니버시티 랩 파트너스)

드, 2차 라운드, 3차 라운드 등 투자를 받는 순서를 말한다.

시리즈 개념이 모호해진 까닭은 비즈니스의 성장 단계를 시리즈 A, B, C, D 등 획일적 기준으로 구분하기 어려워진 흐름에 기인한다. 과거 비즈니스는 산업별 특징과 경계가 뚜렷했다. 가령 제조업의 경우 시제품 개발 단계는 시리즈 A, 양산 단계는 시리즈 B, 해외 진출 단계는 시리즈 C 등 성장 단계를 선명하게 구분할 수 있었다. 하지만 지금은 비즈니스 구분이 명확하지 않은 빅블러**big blur** 시대다. 제조와 유통이 혼합되고 유통과 금융이 합쳐지는 혼합형 비즈니스 모델이 등장했다. 전자상거래 기업 알리바바가 알리페이와 연동된 유통+금융 비즈니스 모델을 내놓았고 운송서비스 기업 DHL이 3D프린터로 직접 제조한 제품을 운송하는 운송+제조 비즈니스 모델을 만들었다.

스타트업이 기존에 없던 혁신적 비즈니스 모델로 신시장을 개척하면서 비즈니스 성장 단계를 기존 잣대로 구분하기가 쉽지 않은 것이다. 그 때문에 미국도 시리즈 A와 B까지는 '초기 투자**early stage**'로 묶고 그 후 시리즈는 '후기 투자**later stage**'로 통칭하는 분위기다. 스타트업이 규모가 커지면 메자닌mezzanine 투자가 이루어지기도 한다. 메자닌은 '중간'이란 뜻의 건축용어로서 층과 층 사이의 라운지 공간을 말한다. 금융에서 메지닌은 주식과 채권의 특성을 모두 가진 형태를 뜻한다. 기업공개 직전에 대규모 자금을 조달해야 할 때 주로 활용된다.

스타트업이 기업공개를 하게 되면 투자자들은 드디어 엑시트를 할 수 있게 된다. 그 후로 스타트업은 벤처캐피털이 아니라 주식시장을 통해 자금을 조달하게 된다. 기관투자자뿐만 아니라 개인도 투자자로 참여하게 된다. 스타트업 생태계와 다른 무대에서 새로운 여정을 시작하는 것이다. 스타트업을 졸업한다는 의미다. 그러나 스타트업의 투자유치는 학생들이 한 학년을 보낸 후 자연스럽게 다음 학년으로 올라가듯 순조롭지 않다. 창업 후 엔젤투자를 거쳐 시리즈 A, B, C, D 단계별로 투자유치에 성공하고 높은 기업가치로 기업공개(상장)를 할 확률은 매우 낮다.

투자 단계별 스타트업 생존율을 살펴보자. 스타트업은 대부분 엔젤투자도 유치하지 못하고 문을 닫기 때문에 데이터를 확보하기가 매우 어렵다. 그래서 생존율은 최소한 한 번이라도 투자가 이루어진 회사를 대상으로 분석된다. 미국은 엔젤투자를 받은 후 시리즈 A에서 투자유치에 성공한 스타트업은 대략 40% 수준이다. 무려 60%가 투자유치에 실패한다. 그 후 후기투자로 갈수록 생존율은 급격하게 낮아진다. 시리즈 F 단계에 이르면 생존율은 1% 미만으로 뚝 떨어진다. 엔젤투자를 포함해 투자를 받은 전체 스타트업의 약 80% 정도는 초기투자 단계에서 게임을 마친다. 투자 규모도 1,000만 달러를 넘지 못한다(2018, 크런치베이스). 물론 이는 미국의 상황이지만 다른 나라의 현실

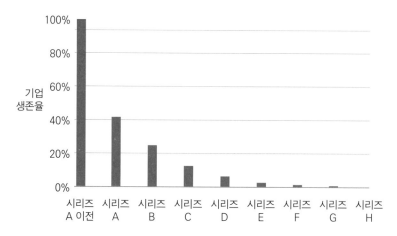

미국 스타트업의 투자 단계별 생존율

2003~2013년에 설립된 미국 테크 스타트업들의 자금 조달 데이터를 기반으로 했다.
(출처: 테크크런치)

도 이와 다르지 않다. 후기투자로 갈수록 투자 규모가 커지고 생존율은 급격히 낮아지는 패턴이 동일하다. 오히려 생존율은 미국보다 더 급격하게 떨어진다.

모든 게임의 속성은 비슷하다. 게임에 걸린 돈의 액수가 크면 클수록 진짜 선수들만의 리그가 된다. 데이터가 보여주는 스타트업 게임은 바늘구멍을 향해 달려가는 낙타들의 게임에 비유할 수 있다. 게임이 진행될수록 길은 더 좁아지고 문은 더 빠르게 닫힌다.

투자 자본은 많아졌지만
패턴이 달라졌다

유니콘에 이어 스타트업 생태계에 또 다른 상상 속 동물 '미노타우로스minotauro'가 나타났다. 몸은 인간이고 꼬리는 황소의 모습을 한 그리스 신화 속 괴물이다. 유니콘이 기업가치 10억 달러(1조 원) 이상의 비상장 기업이라면 미노타우로스는 실제로 10억 달러 이상의 자금을 투자받은 비상장 기업을 가리킨다. 투자금액이 10억 달러가 넘으니 미노타우로스는 당연히 유니콘이다. 전 세계에 미노타우로스 기업은 55개이고 그중 21개가 샌프란시스코에 집중되어 있다(피치북, 2019). 200억 달러 이상을 조달한 알리페이 운영사 앤트파이낸셜, 우버, 줄, 바이트댄스, 리프트, 에어비앤비 등을 비롯해 엑시콘이 된 쿠팡과 야놀자도 미노타우로스 기업에 속한다.

10억 달러 이상의 돈을 투자받는 미노타우르스 기업의 등장이 의미하는 건 두 가지다. 첫째, 글로벌 투자시장에 돈이 많아졌다. 벤처캐피

10억 달러 이상 투자된 미노타우로스 기업 현황 (단위: 달러)

● 미국(25)　● 중국(18)　● 인도(4)　● 기타(8)

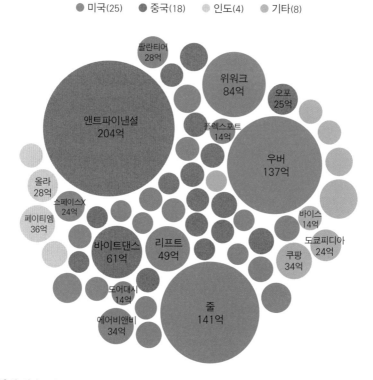

(출처: 악시오스)

털 입장에서도 적은 금액을 많은 회사에 분산 투자하는 것보다는 가
능성이 커 보이는 스타트업에 집중적으로 투자하는 것이 유리하다는
판단으로 최근 글로벌 투자시장에 자본이 증가하면서 이러한 경향이
뚜렷하게 나타나고 있다. 둘째, 블리츠스케일링Blitzscaling 전략을 활용
하는 스타트업이 증가하고 있다. 블리츠스케일링은 리드 호프먼Reid
Hoffman과 크리스 예Chris Yeh가 끊임없이 변화하고 치열한 시장에서 살
아남는 생존 전략으로 제시한 개념으로 자금이 풍부해진 스타트업에

주목받고 있다. 전체 생태계에 돈이 풍족해지고 기업 한곳에 투자하는 규모가 커지는 흐름은 창업과 경영 환경이 훨씬 좋아졌다는 의미일까? 꼭 그렇지는 않다. 적어도 창업 초기 단계의 많은 스타트업에는 청신호가 아니다. 투자 자본은 많아졌지만 투자 패턴이 달라졌기 때문이다.

한편으로는 한 회사에 엄청나게 많은 돈이 투자되고 엑시트가 늦어지면서 초기 투자자들의 유동성을 위한 세컨더리 마켓secondary market 규모도 커지고 있다. 세컨더리 마켓은 기업공개(상장) 전에 새로운 투자자가 기존 투자자 또는 회사 직원으로부터 주식을 거래할 수 있는 시장이며 거의 온라인으로 운영된다. 가격은 기존 기업가치와는 상관없이 수요와 공급에 따라 결정된다. 20년 전만 해도 스타트업, 특히 기술기업이 4년 이상 비공개로 유지되는 경우는 거의 없었다. 적어도 5년 이내에 기업공개(상장)를 하거나 인수합병되어 벤처캐피털, 엔젤투자자, 스톡옵션을 보유한 직원들이 비교적 이른 시간에 현금화를 할 수 있었다. 그러나 최근에는 유니콘이 급증하면서 투자 규모와 투자 횟수가 증가하면서 엑시트 기간이 길어질 수밖에 없다. 기업공개에 평균 10년 정도 걸려 초기 투자자들이 너무 오랜 시간을 기다려야 하므로 이들이 보유한 구주를 사고파는 시장이 활성화되고 있다.

전반적으로 투자금은 늘어났지만 초기 스타트업은 오히려 자금 조달이 점차 더 어려워지고 있다. 과거에는 지인이나 엔젤로부터 한 차례 정도만 자금을 조달하면 벤처캐피털의 시리즈 A 투자를 받을 수 있었으나 지금은 대부분 3~4번이나 스타트업 자체적으로 필요한 돈을 확보해야만 한다.

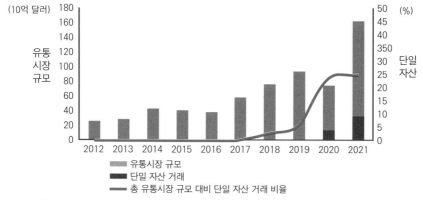

단일 투자금액 상승에 따른 비상장 유통시장의 활성화

- 유통시장 규모
- 단일 자산 거래
- 총 유통시장 규모 대비 단일 자산 거래 비율

(출처: JPM, 프레킨)

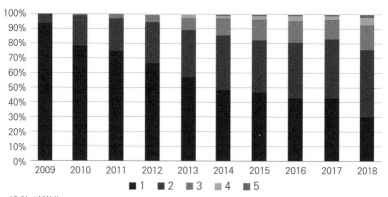

미국 스타트업 시리즈 A 전까지 투자횟수

■ 1 ■ 2 ■ 3 ■ 4 ■ 5

(출처: 피치북)

이런 흐름은 글로벌 벤처투자 규모의 추이를 보면 더욱 분명하다. 글로벌 투자 규모는 지난 수년간 꾸준히 증가하고 있다. 그런데 유독 초기투자 규모는 큰 변화가 없다. 특히 가장 투자가 목마른 새싹 단계의 스타트업에 생명수를 뿌려주는 엔젤투자는 거의 그대로다. 투자자들이 초기 스타트업보다 이미 검증된 단계의 스타트업에 투자를 집중

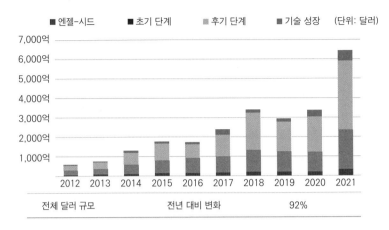

전 세계 벤처캐피털 단계별 투자 규모 (2012~2021년)

■ 엔젤-시드   ■ 초기 단계   ■ 후기 단계   ■ 기술 성장   (단위: 달러)

| 전체 달러 규모 | 전년 대비 변화 | 92% |

(출처: 크런치베이스)

하는 것이다.

그러다 보니 투자 규모가 커져도 투자를 받는 기회는 오히려 줄었다. 세계적으로 2021년 벤처투자 규모가 6,500억 달러로 2020년에 역대 최고치를 기록한 3,000억 달러를 2배 이상 넘어섰다. 하지만 투자 건수는 3만 4,000건으로 2020년의 2만 6,500건보다 불과 30% 증가에 그쳤다. 벤처캐피털이 이른바 '잘될 기업 몰아주기'를 하는 것이다. 이를 극적으로 보여주는 현상이 바로 메가라운드의 증가다. 스타트업이 1회 1억 달러(약 1,100억 원) 이상의 대규모 자금을 조달하는 메가라운드의 비중은 미국 전체 투자 건수 중 절반에 이른다. 메가라운드는 시리즈 B, C 이상의 단계에 집중되어 있다(크런치베이스, 2022).

메가라운드는 북미와 유럽에 집중되어 있지만 그 흐름은 국내에도 동일하게 이어지고 있다. 국내 벤처투자 규모는 평균 20~30억 원 수

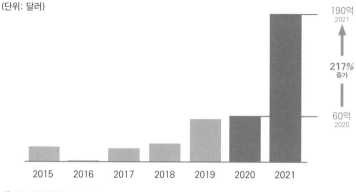

전 세계 건당 1억 달러 이상 투자(메가 라운드) 상황

(단위: 달러)

190억
2021

217%
증가

60억
2020

2015 2016 2017 2018 2019 2020 2021

(출처: 크런치베이스, 2022)

준으로 글로벌 수준보다 작다. 그럼에도 불구하고 최근 1,000억 원 이상의 투자가 무려 14건이나 성사됐다.

벤처투자 시장에 많은 돈이 유입되고 있지만 생태계에 고르게 뿌려지지 않고 있다. 그 때문에 초기 스타트업이 건너야 할 죽음의 계곡은 여전히 깊다. 국내 스타트업 지원정책은 세계적 수준이다. 스타트업 투자 활성화를 위한 모태펀드가 마중물이 되어 2021년에 7조 7,000억 원에 가까운 투자를 이끌었다. 그러나 세계적으로 일어나는 현상과 같이 국내에서도 스타트업에 투자되는 자금 규모는 커졌다 해도 그에 비례해 투자를 받을 수 있는 기업의 숫자가 늘어나는 것은 아니다. 가령 100억 원 규모의 펀드로 10개 스타트업에 10억 원씩 투자했다고 해서 200억 원 규모의 펀드를 만들면 10억 원씩 20개 스타트업에 투자하지는 않는다.

벤처투자의 목표는 더 많은 스타트업을 육성하는 것이 아니라 투자 수익을 극대화하는 것이다. 씨앗을 키우는 것보다 꽤 자란 묘목에 물

2019~2021년 1~4분기 벤처투자 현황

(단위: 억 원, %)

구분	2019년	2020년	2021년	2020년 대비	
				증감	증감률
1분기	7,789	7,732	13,187	+5,455	+70.6
2분기	12,154	8,821	19,053	+10,232	-116.0
3분기	11,246	12,371	20,913	+8,542	+69.0
4분기	11,588	14,121	23,649	+9,528	+67.5
합계	42,777	43,045	76,802	+33,757	-78.4

| 최근 5년간 벤처투자 실적(억 원) | 2021년 분기별 벤처투자 실적(억 원) |

(출처: 중소벤처기업부)

을 대야 더 빨리 더 안정적으로 과실을 얻을 수 있다. 많은 돈을 조달하는 투자자가 이왕이면 '될 만한' 검증을 마친 스타트업에 투자하는 건 자연스러운 선택이다.

미노타우로스의 등장과 메가라운드의 증가는 스타트업 생태계의 빈익빈 부익부 현실을 말한다. 돈을 무섭게 빨아들이는 유니콘들은 어차피 대다수 스타트업과는 다른 길을 걷는다. 그들의 게임 결승선은 대부분 기업공개(상장)를 통한 엑시트다. 유니콘을 인수하려면 수조 원에서 수십조 원이 소요되는데 그만한 자금을 동원할 수 있는 기업은 많지 않기 때문이다.

반면 대다수 스타트업은 기업공개(상장)까지 소요되는 평균 10여 년 동안 계속 펀딩을 유지하기도 쉽지 않다. 초기 투자를 받기가 어려

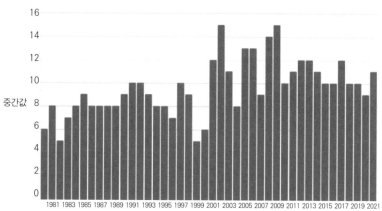

미국 주식시장 기업공개까지 소요 기간(중간값 기준)

중간값

1981 1983 1985 1987 1989 1991 1993 1995 1997 1999 2001 2003 2005 2007 2009 2011 2013 2015 2017 2019 2021

(출처: 플로리다 대학교 제이 리터Jay Ritter 교수의 웹사이트)

위지고 후기 투자를 받을 가능성도 더더욱 낮아지는 환경에서 엑시트에 성공하려면 영리한 선택이 필요하다. 다음 투자 단계로 이행하지 못해 게임에서 탈락하기 전 좋은 엑시트 타이밍을 잡아야 한다. 물론 안트러프러너가 원하는 대로 언제든지 엑시트 타이밍을 결정할 수 있는 건 아니다. 스타트업 게임은 팀 경기이고 파트너인 투자자의 이해와 맞아야 한다. 게다가 실제 엑시트가 가능한 환경이 언제쯤 조성될지 미리 알 수도 없다. 바로 이런 이유로 안트러프러너는 반드시 전략을 세워야 한다. 어떤 엑시트를 할 것이고 언제쯤 가능할지 스스로 질문하고 머릿속에 그림을 그려야 한다. 투자를 계속 유치할 수 있을지 냉정하게 판단하고 안트러프러너 자신의 기대수익이 어느 정도인지도 염두에 두어야 한다.

엑시트 전략은 한마디로 엔드게임 설계도다. "끝을 생각하며 시작하라begin with the end in mind." 스티븐 코비Stephen Covey의 『성공하는 사람들의 7가지 습관』에 나오는 말이다. 어떤 일이든 반드시 시작과 끝이 있다. 끝을 계획하지 않은 시작은 절대로 성공적인 끝을 맺을 수 없다.

엑시트 전략을 짜야
성공을 향해 갈 수 있다

계획할 것인가, 떠밀려 끝날 것인가

펀딩을 준비하는 안트러프러너의 머릿속은 희망으로 가득하다. 회사의 재무 환경이 좋아지면 할 수 있는 일들이 참 많다. 직원을 더 고용하고 사무실을 넓히고 마케팅도 할 수 있다. 급여도 오르고 생활도 좀 여유로워질 것이다. 꿈꿨던 경제적 자유를 실현할 수 있다는 기대가 크다. 하지만 현실은 좀 다르다. 100% 지분을 소유했던 과거의 '자유'가 제한되기 때문이다. 투자자의 이해를 경영에 반영해야 하고 가시적 성장 지표와 엑시트 계획이 중요해진다.

그런데 많은 안트러프러너가 엑시트의 중요성을 간과한다. 투자유치 설명회IR에서 안트러프러너들은 한결같이 비즈니스의 시작과 성장 전략을 설명하는 데 집중한다. 게임의 종착점으로 가기 위한 구체적인 전략을 제시하는 경우는 거의 없다.

기업의 엑시트 유형은 크게 다섯 가지다. 첫째, 파산**bankruptcy**이다. 대체로 투자자를 구하지 못해 망하는 유형이다. 둘째, 청산**liquidation**이다. 나름의 이유로 사업을 접는다. 셋째, 가업승계**family succession**다. 지속적 성장보다는 안정적 기반의 저성장 사업이 여기에 해당한다. 넷째, 인수합병(매각)이다. 안트러프러너와 투자자가 보유 주식을 매각한다. 다섯째, 기업공개다. 주식시장을 통해 투자자는 자금을 회수하고 안트러프러너는 경영권을 유지하며 기업과 함께 성장하는 길을 걷는다.

다섯 가지 엑시트 유형 중 스타트업이 적극적으로 고려할 유형은 기업공개(상장)와 인수합병(매각)이다. 둘은 전혀 다른 전략을 필요로 한다. 간단한 예로 기업공개(상장)는 오랜 기간 지속적으로 펀딩을 유지하고 상장에 필요한 조건을 갖추는 데 주력해야 한다. 반면 인수합병(매각)은 언제든 스타트업이 원할 때 할 수 있도록 계획을 세워야 한다.

미국의 경우 스타트업 창업자 87%가 구체적인 엑시트 전략을 세우지 않는다는 조사결과가 있다. 우리나라도 이와 다르지 않다. 안트러프러너 대부분이 막연하게 기업공개(상장)를 게임의 종착점으로 생각하는 경향이 있고 인수합병(매각)에 대한 부정적 인식도 다른 나라보다 강하다. 경영에서 엑시트의 의미를 제대로 인식하지 못하기 때문에 기술, 제품개발, 마케팅, 채용, 현금흐름 등이 의사결정의 우선순위가 된다.

엑시트 전략은 자연스럽게 뒤로 밀린다. 설령 그 중요성을 안다고 해도 최대한 미루고 보는 심리도 크게 작용한다. 인생의 큰 결정을 내리기까지 상황이 바뀔 기다리는 건 인간의 흔한 습성이기도 하다.

하지만 게임이 어려울수록 좋은 전략이 필요하고 구체적 계획을 세워야 성공 확률이 높아진다. 엑시트 전략은 단지 투자금을 어떻게 회수할 것인가에 대한 계획을 의미하지 않는다. 경영의 작은 부분이 아니라 사업 전체를 위한 계획이다. 엑시트 전략이 사업에 미치는 영향은 다음과 같다.

첫째, 기업가치를 객관적으로 판단할 수 있다. 엑시트를 염두에 두면 항상 기업가치에 관심을 갖게 된다. 또 어떤 방식으로 누구와 거래를 하는 것이 기업가치를 높일 수 있는가에 관해 연구하게 된다.

둘째, 적절한 엑시트 타이밍을 알 수 있다. 엑시트 전략은 시기, 방법, 경제적 이익 등 구체적 목표를 설정하는 것이다. 막연히 엑시트 순간을 기다리는 게 아니라 어떤 방법이 가능하고 언제가 기업가치를 극대화할 수 있는지를 가늠하게 된다.

셋째, 좋은 제안을 보는 안목이 생긴다. 미리 계획한 엑시트 전략이 있고 기업가치를 정확하게 안다면 어떤 제안이 좋고 어떤 제안이 위험한지 쉽게 판단할 수 있다.

넷째, 엑시트를 효율적으로 대처할 수 있다. 엑시트 절차 등을 미리 숙지함으로써 앞으로 진행될 복잡한 과정을 예측하고 이해할 수 있다.

다섯째, 매각 협상(혹은 투자유치)에서 투자자에게 더 매력적으로 보일 수 있다. 엑시트 전략은 안트러프러너가 명확한 비전을 갖고 회사를 경영한다는 증거다. 이는 투자자가 인수 혹은 투자를 결정하도록 하는 중요한 요소가 된다.

여섯째, 협상에서 유리한 고지에 설 수 있다. 끌려가는 엑시트가 아니라 균형 있는 협상이 가능하다. 엑시트 전략이 없을 때 안트러프러너는 등 떠밀려 원치 않는 엑시트를 할 위험이 커진다. 스타트업 투자자는 반드시 자신의 엑시트 전략을 갖고 있다. 처음 예상한 대로 엑시트가 가능하지 않다고 판단될 때 투자자는 스타트업 경영자의 이사와는 관계없이 독자적으로 진행하기도 한다. 안트러프러너는 원치 않는데 경영권을 잃을 수 있다는 것이다. 또 엑시트가 절실히 필요한 시기가 닥쳤을 때 준비되어 있지 않으면 좀비 기업으로 전락할 수 있다.

마지막으로 엑시트 전략은 안트러프러너 자신을 위해 꼭 필요하다. 엑시트 전략을 고민하는 과정은 개인의 삶을 고찰하는 시간이기도 하다. '스타트업을 통해 무엇을 이루려고 하는가?'의 질문은 곧 '어떤 엑시트를 원하는가?'에 대한 질문이기도 하다. 엑시트 전략은 반드시 비즈니스 초기 단계에 세워야 한다. 엑시트 전략은 안트러프러너가 원하는 성공으로 인도하는 나침반이자 설계도이다. 성공적인 엑시트는 스타트업 게임의 참여자에게 수여되는 훈장이자 트로피이다.

2장

안트러프러너 정신이
필요하다

안트러프러너의 DNA는
도전과 혁신이다

'아이디어에서 영향력까지from ideas to impact.'

북유럽의 실리콘밸리라 불리는 핀란드 헬싱키에 있는 알토 스타트업 센터의 슬로건이다. 반짝이는 아이디어로 시작해 궁극적으로 세상에 좋은 영향을 미치는 가치를 창출하라는 주문이다. 안트러프러너십을 간단명료하게 잘 정리한 문구다.

안트러프러너십은 우리말로 기업가정신으로 번역된다. 그러나 이는 굉장히 애매하고 부정확한 표현이다. 안트러프러너십을 이해하려면 먼저 개념을 알아야 한다. 15~17세기 중세 유럽은 기존 질서와 새로운 세력이 격돌하는 역사의 소용돌이 속에 있었다. 이 시기에 앞장서서 변혁을 주도한 사람들이 있었다. 적극적으로 교육을 받고, 신학문을 일으키고, 상업에 종사하여 부를 쌓고, 종교개혁을 주도하고, 과학기술의 발전을 도모하는 등 시대의 틀을 깨는 과감한 도전으로 새로운 질서를 창조한 사람들이다. 유럽 사회는 그들을 안트러프러너라고 불렀다. 안트러프러너는 '시작하다' '착수하다'라는 의미를 담은 프랑스어다.

그런데 안트러프러너가 중세 유럽에 갑자기 등장한 것은 아니다. 고대에서 현대에 이르기까지 인류사는 안트러프러너로 인해 진보했고 이들의 활동을 적극적으로 지원하는 국가가 세계 경제를 주도했다. 20세기의 대표적 안트러프러너로는 토머스 에디슨Thomas Edison과 헨리 포드Henry Ford를 꼽는다. 에디슨의 전구와 포드의 자동차는 문명을 전혀 다른 차원으로 변화시켰다. 이 시기 에디슨과 포드로 인해 세계 경제의 패권을 거머쥔 나라가 미국이다. 그렇다면 지금 4차 산업혁명의 시대를 주도하는 안트러프러너는 누구일까? 모두의 머릿속에 주저 없이 떠오르는 이름들이 있다. 일론 머스크Elon Musk, 마크 저커버그Mark Zuckerberg, 제프 베이조스Jeff Bezos, 그리고 고인이 된 스티브 잡스Steve Jobs 등이다. 과거 에디슨과 포드처럼 이들도 산업의 변화를 주도하고 인류의 생활방식을 바꾸고 있다.

오랫동안 학자들은 안트러프러너를 주목하고 정의해왔다. 경제학자 장 바티스트 세Jean-Baptiste Say는 1814년에 저서 『정치경제학 개론A Treatise on Political Economy』에서 안트러프러너를 '경제적 자원을 낮은 생산성 영역에서 높은 생산성 영역으로 이동시켜 더 큰 수확을 창출하는 사람'으로 정의했다. 조지프 슘페터Joseph Schumpeter는 1912년에 저서 『경제발전의 이론』에서 안트러프러너는 '새로운 아이디어나 발명을 성공적인 혁신으로 바꿀 의지와 능력이 있는 사람'이며 산업 전반에 걸쳐 새로운 제품과 비즈니스 모델을 창출함으로써 장기적으로 국가의 경제 성장에 영향을 미친다고 강조했다. 그는 특히 안트러프러너의 특징을 '창조적 파괴creative destruction'로 규정했다. 그런가 하면 경영학자 피디 드러기Peter Drucker는 안트리프리너는 "항상 변화를 추구하고 그것에 반응하고 기회를 표출하는 사람이다."라고 말했다. 각각의 정의는 조금씩 차이가 있지만 핵심은 같다. 기존 체계를 '창조적 방식'으로 파괴하고 시대의 새로운 '가치'를 만드는 사람이라는 것이다.

스타트업의 비즈니스 모델은 기본적으로 현재의 문제를 해결하는 수단으로서 개발된다. 가령 우버를 창업한 트래비스 캘러닉Travis Kalanick과 개릿 캠프Garrett Camp는 기존 택시 서비스의 문제를 해결하는 방식으로서 '소유 대신 공유'라는 가치를 제시하고 비즈니스 모델로 만들었다. 하지만 우버는 공유의 가치가 좋은 해결책이라는 사실을 알리고 사회적 시스템으로 인정받기까지 택시업계의 만만치 않은 반발과 싸워야 했다. 기존 질서를 넘어서려는 에너지는 필연적으로 기득권을 유지하려는 세력과 충돌한다. 국내 승차 공유 서비스 타다는 발목을 잡혀 사업을 접어야 했다. 하지만 우버는 기득권의 벽을 넘는 데 성공했고 승차 공유 비즈니스라는 새로운 시장의 지배자가 됐다. 에어비앤비도 세계 여러 나라와 도시에서 임대제한법 등의 규제와 충돌한 끝에 새로운 시장을 창출했다. 과거의 질서를 파괴하는 과정에서 겪어야 할 혹독한 싸움은 안트러프러너의 숙명이다.

서구 사회에서 안트러프러너의 개념과 중요성이 수백 년의 역사를 거쳐 정리되고 강조되어온 것과 다르게 우리 사회에서는 역사가 길지 않다. 2000년대 초반 안트러프러너십 교육의 필요성을 절감하고 국내 최초로 동국대학교 경영대학원에 '안트러프러너십 과정'을 개설했다. 그런데 당시 명칭을 두고 학교 안팎으로 갑론을박이 끊이질 않았다. 어렵고 낯선 발음의 용어 대신 '창업 과정'으로 이름을 바꾸자는 의견이 다수였다. 하지만 창업은 안트러프러너십의 개념을 설명할 수 있는 단어가 아니다. 그 때문에 뜻을 고수하기 위해 여러 차례 설득에 나서는 진통을 거쳐야 했다.

안트러프러너십 과정이든, 창업 과정이든 용어가 그토록 중요한가 묻는 이들도 있었다. 그러나 개념을 명확하게 정의하는 일은 매우 중요하다. 개념을 제대로 알아야 본질을 이해할 수 있고 방향을 설정할 수 있기 때문이다. 그 후 세월이 흘러 안트러프러너라는 말이 꽤 흔해졌고 요즘엔 안트러프러너는 '기업가'로, 안트러프러너십은 '기업가정신'으로 번역된다. 하지만 이는 정확한 해석이 아니다.

안트러프러너를 기업가로 부르는 건 일본의 영향이다. 안트러프러너는 영어 발음으로는 엔터프리너. 여기에는 개척자pioneer 정신이 함의되어 있다. 엔터프리너를 처음 '기업가起業家'로 번역한 건 일본이다. '업業'을 새로 '일으키는起' 사람을 말한다. 그런데 이 말이 우리나라로 넘어오면서 '기업가企業家'로 바뀌었다. 기업企業이란 영리營利를 목적으로 물품이나 서비스의 생산과 판매 등의 활동을 지속하는 조직체를 일컫는다. 따라서 여기서 기업가는 사업을 운영하는 사업가, 즉 비즈니스맨bussiness man을 말한다.

애플의 스티브 잡스, 마이크로소프트의 빌 게이츠, 아마존의 제프 베이조스, 메타의 마크 저커버그, 구글의 래리 페이지Larry Page와 세르게이 브린Sergey Brin, 테슬라의 일론 머스크는 우리 시대를 대표하는 안트러프러너들이다. 그들을 단지 사업가 또는 성공한 사업가 또는 큰

돈을 번 부자로 정의하면 충분하게 설명이 될까? 세상에 비즈니스맨은 많다. 부자로 말하자면 중동의 석유 부호와 부모로부터 엄청난 재산을 물려받은 셀러브리티가 있다. 하지만 그들과 스디브 잡스는 분명히 다르다. 1대 창업주로부터 기업을 물려받아 총수가 된 재벌 2, 3세들과도 분명 차이가 있다.

안트러프러너를 설명하는 키워드는 '도전과 혁신'이다. 스티브 잡스, 빌 게이츠, 일론 머스크가 세계적인 정치 지도자만큼의 영향력을 발휘한다. 그건 그들이 이룬 경제적 성공의 크기 때문만이 아니다. 새로운 가치를 창조하고 경제 패러다임을 주도하기 때문이다. 안트러프러너는 단순히 돈을 목적으로 사업을 하는 비즈니스맨과는 완전히 다르다. 안트러프러너는 기존 질서를 창조적으로 파괴하는 혁신을 시도하고 세상에 새로운 가치를 제시하는 정신, 즉 안트러프러너십을 실현하는 창조자인 것이다.

실패를 자산으로 축적하는
인프라가 필요하다

'스타트업의 약 90%가 실패한다.'[*]

'창업 첫해에 스타트업의 10%가 실패하고 2~5년 사이에 70%가
실패한다.'[**]

스타트업의 현실을 보여주는 미국의 통계다. 우리나라의 현실도 미
국과 크게 다르지 않다. 사실 어느 나라든 스타트업의 실패율은 높다.
일부가 성공하고 그중에 극히 적은 수가 유니콘이 된다. 미래의 불확
실성은 모든 스타트업이 안고 있는 문제다. 그렇다면 전 세계는 왜 실
패확률이 90%나 되는 스타트업을 주목할까? 스타트업의 성공과 실패
의 진짜 의미를 이해하지 못하면 안트러프러너십을 사회적 역량으로

---

[*] 프로핏 프롬 테크, 2020. 6

[**] 페일로리, 2019. 4

수용할 수 없다.

그렇다면 스타트업의 성공과 실패는 무엇을 의미할까? 먼저 성공을 생각해보자. 이느 수준에 이르러야 스타트업에 성공의 드로피를 줄 수 있을까? 구글, 애플, 메타, 네이버, 카카오 정도는 돼야 할까? 유니콘이나 상장 기업이 되면 성공인 걸까? 그게 아니라면 돈을 많이 벌면 성공일까? 기준을 정하는 일부터 쉽지 않다.

'스타트업의 약 90%가 망하고 10%만 살아남는' 통계에서 '망하고 살아남는' 기준은 '투자유치' 여부다. 10개 스타트업 중 다음 단계의 게임으로 이동하는 기회를 얻는 1개의 스타트업은 일단 성공한 것이다. 일단은 살아남았단 뜻이다. 하지만 투자를 받았다는 것이 곧 성공의 기준이 될 수는 없다. 투자를 받았으면 회사를 키워서 투자자에게 수익을 안겨줘야 한다. 그래서 스타트업의 성공은 수익을 낸 상태로 엑시트를 하는 것이다. 엑시트는 단지 기업공개(상장)나 인수합병(매각)을 통한 투자금의 회수만을 의미하지 않는다. 투자금을 회수한 투자자는 또다시 새로운 스타트업에 투자하고 스타트업은 더 큰 무대로 이동하고 안트러프러너는 새로운 게임을 시작할 수 있다. 생태계 순환의 반환점을 돌아 새로운 출발선에 섰을 때 스타트업은 하나의 게임을 성공적으로 완결한 것이다.

반면 망한다는 의미는 '원하는 투자를 받지 못하고 사업을 접는' 경우다. 사업을 접었으니 실패다. 그러나 스타트업의 실패는 연구자들이 연구개발 과정에서 여러 번의 시행착오를 거쳐 원하는 최종 결과를 얻는 과정과 비슷하다. 처음 만든 비즈니스 모델로 투자를 받지 못했으면 다시 모델을 수정 보완하여 재도전할 수도 있고 궁극적으로는 생존의 길로 접어들 수도 있다. 일반 회사가 오랫동안 운영되다가 파산하는 것과는 완전히 다르다. 최종 결과로서 실패가 아니다. 가령 같은 시기 비슷한 비즈니스 모델로 창업한 10개의 스타트업이 있다고 하자. 그중 1개는 유니콘이 됐고 2개는 투자유치에 성공했다. 7개는 투자를 받지 못했다. 이 단계에서 보면 7개 스타트업은 실패다. 그런데 몇 년 후 앞서 달렸던 유니콘이 연이어 엑시트에 실패하고 좀비콘이 됐다. 반면 투자를 받지 못했던 스타트업 중 1개가 새로운 혁신적 비즈니스 모델로 투자를 유치하며 예비 유니콘에 이름을 올렸다. 성공과 실패의 대상이 뒤바뀌었다.

우수한 기술이 단 한 번의 실험으로 만들어지는 경우는 없다. 수십 번 혹은 수백 번의 연구 실패를 극복하고 끊임없이 도전해서 좋은 결과를 얻어내는 것이다. 마찬가지로 스타트업의 비즈니스 모델도 단 한 번의 시도로 대박을 기대한다는 것은 불가능에 가깝다. 스타트업은 시장에서 충분히 검증되지 않은 비즈니스 모델을 손에 쥐고서 수년에서 십수 년 동안 롤러코스터와 같은 험난한 여정을 걷는다. 모두가 직선도로를 쉼 없이 달리고 싶어한다. 하지만 때로는 우회로를 걷기도 하고, 잠시 걸음을 멈추기도 하고, 다시 길을 걷기도 한다. 이 과정을 칼로 자르듯 성공과 실패로 규정하기 어렵다. 스타트업은 생태계 안에서 순환의 법칙에 따라 성장한다. 따라서 성공과 실패는 결과가 아니라 과정으로 이해해야 한다.

실리콘밸리의 강점은 실패를 부끄러워하지 않는 문화다. 그들에게 실패는 결과가 아니라 과정이고 도전의 다른 이름이다. 이것이 안트러프러너의 정신이다. 창조와 혁신은 필연적으로 실패를 동반한다. 많은 실패의 경험이 있다는 건 그만큼 끊임없이 도전을 멈추지 않았다는 의미다. 다수의 성공신화를 만들어내는 실리콘밸리의 저력은 활발한 도진 문화다.

우리나라 안트러프러너의 평균 실패 경험 횟수는 1.3회로 실리콘밸리의 2.8회보다 적다. 이는 우리가 실리콘밸리보다 실패율이 낮은 것이 아니라 실패 후 다시 도전할 기회가 적은 환경에 놓여 있다는 얘기다. 그런데 여기서 혼동하지 말아야 할 것이 있다. 지속적인 혁신과 창조적 파괴가 수반되는 도전에 실패하는 것이 의미가 있다는 것이지, 혁신이 수반되지 않은 비즈니스 모델로 계속해서 여러 번 도전해서 실패하는 것이 의미가 있다는 말이 아니다.

성공과 실패에 대한 개념이 모호하고 자산으로 남겨야 할 실패에 대한 교훈과 재도전을 위한 제도적 장치도 부족하다. 무엇보다 실패에 대한 부정적 인식을 전환해야 한다. 스타트업의 실패에 대한 낙인 문화는 곤란하다. 실패를 자산으로 축적하는 인프라가 필요하다. 안트러프러너십의 활성화와 재도전의 기회를 주는 문화는 마치 동전의 양면과 같다. 실패에 굴하지 않고 다시 도전하는 안트러프러너에 대한 진정한 격려가 없는 환경에서는 안트러프러너십은 꽃을 피울 수 없다.

헝그리 정신은 실패를
성공의 동력으로 바꾼다

　실리콘밸리의 성공한 안트러프러너들은 때론 '바퀴벌레'에 비유된다. 3억 4,000만 년 동안 살아남은 끈질긴 생명력의 바퀴벌레처럼 지독히 어려운 환경에서도 포기하지 않는 끈질긴 실행력 때문이다. 정글 같은 창업 생태계에서 몇 번이고 실패를 반복하면서도 살아남아 결국 세상을 바꿔나가는 안트러프러너의 동력은 '헝그리 정신'이다. 미국의 창업 현실을 다시 보자. 2021년에 약 540만 개의 새로운 회사가 만들어졌다.

　그런데 회사 초기에는 생계형 창업인지, 성장성이 있는 비즈니스 모델로 하는 스타트업 창업인지 정확하게 구분하는 것은 어렵다. 그래서 미국 중소기업청SBA에서는 창업 후 몇 개월 내에 직원을 고용하면 스타트업으로 간주하고 있다. 미국 격주간 종합 경제지 『포춘』에 따르면 신규 창업 기업의 약 10%만 스타트업으로 추정해도 1년에 50

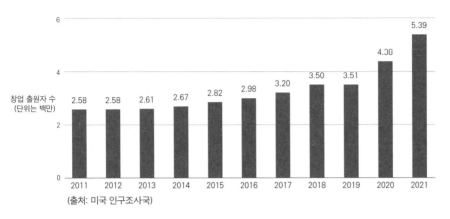

미국 연도별 창업자 수

창업 출원자 수
(단위는 백만)

2011	2012	2013	2014	2015	2016	2017	2018	2019	2020	2021
2.58	2.58	2.61	2.67	2.82	2.98	3.20	3.50	3.51	4.30	5.39

(출처: 미국 인구조사국)

만 개의 스타트업이 새로 탄생하지만 그중 투자를 유치하는 스타트업
은 약 1만여 개에 불과하다. 또한 익스플로딩토픽스은 2022년 스타트
업 트렌드 분석을 통해 미국 전체에 대략 3,000만여 개의 스타트업이
존재하는데 그중 80%가 고작 1년 생존하며 70%가 2년 생존하고 5년
후엔 50%만 남는다고 발표했다. 한편 프로핏 프롬 테크는 미국 창업
자의 60%가 본인 집에서 사업을 시작하고 약 80%는 직원이 없는 나
홀로 창업자라고 하였다.

 녹록지 않은 환경이다. 그런데 실리콘밸리의 창업자들은 이런 극
한 현실을 '자연스럽다'고 말한다. 하버드대학교와 와튼스쿨 등 유명
MBA에서는 헝그리 정신을 매우 강조하며 스타트업 성공률을 높이려
면 더 키워야 한다고 목소리를 높인다. 그들은 하나같이 창업자를 돕
는 정부의 금전적 지원에 대해 상당히 회의적 태도를 견지한다.

 도대체 그들이 강조하는 헝그리 정신이란 무엇일까? 시쳇말로 존

미국 스타트업 투자유치 건수

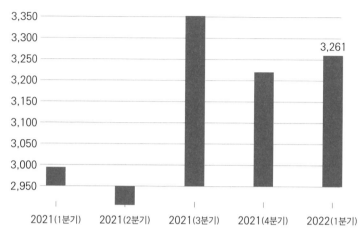

코로나19로 경기침체 상황에서의 미국 스타트업 투자유치 건수이다.
(출처: CB인사이트)

버[*]하는 마음 자세다. 여기에는 반드시 간절함이 필요하다. 더는 벼랑 끝에서도 강인하게 버틸 수 있는 힘은 이루고자 하는 바에 관한 간절함에서 비롯된다. 안트러프러너의 헝그리 정신은 단지 물질적 이익을 추구하는 태도와는 다르다. 그보다는 더 큰 '가치의 실현'을 간절히 원하는 마음 자세에 가깝다.

"우리는 우주에 흔적을 남기기 위해 여기에 있다. 그게 아니라면 여기에 있을 이유가 무엇인가?We are here to put a dent in the universe. Otherwise why else even be here?"

명언 제조기로 불리는 스티브 잡스가 1980년대 매킨토시 개발 중 난관에 부딪혔을 때 동료들을 격려하며 한 말이다. 이것이 안트러프러너의 헝그리 정신이다. '어떻게 돈을 벌 것인가?'보다 '세상을 어떻

---

* 끝까지 버틴다는 뜻의 은어

게 바꿀 것인가?'를 고민하고 간절히 원하는 정신은 스타트업의 가장 중요한 자산이다. 스타트업에서 헝그리 정신이 빠지면 미래가 없다는 사실을 가장 잘 아는 사람이 바로 투자자다. 특히 초기 단계의 대담하고 위험한 아이디어에 과감한 투자를 결정할 때 투자자는 안트러프러너의 헝그리 정신을 매우 중요하게 보고 판단한다.

헝그리 정신은 실패를 보는 관점이 다르다. "나는 실패한 적이 없다. 단지 가면 안 되는 1만 개의 길을 찾았을 뿐이다."라고 말한 토머스 에디슨부터 "실패와 혁신은 쌍둥이다."라고 강조하는 제프 베이조스까지 안트러프러너들의 공통점은 끊임없이 혁신을 열망하는 것이다. 그래서 수많은 실패는 도전을 멈춰야 할 이유가 되지 않는다.

헝그리 정신이 없다면 험난한 혁신의 과정을 버텨낼 수 없다. 실제로 건강한 창업 생태계는 헝그리 정신을 잃지 않기 위한 자발적 연대 활동이 활발하게 일어난다. 실리콘밸리에서 시작된 페일콘과 멕시코에서 출발한 픽업나이츠 등 실패를 공유하는 네트워킹 운동이 바로 그것이다. 경력보다 실패의 경험을 더 중요한 가치로 인정하는 환경에서 혁신의 씨앗이 자라난다. 실리콘밸리가 냉정한 창업 환경에서도 헝그리 정신을 잃지 않는 것은 미국의 안트러프러너들이 유독 강한 정신력을 타고난 것이 아니라 실패를 대하는 문화의 영향이 더 크기 때문이다.

우리나라는 세계에서도 손꼽히는 창업 지원정책을 펼친다. 스타트업의 대다수가 어떤 형식으로든 공적 자금의 지원을 받는다. 경제적 고통을 줄여 생존, 더 나아가 성공을 돕겠다는 의도다. 그런데 왜 효과가 없을까? '망해도 괜찮다'는 마음 자세는 나쁘지 않다. 그런데 그 이

유가 '내 돈이 아니라서'라거나 '어떻게 하면 정부의 지원금을 더 받을까?'를 고민하는 방향이라면 경제적 지원은 득보다 실이 훨씬 크다. 스타트업이 망하는 가장 큰 이유는 혁신을 추구하는 정신과 끝까지 도전하는 실행력의 부재다. 헝그리 정신을 '라떼는 말이야'와 같은 꼰대적 사고와 동일시하고 혁신보다 안전을 추구하는 사회적 분위기는 스타트업 생태계의 성장을 어렵게 하는 보이지 않는 그림자다.

현재 우리 정부는 스타트업을 위한 창업 패키지 시리즈, 청년창업사관학교 등의 자금 지원, 멘토링, 인큐베이팅까지 다방면에 걸쳐 다양한 프로그램을 주도적으로 제공하고 있다. 여기에 지방자치단체에서 제공하는 각종 지원 프로그램까지 추가하면 가히 세계 최고의 지원체계를 갖추고 있다고 할 수 있다. 특히 스타트업들이 가장 원하는 투자를 위해 모태펀드 제도를 운영하며 매년 다양한 분야에 벤처투자 규모를 급속히 키우고 있다.

다행히 2022년부터는 정부가 투입하는 금액을 줄이면서 민간 영역을 확대하는 방향으로 모태펀드를 개편하려고 하고 있다. 그동안은 공적 자금을 마중물로 삼아 민간 운용사를 선정해 벤처펀드를 만들어 운용해왔다. 그러나 공적 자금은 목적성이 우선되기 때문에 민간 자본을 확대하는 것에 한계가 있다는 지적에 따라 민간주도형 모태펀드를 추진하는 것이다.

그러나 이렇게 훌륭한 인프라를 갖추고 있음에도 불구하고 실제 스타트업 생태계에서는 크게 와닿지 않는다는 분위기다. 스타트업 초기에는 도움이 되지만 선택과 집중이 안 되다 보니 단지 정부의 눈먼 돈으로 생각하는 것이다. 헝그리 정신만 없어지고 크게 도움이 된다고 느끼지 못하게 된 이유는 무엇보다 곳곳에 놓여 있는 지뢰밭 같은 각종 규제 때문이다. 새로운 산업이 등장하고 성장하는 과정에서 경쟁 관계인 기존 산업과 충돌하는 것은 어찌 보면 당연한 수순이다. 문제는 정부가 양자 사이에서 갈등을 조정하며 자연스럽게 혁신 산업으로 전환을 촉진하는 역할을 하지 못하고 있다는 것이다. 정부는 스타트업 활성화를 위해 자금, 사무 공간, 멘토링 등 여러 가지 지원책을 늘어놓을 것이 아니라 조속히 규제를 개혁하고 갈등 조정 능력을 보여야 한다.

엑시트 후의 계획과 새 목표를 세워두어야 한다

엑시트는 안트러프러너와 투자자 모두에게 가장 큰 보람이자 최고의 경험이다. 사회적 부가가치를 창출한 공로와 투자 리스크를 무릅쓴 대가로 보상을 받는다. 특히 안트러프러너에게 엑시트는 일생에 한 번 일어날까 말까 하는 최대의 이벤트이다. 극소수만이 성공적 엑시트를 경험하고 큰 부를 손에 거머쥘 수 있다. 실제로 성공한 안트러프러너를 주변에서 찾아보기란 하늘에서 별 따기고 언론을 통해서나 접할 수 있다. 그러다 보니 엑시트의 개념과 중요성을 머리로는 이해하더라도 정작 엑시트가 안트러프러너의 삶에 미치는 영향에 대해서는 잘 알지 못한다.

자신이 원하는 비즈니스를 성공적으로 이끌고 마지막까지 잘 마무리한 안트러프러너는 실제로 엄청난 성취감과 강력한 희열을 경험한다. 그런데 이러한 행복감은 생각만큼 오래 유지되지 않는다. 곧 깊은 상실감에 빠져든다. 엑시트 후 적지 않은 안트러프러너들이 마치 '백지 상태가 된 느낌'을 호소한다고 한다. 어느 날 갑자기 '과거 직위'로 불리는 현실에서 정체성의 혼란을 겪기도 하고 급기야 은퇴라는 단어에 혐오감을 표출하기도 한다. 가장 무서운 것은 세상과의 단절감이다. CEO들을 대상으로 컨설팅을 하는 랜디 번즈 박사는 2015년에 발표한 논문 「정상에서의 전환: 회사에서 분리된 CEO의 자아 정체성」에서 특히 회사를 엑시트한 후의 계획이 없었던 안트러프러너들은 훨씬 심각한 수준에 이른다고 하였다.

여기서 주목할 점은 정체성의 위기를 겪는 이들이 '(자신이 원하는) 새로운 목표'를 찾으면 놀랍게도 치유된다는 연구결과다. 경제적 부가 곧 성공을 의미하지는 않는다. 세상의 눈은 '얼마짜리 엑시트인가?'를 주목하지만 안트러프러너는 '엑시트 후의 삶'을 봐야 한다. 엑시트 후의 삶에서 얻고자 하는 '무엇'을 찾지 못했다면 아직 할 준비가 되지 않은 것이다. 경제적 성공 이후의 가슴 뛰게 할 새로운 무엇이 준비됐을 때 비로소 진짜 성공한 엑시트가 가능해진다. 엑시트 후에도 삶은 지속되기 때문이다.

스타트업계에는 "한번 안트러프러너는 영원한 안트러프러너다."라는 격언이 있다. 현실 안주보다는 변화와 도전을 선호하기 때문이다. 엑시트에 성공한 안트러프러너들조차 그 후의 평화로운 생활이 그다지 편안하지 않다고 말한다. 김기사 내비게이션을 성공적으로 매각한 박종환은 대표적인 연쇄 창업가다. 그는 이미 두 차례 창업 경험이 있었는데 2015년 당시 록앤롤의 대표로서 김기사 내비게이션을 카카오에 매각한 후 공동 창업자 3명과 함께 또다시 김기사컴퍼니를 창업했다. 와이콤비네이터처럼 멘토링과 투자를 병행하는 액셀러레이터로 직업을 바꿨다. 그가 언론과 인터뷰를 통해 밝힌 재창업의 이유는 '큰 회사에 인수합병되어 월급 받는 것이 너무 갑갑해서'였다. 새로운 가치를 창출하는 도전을 통해 스스로 보상을 받는 안트러프러너의 전형이다.

경제적 성공 이후 안트러프러너들은 어떤 생각을 할까? 과거 죽음의 계곡에서 허덕이던 초기 스타트업 시절을 회상하며 그리워하거나 휴양지에서 보내는 이른 은퇴 생활을 꿈꾸지 않는다. 그들은 대부분 경제적 여유를 즐기며 도전할 만한 새로운 일을 꿈꾼다. 생태계에 남아 스타트업을 육성하거나 돈이 없을 때는 그저 꿈만 꾸었던 사회공헌활동을 할 때 '의미 있는' 삶을 살고 있다는 자긍심을 느낀다고 말한다. 우리나라뿐만이 아니다. 실리콘밸리의 안트러프러너들은 거머쥔 부를 더 큰 소명으로 승화할 때 큰 보람을 느낀다고 일찌감치 증언하고 있다.

사실 어떤 엑시트가 더 성공이고 더 행복하다는 정답은 없다. 그래서 모두 각자의 성공과 행복을 정의해야만 한다. 그래야 스스로 어떤 보상을 추구할 것인지 답을 찾을 수 있고 비로소 성공을 통한 행복을 누릴 수 있기 때문이다. 안트러프러너 자신에게 더 나은 엑시트를 선택하려면 끊임없이 자신을 성찰하는 노력은 필수다. 행복한 엑시트를 위한 준비는 바로 여기서 출발해야 한다.

회사와 함께한 이해관계자들을 배려해야 한다

안트러프러너는 창업하는 순간부터 실패 가능성이 큰 비즈니스를 성공으로 이끌어야 하는 무거운 책임을 떠안는다. 비록 확률은 낮지만 열정과 추진력으로 스타트업의 모든 과정을 성공적으로 완수하여 자신뿐만 아니라 함께 고생한 직원들과 투자자들에게도 좋은 결과를 줄 수 있어야 한다.

스타트업이 투자유치를 희망하면 융자와는 달리 담보가 없기 때문에 투자자들은 회사의 과거와 현재의 재무제표, 지적재산권, 인력 구조 등을 상세하게 살피고 미래의 성공 가능성을 예측하고 분석한다. 이때 평가대상은 회사의 매출이나 이익이 아니다. 스타트업의 실적이 좋을 리는 만무하다. 그보다는 지적재산권, 비즈니스 모델, 구성원들의 능력이 중요하게 고려된다. 또한 투자자 입장에서 엑시트에 대한 확고한 전략이나 계획이 수립되어 있느냐는 가장 중요하게 생각하는

비즈니스 모델

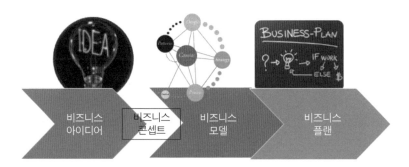

비즈니스 모델이란 비즈니스의 '구조 + 프로세스 + 시스템'을 통해 기업가치를 창출하는 전략적 청사진이다. (출처: 『비즈니스 모델의 탄생』)

요소다.

투자자로서는 이와 같은 개념이 없는 스타트업에 투자한다는 것은 투자금을 포기한다는 것과 같다. 현실을 직시하고 스타트업 생태계를 제대로 이해하는 안트러프러너라면 계획대로 회사가 성장할 때 언제 기업가치가 극대화되고 어떻게 투자자들이 투자금을 회수할 수 있게 할 것인지 시나리오가 있어야 하는 것은 당연하다. 그리고 만약 예정된 궤도를 이탈하면 대처할 수 있는 플랜 B에 대한 시나리오도 있어야 한다. 가령 포커게임을 한다고 하자. 플레이어는 자신이 쥔 카드로 승리할 확률이 얼마일지, 어느 단계까지 게임을 진행할 수 있을지 판단해야 한다. 좋은 패를 쥐고 있다면 리스크가 있더라도 계속하지만 그렇지 않다면 적절한타이밍에 빠져나와야 한다. 자신의 패를 터무니없이 과신하거나 타이밍을 놓치면 승리할 수 없다. 운이 좋아서 승자가 되더라도 커다란 수익을 내지 못할 가능성이 커진다.

안트러프러너는 크게 두 갈래의 길을 선택할 수 있다. 하나의 길은

시간대별 엑시트 전략

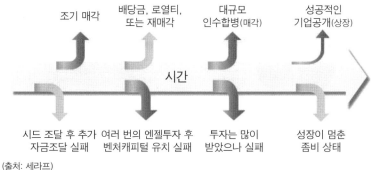

(출처: 세라프)

기업공개(상장)를 통해 성장과 도전을 계속하는 것이다. 애플, 메타, 아마존 등은 탁월한 경영 능력으로 스타트업을 세계 최고의 IT 기업으로 키워냈다. 또 다른 길은 인수합병(매각)으로 경영권을 넘기고 인생 시즌 2를 시작하는 것이다. 아이디어와 도전정신이 넘치는 안트러프러너는 연쇄 창업가나 투자자의 길을 걷는다. 그들은 혁신적 비즈니스 모델을 꾸준히 개발함으로써 스타트업 생태계의 발전에 기여하기도 하고 좋은 스타트업을 발굴, 투자, 육성한다. 테슬라를 창업한 일론 머스크, 실리콘밸리의 스타트업 사관학교라 불리는 와이콤비네이터의 창업자 폴 그레이엄과 인맥 서비스 기업 링크드인을 창업한 리드 호프먼Reid Hoffman 등이 대표적이다.

어느 길을 선택하든 엑시트 과정에서 회사의 성장과 함께한 이해관계자들을 충분히 배려한다면 확실히 좋은 엑시트 게임을 한 것이다. 일반적으로 인수합병(매각)을 한다고 하더라도 대부분의 임직원은 회사에 그대로 남게 된다. 안트러프러너는 엑시트로 경제적 성공을 거두지만 임직원은 특별히 경제적, 심리적 보상을 받지 못한다. 성공적인 엑시트는 안트러프러너 자신의 능력으로 이루어진 것이며 임직원은 급여를 받으며 일한 사람들이기 때문에 특별한 보상심리가 생기지 않을 수 있다. 그러나 스타트업의 성공은 불확실성이 큰 상황에서 리스크를 함께하며 도전과 혁신을 이룬 동료들의 헌신이 없었다면 불가능하다.

그렇기 때문에 함께 고생한 동료들과 엑시트의 경제적 성과를 나누어야 한다. 경우에 따라서는 엑시트 과정에도 구성원들이 다양한 방식으로 참여토록 하여 과정을 투명하게 공개하고 그들의 의사를 반영하는 등 실질적인 배려가 있어야 한다. 스타트업의 성공은 특정인 한 사람의 역량만으로 이루어낼 수 없다. 창업 생태계 안에서 동료들과의 네트워크와 시스템의 조력이 있었기에 가능한 일이다. 그래서 안트러프러너는 성공에 대한 사회적 부채의식을 가져야 한다. 여기서 부채의식이란 공동체에 대한 책임감과 의무감이다.

투자를 받았으면 최대한 수익을 내서 투자금을 회수할 수 있도록 하는 것은 당연하고 창업 생태계의 활성화를 위해서도 반드시 필요하다. 스타트업은 투자를 받아야만 성장하고 성공 스토리를 쓸 수 있다. 이 거대한 게임에는 엔젤투자자와 벤처투자자는 물론이고 정부의 자금을 포함한 각종 지원이 이루어진다. 만일 엑시트에 실패한다고 해도 투자받은 것이기 때문에 특별히 책임질 일은 없다. 그러나 반대로 성공하게 되면 모든 영광과 부가 안트러프러너에게만 돌아간다면 뭔가 불합리하게 느껴진다. 실패에는 면책이 되고 성공의 과실은 오롯이 혼자 거둔다면 인재가 유입되거나 스타트업 생태계가 지속될 수 없다.

투자금에 대한 책임과 부담이 없다고는 하지만 자신과 함께한 동료들과 투자자들에 대한 책임감을 느껴야 한다. 스타트업 생태계를 만들고 지원하는 공공 분야에 대해서도 성공을 공유하겠다는 의무감이 있어야 한다. 숲의 환경이 좋아야 나무도 건강하게 자라는 법이다. 투자, 엑시트, 재투자의 선순환으로 이어지는 바람직한 혁신 생태계가 형성되어야 더 많은 스타트업이 생겨나고 고용 창출과 경제 성장이 가능해진다. 성공적인 엑시트는 개인의 숙제가 아니라 스타트업 생태계의 최종 목표라고 할 수 있다.

2부

엑시트 전략

Start up

3장

언제든 조기 엑시트할 수 있게 준비해야 한다

스타트업에 너무 빠른
엑시트란 없다

스타트업은 투자를 받으면 반드시 엑시트라는 결승선까지 완주해야 한다. 그러나 결승선은 스타트업마다 다르다. 어떤 스타트업은 100미터 단거리 경기를 하고, 어떤 스타트업은 400미터 중거리 경기를 하고, 또 어떤 스타트업은 마라톤을 한다. 그래서 초기에 엑시트를 해야 하는 스타트업도 있고 일정 규모 이상 성장한 후 엑시트를 하는 경우도 있다. 또는 오랜 시간이 지나서 기업공개(상장)라는 결승선에 도달하기도 한다. 그럼 어느 타이밍에서 엑시트 성공률이 가장 높을까? 먼저 미국의 사례를 보자.

스타트업이 엑시트에 성공할 확률은 대략 26%다. 엑시트는 투자를 전혀 받지 않은 상태에서도 일어난다. 예상과는 달리 초기투자 단계에서 가장 활발하게 일어나고 오히려 투자가 거듭될수록 어려워진다. 스타트업의 27% 정도만이 시드 투자를 받았으며 투자를 받지 못

미국 스타트업의 엑시트 성공률

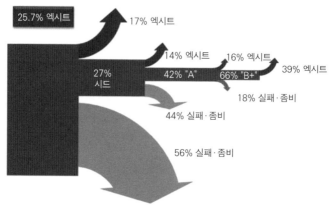

단지 26% 스타트업만이 엑시트를 하는데 97%가 인수합병(매각)이다. 나머지는 실패하거나 좀비 기업이 된다. (출처: 코너스톤캐피털, 2019)

한 상태에서도 무려 17%가 다른 회사에 매각됐다. 기업공개(상장)를 추진하다가 가능성이 작으면 인수합병(매각)을 하는 것이 아니다. 회사의 비즈니스 모델이나 상황에 따라 가장 효율적인 전략으로 '조기 엑시트early exit'를 선택하는 것이다. 조기 엑시트의 활성화는 곧 인수합병의 활성화를 의미한다. 실제로 미국 스타트업의 엑시트의 97%는 인수합병을 통해 이뤄진다.

글로벌 시장조사 업체 CB인사이트가 2018년에 분석한 자료에 따르면 미국 스타트업 중 시드 투자를 받은 1,119개 스타트업의 펀딩, 생존율, 엑시트 현황을 조사한 결과 두 번째 펀딩에 성공한 스타트업은 534개였다. 절반도 되지 않는 48%만이 투자를 받아 생존했다. 투자가 진행될수록 생존율은 계속 감소해 6차 라운드까지 살아남는 스타트업은 고작 3%였다. 그들의 엑시트 타이밍은 역시 초기투자 단계에 집중되어 있다. 가장 많은 158개(14%)의 스타트업이 초기에 인수

미국 초기 투자유치 기업의 생존율

2018년 3분기 벤처캐피털 투자유치

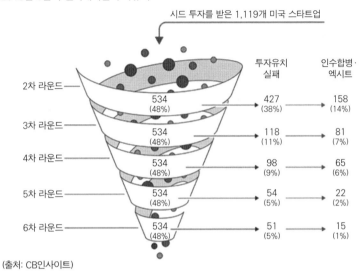

(출처: CB인사이트)

합병을 통해 엑시트를 했다. 그 후 인수합병 성공률은 후기 투자로 진행할수록 낮아졌다. 6차 라운드에서 이루어지는 인수합병은 단 1%에 불과했다.

투자시장의 흐름은 시장점유율이 큰 스타트업에 몰아주기 현상이 더 뚜렷해지는 추세다. 그러다 보니 극히 일부 기업만 계속해서 투자를 유치할 수 있다. 그러나 많은 금액의 투자를 받았다고 해서 반드시 엑시트에 성공하는 것은 아니다. 투자금이 커지면 커질수록 그만큼 훨씬 더 큰 금액으로 엑시트해야 하는 부담이 생기기 때문이다. 그런 환경에서 스타트업이 게임을 실패로 끝내지 않을 최선의 방법은 조기 엑시트다. 결국 스타트업 생태계의 선순환 여부는 조기 엑시트가 좌우한다고 해도 과언이 아니다.

한국과 주요 국가 스타트업의 엑시트 비율

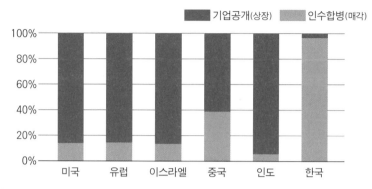

한국은 인수합병(매각)을 통한 엑시트 비율이 낮다. (출처: 경제협력개발기구)

유럽, 미국, 이스라엘, 인도 등 주요 스타트업 강국의 투자자들은 대부분 인수합병을 통해 투자금을 회수한다. 중국도 인수합병을 통한 엑시트 비율이 60%에 달한다. 반면 우리나라의 투자자들은 압도적으로 기업공개를 통한 엑시트가 많다. 극명하게 대비되는 현상이다. 그러나 극히 적은 수의 스타트업만이 기업공개를 할 수 있기 때문에 국내 스타트업 생태계는 건전하게 성장하지 못하고 기형적이다.

기업공개와 인수합병은 전혀 다른 전략이 필요하다. 같은 육상경기라도 단거리, 중거리, 마라톤 경기는 선수도, 경기운영 전략도 다르다. 가령 기업공개는 마라톤과 비슷하다. 마라톤을 뛰려면 42.195킬로미터 완주에 적합한 신체 조건과 체력이 있어야 한다. 참고로 우리나라에서 기업공개에 걸리는 기간은 평균 12.5년이고 미국과 유럽연합은 9~11년이다. 게임을 완주할 체력이란 지속적으로 투자유치에 성공하며 고속 성장을 이루면서 기업공개에 도달할 때까지 길고 냉혹한 여정에서 죽지 않고 살아남는 역량을 말한다. 냉정하게 말하면 기업공개를 통한 엑시트는 지속성장이 가능한 비즈니스 모델과 추진력과 도전정신을 겸비한 안트러프러너에게 행운까지 따랐을 때만 가능하다. 단지 포기하지 않는 근성만으로는 결승선에 도달할 수 없다. 반면 인수합병(매각)을 통한 엑시트는 단거리 혹은 중거리 경기다.

그렇다면 안트러프러너 입장에서 어떤 선택이 경제적으로 유리할까? 언뜻 생각하면 당연히 규모가 큰 기업공개가 중간에 매각하는 것보다 월등히 유리할 것 같다. 하지만 사실은 그렇지 않다. 가령 회사가 투자를 10번 정도 받으면서 스케일업에 성공하여 상장한다면 안트러프러너의 지분율은 투자를 유치할 때마다 희석됐으므로 매우 낮아진다. 쿠팡도 미국에 상장할 당시 창업자이자 CEO의 지분율은 10%에 불과했다. 현재 상장을 추진 중인 컬리의 창업자이자 CEO의 지분율은 5% 미만으로 알려졌다. 그러나 초기나 중기에 매각하면 기업가치가 낮아도 지분율이 높기 때문에 최종 회수금액은 어느 쪽이 클지 알 수 없다.

스타트업 강국은 조기 엑시트 비율이 높다. 최고의 성과를 위해 자신에게 맞는 종목에 출전하기 때문이다. 많은 스타트업이 원하는 시기에 원하는 규모의 자금 조달에 실패한다. 투자를 받지 못하면 폐업 혹은 좀비 상태가 되는 것 외에 다른 선택지가 없다. 그렇기 때문에 엑시트가 가능하면 언제라도 엑시트를 해야 한다. 스타트업에 '너무 빠른 엑시트는 없다never too early'는 불문율이 작용한다. 하지만 우리나라의 스타트업은 대부분 자신이 어떤 종목에 적합한 선수인지 잘 알지 못하고 막연히 마라톤만 뛰려고 한다. 깊은 고민도 없고 현실 감각도 떨어지는 것이다.

생태계의 현실은 막연한 기대와는 전혀 다르다. 한 해에 12만 개가 넘는 신규 창업이 있고 그중 약 2만 개가 성장 가능한 비즈니스 모델을 가진 스타트업으로 추정하고 있다. 최근 5년 평균 1,800건(2017년 1,200건, 2018년 1,400건, 2019년 1,600건, 2020년 2,100건, 2021년 2,400건) 정도 투자를 받았다. 그리고 연간 50개 미만(2017년 33개, 2018년 47개, 2019년 48개, 2020년 44개, 2021년 53개)의 스타트업이 기업공개를 한다. 요약하면 우리나라에서는 1년에 2만 개의 스타트업 중 9%가 투자를 받고 그중 0.25%만이 상장을 하는 것이다. 따라서 95%가 넘는 절대다수의 스타트업은 인수합병을 통한 엑시트를 매우 진지하게 고민해야 한다.

엑시트의 적기는
대박이 예상될 때다

2006년 유튜브가 구글에 매각됐을 때 세상이 떠들썩했다. 무려 16억 5,000만 달러의 인수가격에 놀랐고 잘나가고 있는데 불과 창업 2년 만에 엑시트를 하는 것도 의외였다. 16년 후 2022년 1분기에 유튜브는 매출액 69억 달러를 달성했다. 미국의 월가는 유튜브가 상장하면 시가총액이 최소 900억 달러가 될 것으로 예측한다. 유튜브는 매각된 후 구글의 황금알을 낳는 거위가 됐다. 그러자 세간의 눈은 유튜브 창업자 스티브 첸Steve Chen에게 쏠렸다. 첸이 분명 후회할 것이 분명해 보였기 때문이다.

"너무 빨리 매각한 것 아닌가요?"

미디어의 쏟아지는 질문에 첸의 반응은 예상과 달랐다. 그는 '유튜브의 조기 매각은 옳은 결정이었고, 구글 덕분에 유튜브가 지금처럼 성장한 것'이라고 답했다. 구글에 인수합병되기 전 유튜브의 상황은 어땠을까? 당시 유튜브는 대부분의 스타트업이 그렇듯 영업이익이 적자 상태였다. 하지만 매월 거의 2배씩 급성장하는 추세를 유지하고 있었다. 이토록 좋은 실적을 내고 있는데 왜 매각했을까? 이에 대해 첸은 "유튜브를 더 발전시킬 기술력과 전문성이 부족했기 때문"이라고 설명했다.

매각 후 훗날 크게 성공하면 아쉬움이 남을 수도 있다. 그럼에도 조기 엑시트는 안트러프러너 자신과 투자자 모두에게 충분히 매력적이다. 먼저 안트러프러너의 입장에서 보자. 대부분의 스타트업은 게임에서 살아남지 못한다. 좋은 비즈니스 모델도 수차례 피벗pivot*을 거쳐 진화해야만 시장에 남을 수 있다. 이 과정에는 운, 즉 대외 환경의 변화도 필요하다. 안트러프러너는 무에서 유를 창조하는 탁월한 역량의 소유자다. 그러나 경영에서도 반드시 뛰어난 역량을 발휘하는 건 아니다. 해외의 많은 안트러프러너가 성공적인 비즈니스 모델을 내놓고도 조기에 엑시트를 선택하는 이유다.

투자 수익을 추구하는 재무적 투자자는 주로 해당 기업의 재무제표를 근거로 투자를 하는데 초기 스타트업은 매출이나 이익이 거의 없기 때문에 인수에는 전혀 관심이 없다. 그러나 관련 분야의 대기업이나 중견기업이 대부분인 전략적 투자자는 스타트업의 경영 상태와는 상관없이 그 기업이 보유한 좋은 비즈니스 모델, 기술, 우수인력에 관심을 가진다. 초기에 비교적 합리적인 금액으로 미래 전망이 좋은 스

---

* 피벗pivot은 농구 경기에 등장하는 용어다. 경기 중 선수가 공을 잡았을 때 동시에 두 발을 떼면 반칙이다. 그래서 한 발은 바닥에 고정한 채 다른 발을 여러 방향으로 옮기며 상대 선수를 피해 공을 팀원에게 패스하거나 달려 나갈 방향을 살핀다. 비즈니스 전략으로서 피벗이란 기업의 비전과 목표는 그대로 둔 채 비즈니스 모델 혹은 경영전략의 방향을 틀어서 새로운 제품(서비스)으로 리포지셔닝하는 것을 말한다.

타트업을 인수하는 데 적극적이다. 그래서 아주 초기의 스타트업도 엑시트 기회가 생기는 것이다. 게다가 전략적 투자자가 꼭 필요로 하는 기술이니 인력을 보유하고 있다면 비록 초기 스타트업이라도 전문학적인 금액으로 매각될 수도 있다.

안트러프러너의 조기 엑시트는 포기가 아니라 새로운 장으로의 전환이다. 창업한 회사를 매각한 안트러프러너들은 대부분 재창업에 도전한다. 창업에서 엑시트까지 전체 스타트업 사이클을 실제 모두 경험했기에 투자자들에게 상당한 신뢰를 준다. 비록 조기 매각을 통해 큰돈을 벌지 않았더라도 엑시트를 해본 안트러프러너는 재창업에서 처음 창업하거나 실패로 끝나고 다시 도전하는 경우보다 성공 가능성이 훨씬 크다는 연구결과도 많다. 투자자들도 그들에게 좀 더 쉽게 투자를 결정하는 경향이 있다. 또다시 창업에 도전할 때 상대적으로 유리한 환경에 놓이게 되는 것이다. 경제적으로 성공한 안트러프러너는 연쇄 창업자든 엔젤투자자든 생태계 안에서 자신의 역량을 발휘할 다른 기회를 만들어내고 계속 성장해나간다.

그렇다면 투자자에게 조기 엑시트는 어떤 매력이 있을까? 엔젤투자를 받고 전문 기관투자자로부터 투자를 받는 스타트업은 고작 40% 수준이다. 이 수치의 다른 해석은 엔젤투자의 60%가 실패한다는 것이다. 스타트업 초기부터 인수합병에 관심을 가지고 조기 엑시트를 추진하는 것이 실패 가능성을 낮추는 가장 현실적인 방법이다. 조기 엑시트가 활성화되면 투자회수가 활발해지고 생태계로 엔젤투자를 유인하는 효과가 커진다. 그로 인해 새로운 비즈니스 모델로 재창업에 나서 성공을 경험하는 안트러프러너들도 많아지게 된다.

조기 엑시트의 성공 여부를 판단하는 기준은 두 가지다. 첫째, 매각 금액이다. 유튜브와 인스타그램은 모두 창업 2년이 지나기 전 엑시트 했다. 유튜브의 가격은 16억 5,000만 달러였고 인스타그램은 10억 달러에 메타(당시 페이스북)에 매각됐다. 스타 기업답게 금액이 매우 높다. 거래금액은 비즈니스 유형과 기업가치에 따라 결정되며 편차가 매우 크다. 세계적으로도 10억 달러 이상의 거래는 손꼽는 수준으로 대다수 스타트업에는 해당되지 않는다.

실리콘밸리의 엔젤투자자이자 컨설턴트인 바실 피터스Basil Peters는 스타트업의 바람직한 엑시트 규모는 '3,000만 달러 이하'라고 했다. 하지만 실제로 실리콘밸리의 스타트업 인수합병 비용을 보면 300만 달러 이하가 78.9%로 가장 많다. 그중 100만 달러 이하도 44.5%나 된다. 300만 달러가 보편적이고 교과서적인 매각금액이라는 얘기다. 300만 달러를 국내에 적용해 환산하면 약 10억 원 내외를 적절한 조기 엑시트 금액으로 볼 수 있다.

둘째 기준은 타이밍이다. 최적의 매각 타이밍은 '우와, 우리는 앞으로 대박이 날 거야!'라고 생각되는 시점, 즉 확실하게 본격적인 상승세를 나타내는 변곡점이다. 스타트업은 현재가 아니라 미래의 약속을 파는 것이다. 변곡점에서 엑시트를 하지만 매각금액은 미래의 성장까지 고려한 점근선asymptote을 추정해 결정된다. 그런데 회사가 본격적으로 성장해가는 시기에 매각을 적극적으로 검토하는 건 생각만큼 쉽지 않다. 미래의 대박 이미지가 머릿속에 너무도 선명하기 때문이다.

주식이든 부동산이든 재테크에 관심이 있는 사람들은 한 번쯤 "무릎에서 사서 어깨에서 팔라"는 얘기를 들어봤을 것이다. 최저점에서

스타트업 엑시트의 최적기는 성장곡선의 변곡점

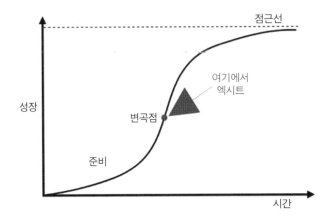

투자하고 최고점에서 팔면 수익은 당연히 극대화된다. 그러나 미래의 최고점은 누구도 정확하게 예측할 수 없고 막상 최고가격이 형성됐을 때는 매수자를 찾기가 어려울 수 있다.

스티브 첸이 인수합병 대신 기업공개를 선택했다면 지금의 유튜브는 어느 정도 규모로 성장했을까? 많은 인수합병 제안을 거절하고 기업공개를 선택한 마크 저커버그와 같은 업적을 냈을 수도 있고 아닐 수도 있다. 결과적으로 말하자면 조기 엑시트를 선택한 스티브 첸의 판단도, 기업공개를 통한 엑시트를 선택한 마크 저커버그의 판단도 모두 옳았다는 것이다.

조기 엑시트를 강조하는 이유는 생존 환경이 어려우니 빨리 팔고 수익을 챙기라는 주장이 절대 아니다. '끝까지 가보겠어.'라는 의지만큼 중요한 건 엑시트 기회가 왔을 때 안트러프러너 자신과 팀의 역량, 성장 추세, 시장의 흐름을 냉철하게 판단할 수 있는 안목과 용기다.

엑시트가 활성화돼야
스타트업 강국이 된다

북유럽의 스타트업 강국 스웨덴은 인구가 고작 1,000만 명에 불과하다. 하지만 세계 최대의 음원 스트리밍 기업인 스포티파이를 비롯한 유수의 글로벌 스타트업을 배출하는 저력을 발휘한다. 이 나라에는 도대체 어떤 비결이 있는 걸까? 의미 있는 데이터가 있다. 2020년 한국무역협회가 한국과 스웨덴의 스타트업들이 투자를 받은 후 엑시트에 이르는 과정을 같은 기간 동안 추적한 결과를 발표했다. 양국의 뚜렷한 차이는 다름 아닌 엑시트 비율이었다.

2013~2015년 사이 시드 투자를 유치한 한국과 스웨덴의 스타트업 여정을 2019년 11월까지 따라가 봤다. 시리즈 A~C까지 투자유치 비율은 한국이 월등히 높다. 반면 스웨덴의 경우 조기 엑시트 비율이 높다. 시리즈 A 단계의 엑시트 비율을 비교하면 한국의 두 배가 넘는다. 반면 한국은 후기투자로 더 열심히 진행하는 모습이다. 양국의 스타

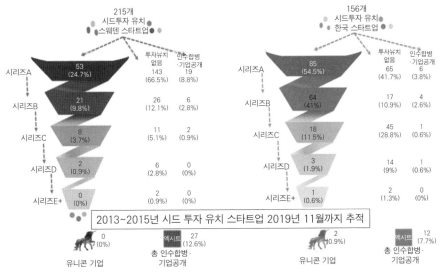

스웨덴 스타트업의 투자 동향 및 비즈니스 트렌드

215개
시드투자 유치
스웨덴 스타트업

	투자뉴치없음	인수합병·기업공개
시리즈A 53 (24.7%)	143 (66.5%)	19 (8.8%)
시리즈B 21 (9.8%)	26 (12.1%)	6 (2.8%)
시리즈C 8 (3.7%)	11 (5.1%)	2 (0.9%)
시리즈D 2 (0.9%)	6 (2.8%)	0 (0%)
시리즈E+ 0 (0%)	2 (0.9%)	0 (0%)

156개
시드투자 유치
한국 스타트업

	투자뉴치없음	인수합병·기업공개
시리즈A 85 (54.5%)	65 (41.7%)	6 (3.8%)
시리즈B 64 (41%)	17 (10.9%)	4 (2.6%)
시리즈C 18 (11.5%)	45 (28.8%)	1 (0.6%)
시리즈D 3 (1.9%)	14 (9%)	1 (0.6%)
시리즈E+ 1 (0.6%)	2 (1.3%)	0 (0%)

2013~2015년 시드 투자 유치 스타트업 2019년 11월까지 추적

유니콘 기업 0 (0%) — 엑시트 27 (12.6%) 총 인수합병·기업공개

유니콘 기업 2 (0.9%) — 엑시트 12 (7.7%) 총 인수합병·기업공개

(출처: 한국무역협회, 2020년 1월 23일)

트업은 확연히 다른 방식의 게임을 진행했다. 결과는 한국의 엑시트는 7.7%이고 스웨덴은 12.6%다. 스웨덴의 승리다.

한국의 엑시트가 스웨덴보다 낮은 이유는 조기 엑시트가 활발하지 않기 때문이다. 스웨덴은 한국보다 스타트업 투자 규모는 작지만 엔젤투자는 더 활발하다. 조기 엑시트가 활발하면 엔젤투자의 회수율이 높아진다. 그러면 더 많은 엔젤투자가 이루어지고 스타트업 창업이 활발해지는 선순환 구조의 생태계가 조성된다. 이것이 스타트업 강국 스웨덴의 비결이다.

한국의 조기 엑시트가 활성화되지 않는다. 첫째, 인수합병이 성사되기 어려운 환경이다. 중견기업 또는 대기업은 계열사 확장을 규제하는 등 제도로 인해 적극적으로 나서기 어렵다. 현재 국내 스타트업의 인수합병을 주도하는 건 유니콘과 스타트업 출신 IT 기업들이다. 그들은 스타트업뿐만 아니라 기존 산업군의 덩치 큰 기업을 역인수하는 등 인수합병 시장에 활력을 불어넣는 주인공이다. 스타트업 생태계의 활성화는 인수합병 활성화에 달려 있다고 해도 과언이 아니다.

둘째, 대기업에 대한 스타트업의 불신이 높다. 미국의 대다수 스타트업이 기업공개를 통한 엑시트(18%)보다 대기업에 매각되기를 더 희망하는 것(53%)과는 반대다. 대기업의 팀보다 소규모의 스타트업은 '합병'을 통해 권위주의적 기업문화에 흡수되는 것을 걱정한다. 또한 서울경제신문은 대기업들이 가격을 '너무 후려치고' 협상에 '소극적'이라고 스타트업의 불만을 취재했다. 조기 엑시트가 활성화되려면 인수합병 과정에서 상호 신뢰도를 높이는 방법을 함께 고민해야 한다. 경험이 부족한 스타트업이 인수합병을 전략적으로 주도하는 것은 애초부터 무리다. 인수합병이 잘 안 되는 이유에 대해 스타트업들이 '믿을 만한 중개기관이 없다(25%)'는 호소에 주목해야 한다.

해외에서는 벤처캐피털이 스타트업의 엑시트를 주도한다. 단지 돈만 투자하는 게 아니라 성공적인 엑시트를 돕는 것이다. 실리콘밸리 투자자들은 "손가락 개수 이내로 투자한다."라거나 "20마일 거리 내의 기업에 투자한다."라는 말을 자주 한다. 이유는 간단하다. 안트러프러너들과 자주 만나고 상황을 점검하고 필요한 지원을 제공하기 위해서다. 이 과정에서 안트러프러너와 투자자 간에 신뢰를 쌓는다. 인수합병 협상도 투자자를 믿고 진행하는 분위기가 자연스럽게 형성되어 있다.

셋째, 인수합병에 대한 사회 인식도 부정적이다. 2019년 말 우아한형제들의 배달의민족이 독일의 배달 플랫폼 기업인 딜리버리히어로로

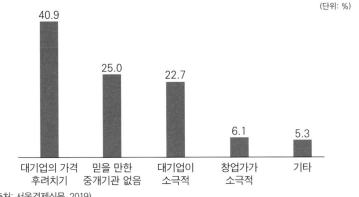

해외에서 인수합병이 안 되는 이유

(단위: %)

- 대기업의 가격 후려치기: 40.9
- 믿을 만한 중개기관 없음: 25.0
- 대기업이 소극적: 22.7
- 창업가가 소극적: 6.1
- 기타: 5.3

(출처: 서울경제신문, 2019)

에 매각됐다. 딜리버리히어로로는 무려 40개국에서 활약 중인데 35개 국에서 시장점유율 1위다. 배달의민족의 기업가치는 약 57억 유로(약 7조 6,800억 원)로 평가됐다. 대부분의 스타트업 인수합병이 그렇듯 안트러프러너는 일정 기간 경영 일선에 머물게 된다.

결론부터 말하면 배달의민족은 시장의 예상을 초월하는 엄청난 기업가치를 인정받으며 성공적으로 엑시트했다. 세계적으로도 2019년 최고의 성공 사례로 평가될 정도였다. 하지만 우리나라에선 국내 대표적 유니콘의 매각 소식에 꽤 많은 설왕설래가 있었다. 대부분 좋지 않은 내용 일색이며 일각에선 '먹튀'라는 용어까지 꺼내 들었다. 국내 시장에서 규모를 키운 기업이 큰돈을 받고 인프라를 통째로 해외 기업에 넘겨주었다는 부정적 감정의 발로다.

하지만 기업가치 1조 원 이상인 유니콘의 해외 매각은 국내 시장 규모나 여러 상황을 고려할 때 가장 합리적이고 현실적인 엑시트 전략이다. 국내에선 이 정도 자금력이 있는 매수자가 많지 않을 뿐더러 무엇보다 적자가 큰 기업을 선뜻 인수하는 대담한 선택을 하기도 쉽지 않다. 재무제표상 적자기업이 상장하기 매우 어렵다 보니 기업공개를 통한 엑시트도 쉽지 않다. 그렇다고 시장의 주 무대가 국내인 기업이 해외에 높은 금액으로 상장을 한다는 것 또한 쉽지 않다. 그러면 미래 가치는 높지만 적자를 기록하는 우리나라 유니콘은 과연 어떤 엑시트 전략이 존재할까? 국내외 주식시장에 상장은 어렵고 인수할 국내 기업도 거의 없다면 남은 유일한 방법은 해외 유수의 기업이 인수해주는 것이다. 그렇다고 우리나라 스타트업은 우리나라 기업만 인수해야 한다는 현실성 없는 규정을 만들 수도 없다. 설사 가능하다고 해도 생태계에 전혀 도움이 되지 않는다. 글로벌 시대에 기업의 가장 중요한 역할은 자본의 국적보다 양질의 일자리를 창출하고 경제 성장에 도움이 되는가다.

글로벌 기업이 우리나라의 우수한 스타트업을 인수한다고 해도 결국 그 스타트업은 우리나라에서 일자리를 창출하고 세금을 내고 우리나라 국내총생산을 끌어올리는 데 일조하게 된다. 삼성전자나 현대자동차와 같은 대기업에 외국계 지분율이 높아지면 주가가 올라가고 좋은 평가를 한다. 그러면서 왜 스타트업에 외국계 지분율이 높아지면 질색하는 걸까? 아이러니가 아닐 수 없다. 우리나라의 스타트업 생태계가 건전하게 성장하기 위해서는 우수한 스타트업이 성공적으로 엑시트를 해야 한다. 그래야 해외 자본이 국내 스타트업에 관심을 가지고 투자를 늘릴 것이다. 유망 스타트업이 해외 투자를 받고 성공적으로 엑시트를 한 것은 축하하고 자랑스러워해야 할 일이지, 자본의 국적을 따지고 먹튀라는 오명을 씌워서는 안 된다.

국내 스타트업이 나스닥에 가는 것이 좋은가

2021년 3월 쿠팡이 뉴욕증권거래소NYSE에 상장했다. 예고된 행보였다. 하지만 상장이 가능할지, 과연 얼마의 가치로 평가를 받을지 예상하기는 쉽지 않았다. 막상 뚜껑을 열고 나니 결과는 대성공이었다. 하지만 상장에 성공하기까지 낙관적인 전망보다는 오히려 비관적인 전망이 우세했다. 아무리 유니콘이라도 누적 적자가 무려 4조 2,000억 원을 상회하는 쿠팡이 높은 기업가치를 받고 상장한다는 것은 상상하기가 쉽지 않았기 때문이다.

실제로 2019년 공유 오피스 비즈니스로 글로벌 유니콘이 된 위워크는 세간의 엄청난 기대에도 불구하고 나스닥 상장에 실패했다. 위워크는 소프트뱅크가 무려 약 20조 원이라는 천문학적인 투자를 하여 기업가치 50조 원 이상으로 평가받으며 세계적으로 관심을 끌었기에 상장 실패는 엄청난 충격을 주었다. 당시 시장은 적자 규모가 2조

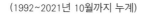

미국 기업공개(스팩 제외) 시 순이익 및 상각전영업이익 적자 기업 현황

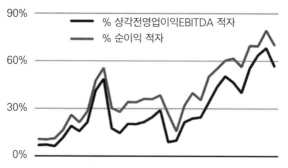

(1992~2021년 10월까지 누계)

(출처: 뱅크오브아메리카 글로벌 리서치)

원대에 이르고 장단기적 수익구조를 신뢰할 수 없다고 평가했다. 다행히도 위워크는 2021년 스팩SPAC, Special Purpose Acquisition Company(기업인수목적회사) 상장을 통해 주식시장에 진입했지만 2022년 8월 기준 약 5조 원의 초라한 기업가치로 거래되고 있다.

우여곡절 끝에 쿠팡은 화려하게 뉴욕증권거래소에 입성하면서 기업가치 872억 달러(약 99조 원)로 평가되며 5조 2,200억 원의 자금을 조달하는 기염을 토했다. 쿠팡의 엑시트는 국내에 적잖은 파장을 남겼다. 적자기업과 플랫폼 기업의 가치를 재조명하자는 분위기가 형성됐고 무엇보다 엄청난 규모의 적자기업도 상장을 허용하는 미국 증시에 관한 관심이 크게 높아졌다.

우리나라는 원칙적으로 적자기업은 기업공개를 불허한다. 반면 미국은 신규 기업공개 기업의 80% 이상이 적자기업이다. 적자나 흑자여부와 상관없이 시장이 충분한 기업가치를 인정하면 상장이 가능하

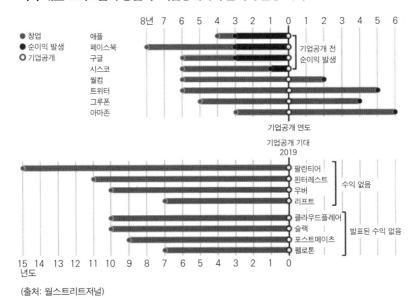

미국 대표 스타트업의 창업 후 기업공개까지 순이익 발생 시기

(출처: 월스트리트저널)

다. 적자 상태라도 미래 성장성이 큰 기업이 대규모 자금이 필요하다
면 공개 시장에서 안정적으로 자금을 조달할 수 있도록 제도화한 덕
분이다.

현재 세계 경제를 움직이는 아마존은 기업공개 후 6년이 지나서야
흑자로 전환됐다. 트위터, 그루폰, 퀄컴 등은 상장 후 2~5년이 걸려
흑자로 전환됐다. 2019년 상장한 우버와 리프트, 2017년 상장한 스냅
등 2022년 8월 기준으로 여전히 적자 상태인 기업들도 아주 많다.

비록 현재는 적자라도 수조 원의 기업가치로 평가받는 것이 스타트
업이다. 이런 특성을 고려해 우리나라도 스타트업이 미래가치를 기반
으로 상장할 수 있도록 상장 제도를 글로벌 스탠더드에 맞게 개선해
야 한다. 현재 한국은 근본적인 제도를 개선하는 것이 아니라 단지 임

시방편으로 기술 특례 상장, 테슬라 요건 상장, 유니콘 특례 상장이라는 복잡한 예외 규정을 둔 땜질식 우회로를 만들었다.

그렇다면 국내에서 급성장하는 적자 상태의 스타트업이 미국 증시로 가는 것이 좋은 엑시트 전략이 될 수 있을까? 국내에서 나스닥 상장을 준비했던 유니콘 A사의 사례를 보자. 플랫폼 기업인 A사는 일찌감치 예비 유니콘으로 주목받으며 급성장했다. 그러나 적자 규모가 빠르게 늘어났고 국내 상장보다는 나스닥 상장을 준비하기로 했다. 불과 몇 년 사이 상황이 달라졌다. 선도적 비즈니스 모델로 시장을 선점하고 대규모 투자를 받아 몸집을 키웠지만 눈 깜빡할 사이 쟁쟁한 경쟁자들이 등장해 시장을 빠르게 잠식하기 시작했다. 산업에 따라 차이가 있지만 새로운 스타트업의 시장독점력은 대체로 길지 않다. 고작 몇 년이면 비슷하거나 더 발전된 비즈니스 모델이 쏟아져 나온다. A사의 경쟁력에 빨간불이 켜졌다.

적자 상장이 가능하다고 해서 미국의 기업공개 문턱이 낮은 건 아니다. 적자 규모가 클수록 투자자는 장기적 수익성을 까다롭게 평가한다. 유니콘이라고 해도 로컬 시장에 주력한 스타트업은 해외 증시에서 매력도가 크게 떨어진다. A사는 미국에서 여러 기관을 접촉했으나 생각보다 현지의 반응은 싸늘했다. 결국 국내에서 특례를 적용받아 상장하는 것으로 방향을 바꿨다.

해외에서 엑시트를 고려하는 경우 아예 회사의 국적을 바꾸는 '플립 filp'을 시도하기도 한다. 2021년에 미국 뉴욕증권거래소에 성공적으로 상장한 쿠팡을 벤치마킹하여 미국으로 본사를 옮기는 플립에 관심을 보이는 스타트업이 많아지고 있다. 그러나 쿠팡은 한국 국적의 회사를 플립을 한 것이 아니다. 처음부터 본사를 미국에 두고 미국 쿠팡LCC가 한국에 지분 100%를 소유한 지사를 설립한 것이다. 플립은 국내에서 법인을 설립하여 운영하다가 전략적인 이유로 해외 진출을 위해 해외(주로 미국)로 본사를 이전하고 기존 한국 법인을 청산하거나 지사로 만드는 개념이다. 이때 한국 법인의 주주들은 해외에 신규 설립된 법인의 주식과 교환하는 스왑swap을 한다. 그래서 해외 법인의 주주 구성은 한국과 동일하게 된다. 본사를 해외로 이전한 후 한국 법인을 청산하지 않으면 해외 본사가 지분 100%를 소유한 자회사가 된다.

코트라에 따르면 2021년 말 해외 한인 스타트업 198개를 대상으로 조사한 결과 해외 진출 방식은 플립이 8.6%였다. 2020년까지도 플립은 워낙 미미해서 조사대상에서 빠졌지만 2021년에는 합작투자나 해외 기업의 인수보다도 높은 비율을 나타냈다. 플립을 진행하기 위해서는 상세한 전략이 필요하고 상당한 시간과 비용이 소요될 수 있다. 또한 그 과정에서 예기치 못한 문제로 플립이 불가능한 경우도 생긴다. 그런데 스타트업들은 왜 그렇게 복잡한 과정을 거치면서까지 플립을 진행하려는 걸까?

첫째, 우리나라와 비교도 안 될 정도로 규모가 큰 미국 벤처캐피털의 투자를 받기 위해서는 본사가 미국에 있는 것이 절대적으로 유리하기 때문이다. 투자자들은 언제든지 회사의 상황을 쉽게 파악하고 수시로 경영진을 만날 수 있다. 무엇보다도 리스크를 최소화하기 위해 익숙하고 예측 가능한 법 제도를 선호한다. 아무리 좋은 회사라도 본사가 한국에 있으면 미국 벤처캐피털이 한국 법을 잘 알아야 하고 관리하기도 어려울 수밖에 없다. 미국 벤처캐피털 입장에서는 미국에도 유망한 스타트업들이 많은데 외환거래나 허가 등 각종 행정 절차가 훨씬 복잡하고 까다로운 한국에 군이 커다란 리스크를 감수하면서까지 투자할 필요성을 못 느낄 것이다. 인공지능 솔루션 기업인 뤼이드는 소프트뱅크의 투자를 받으며 국내 유니콘으로는 처음으로 미국으로 이전을 추진하고 있다.

둘째, 인재풀이 비교적 넓은 선진국에서 반도체, 데이터사이언스, 인공지능 등 첨단 분야의 우수인력 확보에 유리하고 우수기술을 보유하거나 비즈니스에 시너지를 낼 수 있는 유수의 기업들과 전략적 제휴가 쉽고 보유기술의 이전이나 회사를 매각할 대상이 상대적으로 많다는 등 다양한 기회가 존재하기 때문이다. 서비스형 소프트웨어SaaS 기업 스윗테크놀로지스는 인력과 네트워크를 확보한 후 미국으로 이전했으며 260억 원 규모의 시리즈 A 투자도 유치했다.

셋째, 주요 거래처가 해외에 있는 경우 고객과 원활한 거래를 하기 위해 본사를 해당 국가에 두는 것이 비즈니스에 도움이 되기 때문이다. 국가별로 각종 허가, 세금제도, 통관 절차, 회계처리 방식 등이 다르다. 그러다 보니 아무리 디지털 인프라를 잘 갖추었다고 하더라도 주 고객이 있는 국가에 본사를 두는 것이 고객으로부터 좋은 평가를 받을 수 있다는 점을 고려하는 것이다. 인공지능 기반 스포츠 분석 솔루션 스타트업 비프로컴퍼니는 국내보다 시장 규모가 월등히 큰 유럽 스포츠 시장을 겨냥하며 영국으로 본사를 이전했다.

넷째, 비즈니스 모델에 따라서 국내에서는 불법이지만 해외에서는 합법인 경우에 당연히 본사를 이전하려고 한다. 대표적으로 원격진료나 법률 플랫폼 등은 중국, 일본, 프랑스, 미국 등에서는 허용되지만 국내에서는 테스트조차 하기 어려운 비즈니스다. 최근에는 매년 혁신적 비즈니스 모델로 급속한 성장을 이루는 유니콘들이 수백 개씩 쏟아져 나오고 있다. 그들의 비즈니스 모델은 국내에서 사업이 불가능한 경우가 많다. 이 또한 유니콘을 꿈꾸는 스타트업이 해외로 나가야만 하는 이유다. 정보통신기술ICT 실증특례 1호 기업 뉴코애드윈드는 정부의 규제를 피해 비즈니스가 합법인 아랍에미리트행을 결정했다.

그러나 플립에는 현실적으로 많은 난관이 도사리고 있다.

첫째, 국내 모든 주주의 동의를 받아야 하기 때문에 엔젤투자나 벤처캐피털과 같은 기관 투자를 받은 경우는 투자를 받지 않은 경우보다 훨씬 복잡한 상황에 놓인다. 가령 미국으로 본사를 이전한다면 미국 벤처캐피털이 국내 벤처캐피털에 유리하게 작성된 기존 주주 간 계약서를 인정하지 않으면 마찰이 생긴다.

둘째, 한국 법인의 기업가치를 평가하여 신설된 해외 법인의 주식과 스왑을 해야 한다. 그 과정에서 상당한 세금과 비용이 발생할 수 있다. 플립을 준비하는 기업이 아직 투자를 받지 않은 초기 스타트업이라면 세금 문제는 신경쓰지 않아도 된다. 하지만 투자를 받은 경우라면 창업자나 초기 투자자들은 플립을 할 때 주식을 현금화하지 않았더라도 기업가치에 따라 많은 금액을 세금으로 내야 한다.

셋째, 플립을 진행하려면 한국과 미국 양측의 법률, 회계, 세무 전문가의 도움을 받아야 한다. 그런데 플립은 비교적 최근에 진행됐고 사례도 많지 않아서 실제 경험이 있는 전문가가 거의 없다. 플립은 특성상 법률과 회계에 관해 이론적인 자문을 구하는 것과는 달리 회사의 상황에 따라 외환은행, 한국은행, 기재부 등 국내 여러 정부기관은 물

플립 주요 사례

	기업명	비즈니스 모델	국가
플립	미미박스	화장품 구독서비스	미국
플립	센드버드	기업용 메신저	미국
플립	알로	서비스형 소프트웨어	미국
플립	멜릭서	비건 화장품	미국
플립	스윗테크놀로지	서비스형 소프트웨어	미국
플립	뤼이드	인공지능 교육 솔루션	미국
플립	비프로컴퍼니	스포츠 데이터 분석	영국
플립	블라인드	익명 소셜 네트워크	미국
플립	쿼리파이	데이터 관리	미국
플립	뉴코애드윈드	디지털 광고	UAE
역플립	휴이노	디지털 헬스케어	미국→한국

(출처: 각종 매체 참조)

론 해외 기관과도 직접 소통하고 모르는 절차는 직접 확인하면서 진행해야 한다. 이 과정에서 상당한 비용과 자문에 대한 잘못된 응답으로 좋지 못한 결과가 나올 수 있다.

그래서 해외 진출을 계획하는 스타트업들이 이러한 복잡한 플립 절차를 거치지 않기 위해 처음부터 아예 본사를 해외에 설립하는 경우가 늘고 있다. 이미 국내에 회사가 설립된 경우라도 아주 초기이고 투자를 받지 않은 상태라면 복잡한 플립 대신 오히려 해외에 회사를 새로 설립하기도 한다.

한편으로는 플립의 반대 개념인 역플립reverse flip이나 플립백flip back이 나타나기도 한다. 한국에 지사, 해외에 본사가 있는 회사가 한국을 본사, 해외를 지사로 만드는 것이다. 처음에 해외에서 사업을 시작했으나 주 거래처가 한국이거나 향후 한국에서 투자를 유치하려는 경우에 해당된다. 또한 국내에서 해외로 플립을 했으나 비즈니스 전략상

한국 기업의 나스닥 상장 사례

기업명	상장기간	상장폐지 사유
두루넷	1999년 11월~2003년 4월	법정관리(2006년 해산)
미래산업	1999년 12월~2008년 3월	저은 거래량, 비용 부담
이머신즈	2000년 3월~2001년 4월	주가 1달러 미만
하나로텔레콤	2000년 3월~2007년 6월	적은 거래량, 비용 부담
웹젠	2003년 12월~2010년 6월	비용 부담
와이더댄	2005년 12월~2006년 2월	리얼네트웍스에 매각
픽셀플러스	2005년 12월~2009년 5월	실적 악화
G마켓	2006년 6월~2009년 6월	이베이에 매각
그라비티	2005년 2월~현재	시가총액 3.6억 달러 (2022년 8월 13일)
한화큐셀	2010년 8월~2018년 10월	한화솔라홀딩스와 합병

(출처: 각종 매체, 주식시장 참조)

국내로 다시 역플립하는 회사도 있다. 디지털 헬스케어 기업 휴이노는 미국으로 플립을 했다가 국내에서 바이오붐이 일면서 역플립을 했다.

이렇듯 플립은 투자유치, 기술 개발 및 확보, 인력 확보, 시장 확대 등이 주목적이다. 국내에서 허용되지 않는 규제 등을 피해 선택하기도 한다. 그러나 절차가 복잡하고 많은 세금이 발생할 수 있다. 계획대로 되지 않아 국내로 되돌아오는 역플립이 나타나기도 한다. 플립은 과거 막연한 꿈을 갖고 미국으로 건너가는 아메리칸 드림과는 확연히 다르다. 확실한 목적과 정교한 전략이 필요하다.

미국의 생태계가 국내보다는 스타트업에 친화적인 것은 분명하다. 그러나 미국 주식 상장이 국내 스타트업의 쉬운 선택지는 아니다. 힘들게 문턱을 넘었다 해도 뉴욕증권거래소나 나스닥 상장이 지속적인 성공을 보장하는 것도 아니다. 지금까지 나스닥에 상장한 한국 기업 중 단 한 곳만이 살아남아 있고 그마저도 의미 있는 성장세를 보여주

역대 가장 많은 자금을 조달한 기업공개 (2019년 말 기준)

(단위: 10억 미국 달러)

기업공개	국가	
아람코	사우디	25.6*
알리바바	중국	25.0
소프트뱅크	일본	23.5
중국농업은행	중국	22.1
ICBC	중국	21.9
AIA 생명	홍콩	20.5
GM	미국	20.1
도코모	일본	18.4
비자	미국	17.8
ENEL	이탈리아	17.4
페이스북	미국	16.0

(출처: 스태티스타)

지 못하는 게 현실이다.

  엑시트 전략으로서 기업공개를 고려한다면 현실을 정확하게 알아야 한다. 미국도 과거에는 창업 후 5년 안에 성공하는 경우가 적지 않았다. 아마존은 2년, 넷플릭스는 4년, 구글은 5년 만에 성공했다. 하지만 이런 조기 기업공개는 이제 사례를 찾아보기 어렵다. 기업공개에 걸리는 기간은 산업별로 차이가 있다. 일반적으로 B2C 기업들은 엑시트가 빠르다. 미국에서 가장 짧은 기간에 성공하는 그룹은 결제 분야로 평균 4년이 걸린다. 전자상거래 분야는 5년, 게임은 6년, 소셜미디어, 마켓플레이스, 콘텐츠 유통 분야는 7년 정도 걸린다. 반면 서비스형 소프트웨어 분야는 평균 9년, 하드웨어 분야는 11년 이상 소요되는 사례도 많다.

통상 기업공개는 아주 적은 수의 대형 스타트업만이 성공하기 때문에 인수합병(매각)보다 평균적으로 더 높은 기업가치를 인정받는다. 세계에서 가장 높은 금액의 기업공개(상장)는 시우디아람고 256억 달러(2019년), 알리바바 250억 달러(2014년) 순이다. 미국 기업으로는 메타(당시 페이스북)가 160억 달러(2012년)로 최고가를 기록했다. 그러나 이는 어디까지나 글로벌 스타들의 얘기다. 미국의 보편적인 기업공개(상장) 금액은 약 1억~5억 달러 수준이며 그 후 탄탄대로를 걷는 것도 아니다.

2020년 상장한 숙박 공유 플랫폼 에어비앤비와 미국 최대 음식 배달 플랫폼 도어대시 등 스타급 유니콘들도 기업공개 후 주가 급락의 수모를 겪었다. 상장 전 기업가치는 소수 전문가의 평가로 결정된다. 하지만 상장하게 되면 일반 투자자로부터 수익성과 지속적인 성장 가능성을 인정받아야만 주가를 유지할 수 있다.

기업공개와 인수합병 중 무엇이 더 좋다는 단순한 기준의 평가는 있을 수 없다. 상황에 따라 스타트업에 유리한 전략을 구사해야 한다. 단 인수합병은 상대가 있어야 하기 때문에 빨리 시작할수록 기회가 많아질 수밖에 없다.

스타트업 게임의 최종 종착지는
엑시트다

영상 메시지인 아자르를 운영하는 하이퍼커넥트가 2021년 미국 나스닥의 상장 기업인 매치그룹에 매각을 결정했다. 기업가치 17억 2,500만 달러(약 2조 원)로 엑시트에 성공한 것이다. 결과적 내용만큼이나 준비도 잘되어 있던 사례다.

하이퍼커넥트는 매출의 99%가 해외에서 발생한다. 글로벌 경쟁력이 입증된 비즈니스 모델이다. 스타트업으로는 드물게 영업이익 흑자와 규모의 성장을 동시에 이루어냈다. 덕분에 대규모 외부 투자를 받지 않고 경영할 수 있었고 안트러프러너의 지분이 높게 유지되고 있었다. 스타트업은 투자자의 선택을 받기 위해 일반적으로 영업이익보다는 시장점유율을 빠르게 늘리는 전략을 취한다. 그래야 지속적으로 투자를 받기 쉽다.

유니콘이 된 후 평균 2년 전후로 엑시콘이 되지 못하면 좀비콘이 될 가능성이 커진다. 늙은 유니콘은 엑시트가 어렵다는 말도 공공연하게 회자된다. 기업가치가 무려 1조 원이 넘는데 왜 엑시트를 하지 못할까? 유니콘은 비즈니스 모델의 잠재적 가치는 높지만 공개 시장에서 인정받을 만큼 완성되지 않았다. 그러다 보니 시장의 인정을 받기 위해 노력 중이라는 의미다. 스타트업 게임의 종착지는 엑시트다. 유니콘은 종착지로 가는 과정일 뿐이지 반드시 거쳐야 하는 목적지가 아니다. 달리 말해 유니콘은 트랙의 반환점과 같다. 반환점에 도착했으면 최대한 빨리 결승선에 들어와야 한다. 시간이 지날수록 유니콘이 엑시트를 할 기회는 적어진다.

국내에서 유니콘은 2022년 7월 기준 누적으로 32개가 탄생했다. 그중 9개가 엑시콘이 됐고 현재 유니콘은 23개에 이른다. 1세대 이커머스 기업으로 불리는 A사는 2015년 유니콘이 됐다. 한때 경쟁자였던 쿠팡은 뉴욕증권거래소에 상장했지만 A사는 뚜렷한 엑시트 계획을 세우지 못한 상황이다. 출발은 빨랐지만 뒤이어 나타난 경쟁자들이 더 빠르게 시장을 차지해버렸다. 부랴부랴 비즈니스 모델 피벗에 나섰지만 타이밍을 놓쳤고 엑시트 전망도 밝지 않다.

한때 기업가치 4조 원을 상회한 국내 2호 유니콘 Y사는 2013년 창업 후 불과 1년 만에 유니콘이 됐다. 그러나 한참 성장하던 시기에 엑시트를 하지 못했고 이미 하락세에 접어들었다. 여전히 유니콘 리스트에 이름을 올려두고는 있지만 사실상 몰락한 좀비콘의 상태다. 코스메틱 기업 A사는 2017년 유니콘이 됐다. 예비 유니콘 시절부터 K뷰티 바람을 타고 높은 매출을 기록했던 A사는 2018년 기업공개를 계획하고 준비했다. 하지만 예상치 못한 위기가 찾아왔다. 중국 정부의 한한

국내 기업가치 1조 원 돌파 이력 기업 및 현재 유니콘 기업 현황 (2022년 11월)

기업명	분야	CB인사이트	연쇄 유니콘 기업	비고
옐로모바일	모바일	○	○	–
엘앤피코스메틱	화장품	○	○	–
두나무	핀테크	○	○	–
비바리퍼블리카	핀테크	○	○	–
야놀자	O2O서비스	○	○	–
위메프	전자상거래	○	○	–
지피클럽	화장품	○	○	–
무신사	전자상거래	○	○	–
에이프로젠	바이오	○	○	–
쏘카	카셰어링	○	○	기업공개(코스피)
컬리	신선식품 배송	○	○	–
직방	부동산 중개	○	○	–
버킷플레이스	전자상거래	○	○	–
리디	콘텐츠 플랫폼	○	○	–
아이지에이웍스	빅데이터 플랫폼	○	○	2022년 신규
A사(기업명 비공개)	도소매업	×	○	–
티몬	소셜커머스	×	○	–
당근마켓	전자상거래	×	○	–
빗썸코리아	핀테크	×	○	–
메가존클라우드	클라우드 서비스	×	○	2022년 신규
여기어때컴퍼니	O2O서비스	×	○	2022년 신규
오아시스	신선식품 배송	×	○	2022년 신규
시프트업	모바일 게임 개발	×	○	2022년 신규
우아한형제들	O2O서비스	△	×	인수합병
CJ게임즈	게임	△	×	인수합병
쿠팡	전자상거래	△	×	기업공개(뉴욕증시)
크래프톤	게임	△	×	기업공개(코스피)
하이브	엔터테인먼트	×	×	기업공개(코스피)
카카오게임즈	게임	×	×	기업공개(코스닥)
더블유게임즈	게임	×	×	기업공개(코스피)
펄어비스	게임	×	×	기업공개(코스닥)
잇츠한불	화장품	×	×	기업공개(코스피)
32개		15개	23개	–

※ △는 과거 CB인사이트에 유니콘 기업으로 등재됐으나 제외된 기업

(출처: 중소벤처기업부)

령으로 주력 시장에서 매출이 급락했고 2018년과 2019년 연이은 상장 시도는 불발로 끝났다. 설상가상이라더니 팬데믹으로 국내에 외국인 관광객의 발길이 뚝 끊기면서 엑시트 계획은 아직도 오리무중이다.

대외 환경이 급변하는 시대에서 살아가는 유니콘에게 시간은 많지 않다. 유니콘의 성장 동력은 무한히 충전되는 에너지가 아니다. 엑시콘이 되지 못하면 결국 좀비콘 혹은 유니콥스가 되고 만다.

4장

누구에게 어떻게
엑시트할지가 중요하다

누가 비상장 기업의
가치를 정하는가

2022년 5월 16일에 블룸버그통신은 우주탐사 기업 스페이스X의 주식을 보유한 직원들이 기업가치 1,250억 달러(약 159조 원)로 사모펀드에 주식 매각을 추진하고 있다고 보도했다. 일론 머스크가 CEO로 있는 스페이스X는 비상장 기업으로 2002년 창업하여 19년 만에 헥토콘(기업가치 1,000억 달러 이상인 유니콘)이 됐다. 현재 세계에서 가장 비싼 유니콘은 틱톡으로 대박을 터뜨린 중국의 바이트댄스Byte-Dance다. 세계에서 가장 많은 유니콘에 투자한 타이거글로벌매니지먼트가 2021년에 바이트댄스의 기업가치를 4,600억 달러(약 605조 원)로 평가해 투자한 바 있다. 그런데 궁금하지 않은가? 어떻게 상장도 하지 않은 기업의 주가와 기업가치를 산정할 수 있는지 말이다.

가치라는 것은 시장에서 수요와 공급을 비롯해 모든 정보를 고려해 결정되는 것이 가장 객관적이고 바람직하다. 상장 기업은 주식시장을 통해 객관적인 시장가격을 알 수 있다. 하지만 스타트업은 비상장인 데다 독특하고 새로운 비즈니스 모델이 많아서 적정한 시장가격을 산정한다는 것이 매우 어렵다.

2021년에 뉴욕증권거래소에 상장한 쿠팡의 시가총액이 무려 100조 원을 돌파했을 때 많은 사람이 혼란에 빠졌다. 국내의 전문가들조차 상장은커녕 적자가 심해서 회사의 존립이 어려울 것 같다고 예상했던 상황에서 엄청난 기업가치로 당당하게 전 세계에서 가장 큰 주식시장에 입성했기 때문이다. 회사 설립 후 단 한 번도 이익을 내본 적 없는 수조 원대의 적자기업이 어떻게 전 세계의 가장 큰 시장에서 천문학적인 기업가치를 인정받을 수 있었을까?

지금까지 기업가치는 전통적으로 회사의 순수익으로 평가하는 주가수익비율PER이나 회사가 보유한 순자산으로 평가하는 주가순자산비율PBR을 기준으로 평가했다. 인수합병을 하는 경우에는 영업에서 발생하는 이익을 기준으로 평가하는 기업가치EV/상각전영업이익EBITDA을 사용하고 있다. 그러나 이러한 평가 방법들은 주로 전통적 대기업을 평가하는 데 적합하게 설계된 방법이다. 기본적으로 회사가 현재 이익을 내고 있거나 보유한 자산 규모가 비교적 큰 기업을 대상으로 할 수 있다.

그러나 스타트업과 유니콘은 미래가치가 아무리 높다고 예상돼도 대부분 적자 상태에 있으므로 기존 평가 방법을 적용하기가 어렵다. 따라서 스타트업에는 전혀 다른 새로운 기준이 필요하다. 전통적 가치평가에 익숙한 사람들 입장에서는 유니콘이니 데카콘이니 심지어는 헥토콘이니 하는 스타트업이나 플랫폼 기업들의 기업가치를 이해할 수 없어서 버블이라거나 심각한 문제가 있다고 생각한다. 그러나 이는 일반 사람들이 파블로 피카소Pablo Picasso나 에드바르 뭉크Edvard Munch와 같은 세계적 대가의 작품이 수천억 원에 팔리는 것을 이해하지 못하는 것과 비슷하다. 오히려 새로운 산업이나 과거에 없던 비즈니스 모델을 전통적 기업에 적용하던 주가수익비율PER, 주가순자산비율PBR, 기업가치EV/상각전영업이익EBITDA 등 과거의 잣대로만 평가한다는 것이 오히려 넌센스다.

최근 국내 플랫폼 기업이나 유니콘이 본격적으로 상장을 추진하고 있다. 유니콘이 국내 주식시장에 선보이면서 과연 적자 상태로 상장을 할 수 있을까? 어떤 방식으로 가치평가를 해야 할까? 기업가치는 얼마나 될까? 시장의 판도는 어떻게 될까? 공모주 청약을 해서 돈을 벌 수 있을까? 등등 많은 사람이 궁금해하며 지켜보고 있다. 적자 상태의 유니콘이 상장 문턱을 가까스로 넘더라도 기본적으로 밸류에이션에 어려움을 겪을 수밖에 없다. 어떤 기업가치가 나오더라도 전통적 평가방법으로는 고평가 논란에서 자유로울 수 없기 때문이다.

딜리버리히어로가 인수한 배달의민족, 이마트가 인수한 이베이코리아, GS리테일이 인수한 요기요, 세쿼이어의 무신사 투자, 그리고 쿠팡 상장에는 최근 플랫폼 기업의 가치평가에서 가장 활발하게 사용되고 있는 총판매액GMV과 주가매출액비율PSR이라는 새로운 개념의 가치평가 방법이 도입됐다. 쿠팡이나 배달의민족 같은 플랫폼 기업들은 가입자의 증가와 함께 거래액이 늘어나고 각자 속한 시장에서 1위를 차지하고 있지만 수익성만 놓고 보면 적자를 면치 못한다. 이런 회사의 가치를 전통적 방식으로 평가한다는 것은 의미가 없다. 향후 미래가치와 성장 잠재력이 엄청나게 크기 때문이다.

이렇듯 밸류에이션(가치평가)은 매우 복잡하다. 또한 정답이 없다. 상황에 따라, 시대에 따라, 그리고 회사마다 밸류에이션 기준을 다르게 하는 경우가 많다. MBA에서 밸류에이션을 독립된 과목으로 운영한다는 것은 그만큼 할 얘기가 많다는 것이다. 복잡하고 사례별로 다르다는 말은 제대로 성립된 규칙이나 방법이 없다는 뜻이기도 하다. 전통적으로 사용되는 다양한 평가 방법이 있지만 새로운 형태의 비즈니스 모델이나 스타트업에 적용하기에는 무리가 있다. 그래서 계속해서 새로운 평가 방법이 만들어지고 있다. 하지만 알고 보면 이런 방법도 기존 방법을 적용하기가 어려워서 몇 가지 지표로 억지로 끼워 맞춘 느낌이 든다. 스타트업의 밸류에이션은 오히려 규모가 큰 대기업보다 상대적으로 어렵다. 오래된 회사는 자산, 매출, 수익 등 그간 축적된 재무 자료나 기업을 평가할 다양한 정보도 있고, 상장 기업 중 비교 가능한 비즈니스를 하는 회사를 참고하면 나름대로 기업가치를 비교적 객관적으로 산정할 수 있다.

스타트업에 오래 투자해온 전문가들은 나름의 투자 경험과 자체 기준을 토대로 평가하기도 하고 시드투자는 아예 기업가치와 투자금액을 고정해두기도 한다. 한 번이라도 투자를 받았던 스타트업은 선행투자의 밸류에이션이 중요하다. 기존 평가를 기준으로 회사의 변화된 지표를 반영해 후속 밸류에이션을 결정하기 때문이다. 현재 가장 보편적으로 사용되는 평가 방법은 상장회사 중 비슷한 회사를 찾아서 비교하는 방식이다. 쉽게 말하면 같은 단지에 있는 아파트 시세는 비슷하다고 보는 것과 같다.

수익 접근법: "얼마 벌 수 있어?"

수익 접근법income approach으로는 대표적으로 현금흐름할인법DCF이 있다. 현금흐름할인법은 회사가 미래에 벌어들일 돈의 흐름을 모두 계산한 후 현재가치로 할인해서 기업가치를 산출하는 방법이다. 내년에 회사가 벌어들일 수익이 10억 원으로 예상된다고 하자. 그럼 할인율 10%를 적용해 현재가치를 9억 원으로 산출하는 방식이다.

현금흐름할인법은 스타트업 밸류에이션에 적합하지 않다. 대기업처럼 업력이 오래된 기업은 미래의 이익을 비교적 합리적으로 추정할 수 있기 때문에 사용할 수 있지만 스타트업의 미래에 대한 추정은 대단히 불투명하고 돌발변수가 많아서 의미가 없다. 가령 10년 동안 꾸준히 연평균 5%씩 성장한 A 대기업이 있다고 하자. 현금흐름할인법으로 밸류에이션을 하려면 먼저 A사의 향후 성장률을 추정해야 한다. 이때 지난 연도 대비 올해 생산주문이 얼마나 늘었는지, 공장에 어떤 설비를 증설했는지 등 자료를 근거로 미래의 현금흐름을 예측하게 된다. 그러나 스타트업은 과거 업력이 없다. 따라서 이를 토대로 미래의 성장률을 예측하는 것은 애초에 불가능하다. 이제 막 창업한 스타트업이 당장 내년에 1억 원의 매출을 올릴지, 10억 원의 매출을 올릴지 알 수도 없다. 하물며 5년, 10년 후 현금흐름을 어떻게 추정하겠는가. 현금흐름할인법은 기본적으로 시장 환경이 안정적일 때 평가결과를 비교적 신뢰할 수 있다. 시장의 불확실성이 커지면 대기업의 밸류에이션에도 적절하지 않다.

수익 기반의 평가 방법으로는 현금흐름할인법 외에 배당할인 모형DDM이 있다. 미래에 예상되는 배당현금의 흐름을 현재가치로 환산하

현금흐름할인법

개념	• 미래에 기업에 유입될 현금흐름을 적절한 할인율로 할인하여 기업가치를 구하는 방법임 • 미래잉여 현금흐름FCF, Free Cash Flow의 기대치를 할인하는 방법이 가장 일반적으로 활용됨 • 해당 기업의 미래 배당 등 현금흐름을 적절히 반영하는 장점이 있으나 재무계획의 정확한 추정이 어렵고 할인율이나 영구성장률 평가 시 주관적인 적용을 배제하기 어려운 단점을 지니고 있음

평가
방법
	• 평가모형은 다음과 같음
	  – 미래잉여 현금흐름의 현재가치=SIGMA{(n=1 to x)미래잉여 현금흐름/(1+r)2n}+CV
	  – FCF=미래잉여 현금흐름
	  – n=회사가 성숙 단계에 접어들 때까지의 기간
	  – CV=잔존가치Continuing Value(Terminal Value)
	  – r=가중평균자본비용WACC, Weighted average cost of capital
	
	• 미래잉여 현금흐름은 세후 영업이익에 비현금비용(현금지출을 수반하지 않는 감가상각비)을 환산하고 업무용 운전자본 투자와 유형자산 투자 및 기타자산 투자를 차감한 금액으로 일반적으로 5~10년 정도의 험금흐름을 추정함
	• 미래잉여 현금흐름은 기업의 위험도를 반영하는 가중평균자본비용을 활용하여 현재가치로 할인함
	• 평균자본비용은 자본비용과 부채비용에 가중치를 주어 산출하는데 일반적으로 동종 사업에 종사하는 경쟁 회사의 평균 자본비율을 활용함
	• 잔존가치 산정 시 영구성장률은 평가대상 기업의 업종이나 영업상황 및 전망 등에 따라 일정한 성장률을 가정하여 적용함
	• 가중평균자본비용으로 할인한 잉여현금흐름과 잔존가치의 현재가치를 환산하여 기업의 총가치를 구한 후 주식을 제외한 기업발행 금융자산(부채, 우선주 등) 가치를 구한 후 기업의 총가치에서 차감한 잔여가치Residual Value로 평가함
	
	• 현금흐름의 위험도를 측정하는 방법 → 가중평균자본비용
	• 자본의 원천별 비중이 총자본에서 차지하는 비중인 자본 구성비율로 가중평균함
	• 가중평균자본비용=Ke(E/(D+E+PS)+Kd(D(D+E+PS)+Kps(PS/(D+E+PS))
	  – Ke: 보통주 자본비용 / Kd: 부채비용 / Kps: 우선주의 자본비용
	  – E: 보통주 시장가치 / D: 부채의 시장가치 / PS: 우선주의 시장가치

는 것인데 역시 배당현금이 없는 스타트업에는 적합하지 않다.

시장 접근법: "경쟁사의 지금 주가가 얼마지?"

시장 접근법market approach은 말 그대로 시장의 관점으로 가치를 평가한다. 아파트를 팔려고 하는데 얼마를 받을 수 있는지 알려면 최근 거래된 아파트의 매매가격을 확인하면 된다. 그러나 스타트업은 정형화된 아파트와는 달리 나름대로 독특하게 지어진 단독주택과 같아서 적절한 비교 대상이 존재하지 않는 경우가 많다. 그럼에도 불구하고 최대한 비슷한 회사를 찾아서 비교한다. 정 찾기 어려우면 해외에서 찾기도 한다.

안트러프러너가 처음 투자를 유치하려고 한다고 하자. '우리 회사는 얼마일까?'가 궁금하다. 이때 제일 먼저 해야 하는 일이 바로 비슷한 회사가 얼마에 투자를 받았는지 조사하는 것이다. 하지만 밸류에이션은 주로 상장 기업 중에서 비교 대상을 선정하고 주가수익비율PER, 주가순자산비율PBR, 기업가치EV/상각전영업이익EBITDA 등을 활용하기 때문에 초기 스타트업에는 적용하기가 어렵다. 그래서 미래 추정이익을 가정하고 현재가치로 할인한 후 비슷한 회사와 비교하기도 한다. 이 역시 신뢰를 주기에는 매우 부족하다.

순자산 평가법: "빚 빼고 지금 얼마 있어?"

순자산 평가법net asset value method은 보유자산을 현재가치로 평가하고 부채를 제외하고 남은 순수한 자기 자산으로 기업가치를 평가한다. 순자산 규모가 클수록 당연히 밸류에이션이 높아진다. 이 방법은 주로 금융회사를 평가할 때 사용된다. 금융회사의 비즈니스 모델은 거의 동일하다. 서로 비슷한 조건에서 밸류에이션의 차이를 만드는 건 대부분 자산 규모다.

법령상 방법: "법대로 하자!"

비상장 기업의 가치를 법에 근거하여 평가하기도 한다. 주식을 상속이나 증여를 받으면 금액에 따라 세금이 부과되므로 그 주식의 가치가 중요하다. 상속세 및 증여세법(상증세법)에서는 주식의 가치를 원칙적으로 평가기준일(상속개시일 또는 증여일) 시가로 평가하도록 규정하고 있다. 상장주식은 객관적인 시세가 있지만, 비상장주식은 평가기준일 전후에 매매가 있었거나 경매 또는 공매로 거래가 된 경우에만 시가로 인정된다. 단 특수관계인 간 매매는 인정되지 않는다.

부동산은 감정평가를 통해 시가로 인정될 수 있지만 비상장주식은 감정평가액이 시가로 인정되지 않는다(상속세 및 증여세법 시행령). 다른 자산들과는 달리 비상장주식은 여러 가지 평가방법 중에서 어떤 방법을 적용하는지에 따라 가치가 달라지기 때문이다. 또한 비상장주식은 매매가 매우 드물어 시가를 산정하기 어렵다. 이처럼 시가를 산정하기 어려울 경우 상증세법은 '1주당 순손익가치'와 '1주당 순자산가치'를 3:2의 비율로 가중평균하여 가치를 산정한다.

이 평가 방법은 미래가치가 반영되지 않으므로 스타트업의 투자나 인수합병 등에는 거의 사용되지 않는다. 다만 스타트업이 우수인력을 확보하기 위해 창업자나 회사가 보유한 주식을 증여할 때 유용하게 쓸 수 있다.

가치평가 때 누구와
비교할지가 중요하다

　가치란 절대적인 것이 아니라 상대적이다. 우리 회사의 주가가 많이 올랐지만 경쟁사의 주가가 더 많이 올랐다면 우리 회사의 주식은 상대적으로 저평가된 것이다. 밸류에이션은 매출과 순이익, 유무형의 자산, 현재의 현금흐름, 미래의 현금흐름 등 이용 가능한 모든 정보를 활용해 체계적으로 평가하는 과정을 거친다. 그러나 그렇게 복잡하고 어려운 과정을 거쳐 힘들게 나온 결과물이지만 모두가 인정하지는 않는다. 각자 입장에서 유불리를 따져서 자신들만의 논리를 만들어 강요하기도 하고 상대편의 주장을 반박하기도 한다.

　가령 같은 평수로만 이루어진 아파트 단지에서 A는 돈이 급해 시세보다 한참 낮은 가격으로 아파트를 팔았고 B는 전망이 좋은 아파트를 다소 비싸게 샀다고 하자. 그렇게 되면 이 아파트 단지의 가격은 아래위로 편차가 커지며 아파트의 가격은 가장 싼 A의 가격과 가장 비싼 B의 가격 사이가 될 것이다. 이 상황에서 새로운 아파트를 사려는 C는 가장 싼 A의 가격을 기준으로 생각할 것이고 아파트를 팔려고 하는 D는 B가 지불한 가장 비싼 가격을 받으려고 할 것이다. 모든 사람은 급매니 전망이니 하는 디테일한 내용까지 파악해서 합리적으로 판단하기보다는 사려는 사람은 가장 싸게, 팔려는 사람은 가장 비싸게 거래하려고 하기 때문에 자신에게 유리한 데이터만 사용한다. 이것을 좋지 않은 행동이라고 할 수는 없다. 당연히 각자 자신에게 유리한 정보를 최대한 활용해야 한다. 그래서 협상이 쉽지 않고 객관적 평가 방법을 만들기도 어렵다.

기업가치를 평가할 때도 마찬가지다. 우리 회사의 가치를 최고로 인정받기 위해 노력해야 할 것이다. 이미 객관적인 시세가 형성되어 있는 비슷한 회사와 비교해서 우리 회사의 가치도 결정된다. 그러다 보니 비교대상인 회사의 가치가 높으면 우리 회사의 가치도 높아지고 낮으면 우리 회사의 가치도 낮아진다. 그래서 밸류에이션을 잘 받고 싶으면 누구와 비교할지를 먼저 고민해야 한다. 비교할 기업을 잘 찾아내는 것이 바로 밸류에이션의 노하우다.

비교대상은 유사기업군이다. 스포츠에서 체급과 실력을 구분해 경기를 치르는 것처럼 동일 산업군과 비슷한 비즈니스 모델 등을 고려해 복수의 비교군peer group을 선정한다. 그런데 비교군을 선정하는 과정에도 역시 상호작용이 적용된다. 밸류에이션 결과에 따라 공모가와 자금조달 규모가 달라지므로 가능한 한 복수의 비교군은 기업가치가 높은 회사가 되어야 한다. 물론 선정 회사를 마음대로 할 수 있는 건 아니다. 하지만 시장에서 기업의 영향력이 클 때는 기업에 유리한 비교군이 선정되기도 한다.

2020년 코스피에 상장한 빅히트엔터테인먼트의 사례를 보자. 빅히트는 BTS의 성공으로 단숨에 글로벌 엔터테인먼트 기업으로 부상하며 상장 전부터 기대주였다. 당시 빅히트엔터테인먼트의 밸류에이션 비교군에는 JYP엔터테인먼트, YG엔터테인먼트 등 유사기업 외에도 네이버와 카카오가 포함됐다. 시장에서 가장 비슷하다고 했던 SM엔터테인먼트가 빠지고 의외로 관련이 없는 것 같은 네이버와 카카오가 들어간 것이다. 기업가치 산정에 유리한 플랫폼 기업은 비교군에 넣었고 불리할 것 같은 유사한 기업은 빼버렸다. 그래서 결과적으로 빅히트엔터테인먼트는 더 높은 밸류에이션을 받았다. 그로 인해 공모가 고평가 논란이 제기됐다.

물론 비교군 선정에 무리가 있다고 판단되면 반려되기도 한다. 2021년 기업공개 최대어로 불렸던 게임 회사 크래프톤은 당시 비교군으로 미국의 디즈니와 워너뮤직 그룹 등을 포함하고 해당 기업의 주가수익비율PER과 비교해 자사의 기업가치를 산정했다. 그러나 금융감독원의 거부로 크래프톤은 엔씨소프트, 넷마블, 카카오게임즈 등 비교군을 다시 선정해 공모가를 조정했다.

비교군 선정은 밸류에이션의 핵심이다. 그런데 간혹 매우 혁신적 비즈니스 모델은 시장에서 비교군을 찾지 못할 수도 있다. 그러면 해외에서 찾거나 일부라도 유사성이 있으면 비율을 산정해서 비교하기도 한다. 참고로 쿠팡은 상장 당시 아마존을 비교군에 넣었다. 미국에서 상장을 추진 중인 야놀자는 쿠팡을 복수의 비교군으로 선정한 것으로 알려졌다. 그래도 도저히 복수의 비교군을 찾지 못하면 현금흐름할인법을 적용하기도 한다. 기업공개를 앞둔 스타트업은 상당한 규모로 성장한 상태다. 향후 지속적 성장을 기대할 만하다는 판단을 전제로 미래 현금흐름을 추정해 기업가치를 산정하는 것이다. 하지만 현금흐름할인법은 기본적으로 스타트업의 밸류에이션에 적절하지 않을 뿐더러 적용 사례도 매우 드물다.

상대가치평가에서 비교군 선정만큼 중요한 이슈는 '무엇을 비교할 것인가'다. 구체적 수단으로서 크게 주가수익비율PER, 주가매출액비율PSR, 주가순자산비율PBR P-비율 배수 방식과 기업가치EV/상각전영업이익EBITDA 배수 방식이 있다. 먼저 주가수익비율PER, 주가매출액비율PSR, 주가순자산비율PBR의 개념을 보자.

주가수익비율: "작년 순이익이 얼마야?"

주가수익비율PER, Price Earning Ratio은 아주 오래전부터 기업가치 평가에 활용됐다. 흔히 투자자들 사이에서 '퍼'로 불리는 주가수익비율은 상장된 회사의 주가를 주당순이익EPS, Earnings Per Share으로 나눈 값을 말한다. 주당 가격 1만 원의 주식이 1년에 주당 1,000원의 순이익을 낸다면, 주가수익비율은 10(1만 원÷1,000원)이 된다. 원래 주가수익비율은 1주로 계산한다. 시가총액(주가×전체 주식 수)과 순이익(1주당 순이익×전체 주식 수)의 비율도 마찬가지여서 굳이 번거롭게 주식 수를 계산할 필요가 없다.

쉽게 말해 현재 시가총액이 1조 원인 상장회사가 1,000억 원의 순이익을 내고 있다면 주가수익비율이 10이라는 것이다. 현재 주식시장에서 시가총액과 그 회사의 순이익만 알면 주가수익비율은 아주 쉽게 알 수 있다. 스타트업은 비상장이기 때문에 시가총액이라는 객관적 수치가 없어서 주가수익비율을 알 수 없다. 하지만 객관적 주가수익비율이 있다면 스타트업의 기업가치는 쉽게 정해진다. 그래서 비슷한 회사의 주가수익비율을 대신 사용해서 기업가치를 정한다.

상장 기업 중에서 가장 유사한 회사의 주가수익비율을 비상장인 스타트업에도 적용하는 것이다. 같은 업종과 비슷한 규모의 경쟁사의 수준을 여러 개 비교할수록 객관적 가치를 얻을 수 있다. 주가수익비율은 유통업, 제조업, 중공업, 신산업 등 업종별로 그 패턴이나 수치가 다양하게 나타난다. 개별주식의 가치평가 척도인 주가수익비율은 종종 전체 주식시장의 거품 여부를 주장하는 근거로 활용되기도 한다.

2000년대 초반 닷컴버블이나 벤처 거품에 대한 고평가 논란을 말할 때 빼놓지 않고 등장하는 것이 주가수익비율의 수준이 상상도 못할 정도로 높았다는 근거였다. 그러나 시장가격에는 미래 성장 가능성, 회사의 경쟁력, 일시적인 투자 확대에 따른 영향 등도 종합적으로 고려되어 있기 때문에 단순히 숫자만으로 버블 여부를 판단한다는 건 무의미하다.

주가수익비율은 순이익의 기준 연도도 중요하다. 보통 '현재 주가/직전년도 순이익'을 공식으로 쓴다. 쉽게 말해 2022년 현재 주가를 2021년 실적으로 나눈다는 얘기다. 그러나 스타트업은 대부분 적자이기 때문에 전년도 실적을 사용할 수가 없다. 그래서 스타트업에는 적용이 불가능하다는 사람들도 있고 미래 추정이익을 활용하는 경우도 있다.

비상장 기업인 B사가 투자를 받기 위해 비교군으로 상장 기업 A사를 선정했다고 하자. A사의 시가총액이 1조 원이고 순이익은 1,000억 원이다. 그럼 주가수익비율이 10이다. B사는 A사와 비슷한 비즈니스를 하고 있어서 A사의 주가수익비율을 적용한다. 그래서 B사의 순이익이 800억 원이라면 기업가치가 8,000억 원(800억 원×10)으로 평가된다.

그런데 주가수익비율을 이용한 기업가치 산출에는 단점이 있다. 주가수익비율은 당기순이익을 기준으로 계산해낸 수치인데 순이익은 실제 회사가 비즈니스를 통해 창출한 수익과 다를 수 있다. 가령 A사가 올해 순이익 1,000억 원을 기록했다. 그런데 1,000억 원에는 A사의 일시적인 부동산 매매차익 900억 원이 포함되어 있을 수도 있다. 이런 경우 A사의 실제 순이익은 100억 원에 불과해서 주가수익비율이 왜곡돼서 해석될 가능성이 크다. 이렇듯 주가수익비율은 주가를 순이익으로 나눈 단순한 숫자이지만 그 해석은 그렇게 단순하지 않다.

주가매출액비율: "매출액이 얼마야?"

스타트업은 유니콘이 되고 데카콘이 되어도 적자인 경우가 많다. 사실상 주가수익비율을 사용해 기업가치를 산정하기 어렵다는 얘기다. 그래서 많은 스타트업 평가에 주가매출비율PSR, Price Sales Ratio을 활용한다. 특히 규모가 크고 적자를 기록하고 있는 플랫폼 기업이나 전자상거래 업체에 사용한다. 현재 주가를 1주당 매출액sales per share으로 나눈 값이다. 주가수익비율과 마찬가지로 주가매출액비율도 1주로 계산하지만 시가총액(주가×전체 주식 수)과 매출액(1주당 매출액×전체 주식 수)의 비율도 같다. 시가총액이 1조 원인 상장 기업의 매출액이 1조 원이라면 주가매출액비율은 1이다.

주가수익비율이 순수익의 몇 배가 시가총액인지를 계산한 것이라면 주가매출액비율은 매출액의 몇 배가 시가총액인지를 따져보는 것이다. 매출은 있는데 이익이 없는 기업의 밸류에이션에 적합하다. 플랫폼 기업은 시장 선점에 주력하는 전략을 구사한다. 수익보다는 일단은 시장점유율을 높이기 위한 속도전을 펼친다. 그들에게 매출 규모는 상당히 중요한 평가 요소다. 성장 단계에 있는 기업의 경우 현재 매출의 크기가 향후 성장성과 수익성 등 실적에 상당한 영향을 미치기 때문이다.

매출은 2,000억 원의 적자 기업인 D사는 최근에 기업가치 1조 원으로 투자를 받으며 유니콘이 됐다. 기업공개(상장)를 위해 밸류에이션을 한다고 하자. 상장했지만 여전히 적자인 C사와 비교해 밸류에이션을 진행한다. C사의 시가총액은 1조 원이고 매출은 1,000억 원이다. 주가매출액비율을 계산하면 10(1조 원÷1,000억 원)이다. D사는 매출 2,000억 원과 유사 기업 C사의 주가매출액비율 10을 적용하면 2조 원이라는 기업가치가 산출된다.

주가매출액비율은 장기적으로 이익이 발생할 것을 전제로 한다. 즉 동일 업종 기업의 매출액이 커지면 커질수록 기업가치가 커지고 매출액 대비 이익률도 비슷할 것이라는 가정하에 분석하는 것이다. 하지만 매출액이 비슷해도 이익률은 다를 수 있다는 허점이 존재한다.

주가순자산비율: "순자산이 얼마나 돼?"

주가순자산비율PBR, Price to Book Ratio은 주가를 1주당 순자산으로 나눈 것으로서 현재 주가가 주당순자산의 몇 배로 거래되는지를 보여주는 지표다. 다시 말해 회사가 현시점에 보유한 순자산의 주당 가치를 의미한다. 시가총액이 1조 원인 회사의 순자산이 5,000억 원 있으면 주가순자산비율은 2(1조 원÷5,000억 원)가 된다. 비교군에 속하는 상장 기업의 평균 주가순자산비율을 산정한 후 자사의 순자산에 반영해 기업가치를 산출한다.

주가순자산비율은 금융업종의 밸류에이션에서 주로 사용된다. 가령 비상장 금융사 D가 기업공개를 위해 상장한 C은행과 비교한다고 하자. C은행의 주가순자산비율이 2라면 D는 자사의 순자산 3,000억 원에 주가순자산비율 2를 적용해 6,000억 원의 시가총액을 예상하게 된다. 주가순자산비율은 회사의 자산을 장부가액으로만 평가하기 때문에 기업가치를 적정하게 반영하기 어려운 단점이 있다. 따라서 일반 업종에서는 거의 적용하지 않는다.

인수합병 때 어디에
매각할지가 중요하다

2022년 새해 벽두부터 세계 최고가로 인수합병 거래가 이루어졌다. 글로벌 IT 공룡 마이크로소프트가 670억 달러(한화 82조 원)에 게임 회사 액티비전블리자드를 인수한 것이다. 액티비전블리자드는 스타크래프트, 워크래프트, 디아블로 등으로 유명한 세계적 게임 회사다. 액티비전블리자드의 기업가치는 시가총액에 프리미엄 45%가 포함됐다고 한다.

2021년에는 국내 인수합병 시장에도 큰 이슈가 있었다. 조 단위의 거래가 여러 건 성사됐다. 하이퍼커넥트가 미국 매치그룹에 1조 9,000억 원에 매각됐고 지그재그는 카카오에 1조 6,000억 원에 인수됐다. 이베이코리아는 3조 4,000억 원에 이마트에 팔렸다. 어떻게 조 단위를 넘는 기업가치를 평가받고 엑시트할 수 있었을까? 한 해 벌어들이는 수익은 많아야 수백억 원이고 심지어 적자도 있다. 수조 원대

로마네 콩티 1945년 빈티지

(출처: 소더비)

의 몸값은 미래의 이익에 대한 기대가 반영된 것이다.

2018년 10월 뉴욕 소더비 경매에서 와인 한 병이 무려 55만 8,000 달러(7억 3,100만 원)에 팔렸다. 현재까지 거래된 최고가격인데 아시아계 와인 애호가가 구매한 것으로 알려졌다. 이 와인은 1945년 빈티지의 로마네 콩티 와인으로 애호가들에게는 신의 와인으로 불린다. 그런데 와인애호가가 천문학적인 돈을 지불해서 사려는 와인이라도 와인을 좋아하지 않거나 마시지 않는 사람은 아무리 돈이 많더라도 절대로 이런 와인을 구매하지 않을 것이다. 인수합병도 마찬가지 원리가 적용된다. 아무리 좋은 기술을 보유한 스타트업이라도 인수하려는 회사에 따라 기업가치는 극과 극으로 평가될 수 있다. 상황과 전략에 따라 그냥 줘도 관심이 없다는 회사도 있고 수백억 원에서 수천억 원을 주고서라도 사려는 회사가 있다.

재무적 투자자는 좋은 스타트업을 인수한 뒤 재매각하여 높은 투자 수익을 얻으려 한다. 최대한 낮은 금액으로 인수해야 기대수익이 커진다. 그러나 전략적 투자자는 투자 수익보다는 기술, 인력, 비즈니스 모델 등 자신들과 시너지가 날 수 있는 스타트업이라면 재무적 투자자와는 상대가 안 될 정도로 큰 금액을 제시할 수 있다. 그렇기 때문에 전략적 투자자에게는 정형화된 평가 방법이 의미가 없다. 전략적 투자자에게는 정량적 요소가 아니라 정성적 요소가 훨씬 더 중요하기 때문에 계수화된 수치를 사용하는 평가 방법이 무의미한 것이다. 그래서 일반적으로 사용되는 인수합병 밸류에이션은 주로 재무적 투자자들이 활용한다. 그러나 재무적 투자자도 시장 상황, 미래 전망 등 정성적 요소를 고려하여 가치평가를 하기 때문에 비슷하게 보이는 스타트업들끼리도 밸류에이션에서 차이를 보이기도 한다.

재무적 투자자는 주로 활용하는 기업가치EV/상각전영업이익EBITDA 배수는 주가수익비율PER, 주가매출액비율PSR, 주가순자산비율PBR P-비율 배수 방식과 쌍벽을 이루는 상대가치 평가법이다. 기업가치EV/상각전영업이익EBITDA 배수는 기업의 실제 현금창출 능력을 기반으로 기업가치를 산정한다. 용어는 낯설지만 개념은 간단하다. 핵심 비즈니스에서 만들어지는 영업이익을 기반으로 평가하는 것이다.

기업가치EV, Enterprise Value란 시가총액이 아니라 회사를 인수하기 위해 실제 얼마의 돈이 필요한가를 평가하는 것이다. 가령 A사의 주가가 1만 원이고 주식 수가 200만 주라면, 시가총액은 200억 원(1만 원×200만 주)이다. 그런데 갚아야 할 돈이 100억 원이 있다면 회사 인수에 필요한 금액은 300억 원(200억 원+100억 원)이다. 이것이 A사의 기업가치인 것이다. 반대로 회사가 받아야 할 돈이 100억 원이 있다면 기업가치EV는 100억 원(200억 원-100억 원)이 되는 것이다.

그럼 상각전영업이익EBITDA은 무엇인가? '법인세, 이자, 감가상각비 차감 전 영업이익Earnings Before Interest, Taxes, Depreciation and Amortization'이다. 즉 손익계산서상 영업이익EBIT에 유무형의 감가상각비를 합친 금액이 상각전영업이익EBITDA이다. 그런데 영업이익과 상각전영업이익을 왜 구분해야 하는 걸까? 사실 이 두 지표는 모두 '얼마의 돈을 벌었는가?'를 보여준다. 영업이익은 영업 활동을 통해 남은 이익이다. 영업으로 발생한 수익에서 매출원가, 판매비, 관리비 등 영업비용을 차감한 돈이다. 매출액이 회사의 규모를 알려주는 지표라면 영업이익은 회사의 진짜 실력을 확인할 수 있는 지표다.

그런데 영업이익으로는 영업활동에 의한 '현금 창출 능력'을 정확하게 파악하기 어렵다. 가령 A사가 한 해 제품을 팔아서 10억 원 벌었다. 이 10억 원에서 각종 비용을 제하고 남은 돈이 3억 원이다. 그런데 A사가 생산 설비를 증설하느라 이미 지출한 10억 원이 있다. 설비 사용 기한이 10년이라 감가상각비를 1억 원으로 계산해서 비용으로 처리한다. 즉 영업 활동으로 남은 돈 3억 원에서 감가상각비 1억 원을 뺀 2억 원이 A사의 영업이익이다. 그런데 감가상각비 1억 원은 당해연도에 실제로 지출한 현금이 아니라 단지 회계장부에 비용으로 처리하는 돈이다. 따라서 A사가 벌어들인 현금은 영업이익보다 실제로는 더 많다.

2021년 현대자동차는 '영업이익 1조 8,860억 원, 상각전영업이익 3조 120억 원'의 2분기 실적을 발표했다. 두 지표의 차이가 거의 2배다. 현대자동차가 영업 활동을 통해 벌어들인 실제 돈은 3조 120억 원(상각전영업이익)이지만 장부상으로 발생하는 공장 신설 등에 따른 감가상각비가 계산되어 영업이익이 1조 8,860억 원이 됐다는 것이다.

인수합병을 목적으로 기업가치를 평가할 때 중요한 지표는 바로 상각전영업이익이다. 회사의 몸값은 영업활동으로 번 돈의 '몇 배'인가로 평가한다. 이는 곧 기업을 인수했을 때 몇 년 안에 투자원금을 회수할 수 있느냐는 말과 같다. 이것이 바로 기업가치/상각전영업이익 배수다. A사의 기업가치/상각전영업이익이 8이라면 A사 투자금 회수에 8년이 걸린다는 뜻이다.

인수합병을 추진하는 비상장 기업 C사의 기업가치를 평가하는 과정을 보자. 먼저 비교군을 선정한다. 비교군에 속한 상장 기업들의 평균 기업가치/상각전영업이익를 계산한다. 기업가치(시가총액+순차입금)÷상각전영업이익(영업이익+감가상각비)를 계산했더니 8이 나왔다. 이를 C사의 상각전영업이익 100억 원에 적용하면 기업가치는 800억 원이 된다. 스타트업은 현재의 상각전영업이익이 대부분 마이너스이거나 거의 없다. 따라서 몇 년 후의 미래 추정 상각전영업이익을 쓰기도 한다.

일반적으로 인수합병에서 재무적 투자자나 전략적 투자자는 기업가치/상각전영업이익 배수를 활용한다. 하지만 스타트업에 적용하기에는 여러 가지 불확실한 수치나 요소들이 많이 개입되고 더더욱 미래가치나 기술 등 숫자로 환산하기 어려운 역량들이 많아서 참고로 하는 정도다. 실제로는 재무적 투자자는 재매각이 가능하고 수익을 남길 수 있는 범위로 밸류에이션을 유도하고 전략적 투자자는 자신들이 꼭 필요로 하는 특허, 기술, 비즈니스 모델, 우수인력이 있다면 그로 인해 나타날 수 있는 시너지를 고려해서 지불하고자 하는 금액은 그야말로 천차만별이다. 따라서 스타트업은 자사에 최고 금액을 지불할 대상을 항상 물색하고 왜 그만한 가치가 있는가를 설득할 논리를 개발해놓아야 한다. 그 가정에 대한 설득과 상호 동의가 좋은 인수합병 거래를 만들고 안트러프러너의 성공적인 엑시트를 가능하게 한다.

기술특례상장 때 가치 블러핑이 생길 수 있다

지난 2005년 국내 최초로 기술특례상장이 이루어졌다. 바이오 기업 헬릭스미스가 그 주인공이다. 기술특례상장은 현재는 적자이지만 몇 년 안에 반드시 흑자가 될 것이라는 약속을 전제로 우수기술을 보유한 스타트업을 상장을 시켜주는 일종의 특혜다. 당시 헬릭스미스는 상장이 되면 '3년 후 91억 원의 당기순이익'을 자신했다. 17년의 세월이 흐른 지금 헬릭스미스는 얼마나 성장했을까? 현실은 참담하다. 아직도 매년 수백억 원에 달하는 적자에서 벗어나지 못하고 있다.

안타까운 일이지만 기술특례로 상장한 기업들의 상황이 이와 크게 다르지 않다. 기술특례상장제도는 기술력이 우수한 기업은 수익성 요건을 충족하지 못하더라도 상장의 기회를 주는 제도다. 우리나라는 원칙적으로 특별한 경우가 아니면 적자를 기록하는 회사는 상장을 불허한다. 하지만 기술 기업의 가치를 오로지 현재 수익만으로 평가할 수 없고 무엇보다 기술 경쟁력이 실제 수익으로 실현되기까지는 상당한 기간이 필요하다. 이 기간 꾸준한 자금조달의 채널을 열어주기 위해 '적자 불허'의 원칙을 우회하는 특례조항을 만든 것이다. 외부 기관의 검증과 심사를 통해 '우수기술'이라는 인정을 받은 기업은 기술특례상장의 기회를 잡을 수 있다.

기술기업을 대상으로 상장의 문턱을 낮추는 건 필요한 일이다. 문제는 기술특례상장 후 단기간에 주가가 크게 내려앉는 사례가 빈번하고 그 후로도 주가 상승의 가능성이 보이지 않는 기업이 다수라는 것이다. 도대체 무엇이 문제인가? 밸류에이션 방법을 잠시 복기해보자. 비상장 기업은 향후 자사의 예상 이익을 추정한다. 그리고 비교군의 주가수익비율을 적용해 자사의 기업가치를 산정하고 공모가를 정한다. 매출 규모를 기반으로 밸류에이션을 한다면 주가매출액비율을 적용해 예상 시가총액(기업가치)을 추정하고 공모가를 정하면 된다. 그런데 기술특례상장의 대상이 되는 기술 기업들은 대부분 이런 밸류에이션 수단을 적용하기가 어렵다. 순이익, 영업이익, 매출 등 실적이 거의 없고 적자가 크다. 그렇다면 도대체 기술특례상장 기업은 어떤 방법으로 밸류에이션을 하는 걸까?

수년간 기술특례상장 기업의 밸류에이션을 조사했다. 놀랍게도 거의 주가수익비율을 적용했다. 즉 순이익을 밸류에이션의 근거로 사용한 것이다. 순이익이 없으면 원칙적으로 주가수익비율의 개념을 적용할 수 없다. 그래서 실제 순이익이 아니라 미래 예상이익을 기반으로 주가수익비율을 적용했다. 가령 우수기술 인정을 받은 A사가 지금은 적자이지만 2년 후에는 순이익이 100억 원에 도달할 것으로 가정하

2005년 이후 연도별 코스닥 상장 현황

(단위: 사)

구분		2005~2010	2011	2012	2013	2014	2015	2016	2017	2018	2019	2020	2021	합계
기술 기업	바이오	6	3	–	4	1	10	9	5	15	14	17	9	93
	비 바이오	–	–	–	–	1	2	1	2	6	8	8	22	50
일반 기업		356	59	26	36	67	110	72	92	80	86	78	84	1,062
합계		362	62	26	40	69	122	82	99	101	108	103	115	1,174

2015년 이후 연도별 공모금액 현황

(단위: 십억 원)

구분		2015	2016	2017	2018	2019	2020	2021	합계
기술 기업	바이오	183	296	52	574	463	503	577	2,649
	비 바이오	39	36	17	49	142	152	484	919
일반 기업		1,897	1,867	3,457	1,430	1,955	1,939	2,507	15,052
합계		2,119	2,199	3,526	2,054	2,561	2,594	3,568	18,621

(출처: 중소벤처기업부)

고 현재 기준으로 20% 할인해 순이익을 80억 원으로 산정한다. 그런데 상장 기업의 비교군도 거의 다 적자를 기록하고 있어서 비교군마저도 주가수익비율을 구할 수 없어서 진짜 유사 회사가 아니라 그냥 같은 산업군에 있는 회사를 비교군으로 사용하는 현실이다. 비교군의 주가수익비율이 20이라면 A사의 기업가치는 1,600억 원(80억 원×20)이라는 논리를 펴는 것이다.

이런 밸류에이션에는 굉장히 위험한 틈이 존재한다. '2년 후 100억 원의 당기순이익'의 가능성을 평가하기가 쉽지 않다는 것이다. 물론 기본적으로 추정 근거는 제시되지만 현재 실현한 이익이 아니고 미래의 일이기에 더욱 합리적으로 검증할 시스템이 필요하다. 검증의 한계로 인해 기술특례상장에서 '밸류에이션 블러핑'이 쉽게 발생하는 상황이 반복된다.

물론 기술특례상장 시 기업은 투자설명서에 '추정이익은 자체적으

기술특례상장 밸류에이션 예시

기업명	상장일	주요 제품	평가기관 1	평가기관 2	가치 평가	기준 실적	할인율	피어그룹
제노포커스	2015-05-29	항체, 효소(미생물 바실러스를 발효하여 정제한 제품), 의약품 중간제품, 사료, 화장품 제조, 연구개발	n/a	n/a	PER	2017년 추정당기순이익의 현재가치	25.0%	바이오랜드, 대봉엘에스
코아스템	2015-06-26	줄기세포 치료제	n/a	n/a	PER	2018년 추정당기순이익의 현재가치	30.0%	녹십자, 부광약품, 일등제약, 동화약품
펩트론	2015-17-22	약효지속성 의약품 및 펩타이드 소재	n/a	n/a	PER	2017년 추정당기순이익의 현재가치	30.0%	유한양행, 대웅제약 동국제약, 메디톡스, 한미약품
에이티젠	2015-10-23	실험용 시약(시누클린재조합 유전자 단백질 항체) 제조 및 연구개발	n/a	n/a	PER	2018년 추정당기순이익의 현재가치	30.0%	아이센스, 녹십자엠에스, 랩지노믹스
유앤아이	2015-11-12	정형외과용 신체보정용 기기 제조	AA	A	PER	2017년 추정당기순이익의 현재가치	20.0%	바텍, 뷰웍스, 휴메딕스
아이진	2015-11-12	당뇨성 망막병증 치료제, 욕창 치료제, 자궁경부암 예방 백신 등	A	A	잔여이익모형	2020년까지 잔여이익 현재가치의 합	13.6%	–
엠지메드	2015-11-20	BAC DNA 칩	A	BBB	PER	2018년 추정당기순이익의 현재가치	30.0%	아이센스, 녹십자엠에스, 랩지노믹스
맥아이씨에스	2015-12-14	환자 감시 장치 제조	n/a	n/a	PER	2018년 추정당기순이익의 현재가치	25.0%	루트로닉, 아이센스, 피제이전자, 뷰웍스, 인바디, 휴비츠
파크시스템스	2015-12-17	반도체 공정용 원자현미경, 첨단계측장비 제조 및 도매	AA	AA	PER	2015~2018년 추정당기순이익의 현재가치	10.0%	디아이, 제이티, 옴니시스템, 피에스텍, 티에스이, 에너토크, 코메론, 고영
강스템바이오텍	2015-12-21	줄기세포 치료제	n/a	n/a	PER	2019년 추정당기순이익의 현재가치	25.0%	테고사이언스, 부광약품, 진양제약 비씨월드제약, 테라젠이텍스
씨트리	2015-12-21	씨트리시메티딘정, 로자틴정	A	n/a	PER	2019년 추정당기순이익의 현재가치	25.0%	대웅제약, 유한양행, 일등제약, 동화약품, 휴온스, 삼천당제약, 동국제약
덱스터	2015-12-22	시각효과VFX 전문기업	AA	A	PER	2015년 3분기 순이익 연환산	–	제이콘텐트리, 씨제이 씨지브이, 쇼박스

(출처: 하나금융투자)

로 추정한 실적이므로 향후 달성하지 못할 가능성이 있음'을 명시하는 등 밸류에이션 방법의 위험성을 고지한다. 하지만 밸류에이션 왜곡으로 인한 부작용 예방에는 역부족이다. 드문 예로 인슐린 펌프 기술 기업 이오플로우처럼 기술특례상장 후 상승세를 유지하는 사례도

구분	일반 상장 (코스닥)	흑자기업만 가능	성장성 특례상장	테슬라 상장 (이익 미실현상장)
재무성과	흑자기업만 가능	적자기업도 가능		
외부평가	×	복수 평가기관의 평가를 받음	상장주선인의 추천	×
풋백옵션	×	×	6개월 이상	3개월 이상
제도도입	1996년 7월	1996년 7월	2016년 12월	2016년 12월

기존 기술특례상장과 유니콘 특례상장 요건 비교

	기존 기술특례상장	유니콘 특례상장(4월 신설)
대상 기업	이익창출 본격화되지 않았지만 성장성 높은 기술기업	유니콘 성장성 높은 우량 기술기업 (시총 5,000억 이상)
		1조 원 이상 기업은 사전평가 생략
상장예비심사 청구 요건	전문평가기관 두 곳에서 기술평가 A, BBB등급 이상 획득	전문평가기관 한 곳에서 기술평가 A등급 이상 획득

(출처: 한국거래소, 시사저널e)

있다. 그러나 대부분 고평가 후유증을 겪는다. 헬릭스미스와 신라젠처럼 상장폐지 위기에 몰리기도 한다.

특례상장에는 '시장평가 우수기업 특례상장'도 있다. 혁신적 비즈니스 모델로 시장에서 가능성을 인정받은 벤처기업에 대해 상장의 문턱을 낮춰주는 제도다. 2021년에는 기업가치 5,000억 원 이상인 경우와 외부 평가기관 한 곳에서라도 A를 받으면 적자 상장이 가능하고 기업 가치 1조 원 이상인 경우는 이런 평가도 필요 없이 상장으로 직행할 수 있는 제도가 신설됐다. 적자 규모가 큰 유니콘의 상장을 돕는 '유니콘 트랙'이 만들어진 것이다.

한국거래소KRX는 기술력과 성장성을 갖춘 기업에 대해 상장의 문턱을 낮추겠다는 취지로 2005년 기술특례상장제도를 도입한 이래 '혁신기업 상장 촉진을 위한 기업공개 제도 개편'을 추진해왔다. 트렌드의 변화를 반영하기 위한 노력이다. 한국거래소는 2016년 12월

이익 미실현 기업 및 주관사의 성장성 추천 기업에 상장을 허용했고 2018년 성장 잠재력을 중심으로 진입 요건을 재편했다. 2019년에는 4차 산업혁명 시대의 도래에 따라 인공지능, 블록체인, 바이오, 핀테크 등 신기술 위주의 혁신기업의 창업과 성장이 증가하는 상황에 맞춰 기업공개(상장) 제도를 개편하겠다고 했다.

선진국에서는 상장 요건을 현재보다는 미래 성장성에 비중을 두고 시장에 맡기고 있다. 우리나라는 기본적으로 현재 흑자 기업을 상장 대상으로 하면서 다음과 같이 여러 가지 복잡한 상장특례제도를 4가지나 운영하고 있다.

① 2005년 도입 - 코스닥 기술특례상장
② 2016년 도입 - 성장성 특례상장제도
③ 2016년 도입 - 테슬라 요건 상장특례
④ 2021년 도입 - 유니콘 특례상장

그러나 명칭도 어렵고 차이점도 명확치 않고 절차도 복잡하고 기준도 모호해서 전문가들도 헷갈린다. 그야말로 우리나라에서는 상장 여부가 복불복이다. 이러한 기업공개 문턱을 낮춘 특례상장이 스타트업 엑시트 활성화에 도움이 될까? 결론부터 말하면 반드시 그런 것은 아니다. 스타트업의 기업공개는 안정적으로 자금조달을 가능하게 하여 장기적 성장의 기반을 마련하는 데 목적이 있다. 기업공개 성공으로 기업가치가 오르는 '상장 효과'도 크다. 하지만 동시에 '상장 유지비용'이 발생한다. 금전적으로는 회계비용, 이사회 비용, 공시비용 등이 있고 비금전적으로는 공시 의무, 주주들의 다양한 요구 등이 있다. 또한 기업공개를 했다고 해도 자금이 쉽게 조달되지 않는 경우가 대부분이다. 기업공개는 불특정 다수의 개인투자자가 주주로서 기업의 이해관계 그룹에 들어오는 것을 의미한다. 안트러프러너는 경영자로서 항상 주주의 이익을 고려할 책임이 있고 지속성장은 경영 의사결정의 우선순위가 된다.

벤처투자 시장과 달리 주식시장의 개인투자자들은 유니콘의 기업가치를 부정적으로 평가하는 경우가 많다. 특례상장은 성장 가능성이 충분한 적자 스타트업의 엑시트 전략으로써 활용할 수 있지만 자칫 상장 효과보다 상장 유지비용이 더 커질 수 있는 여러 요소를 충분히 고려해야 한다. 무엇보다도 특례상장이 주는 달콤한 유혹에 끌려 회사의 미래를 지나치게 과장하는 모럴 해저드에 빠지지 않도록 제도가 보완되어야 한다.

초기 스타트업에는
조건부지분인수 투자를 한다

A: 우리 회사 전망이 좋다고 투자하고 싶다는데 지분을 어느 정
  도 줘야 할지 정말 고민이 돼. 지분을 너무 적게 제시하면 투
  자하지 않을 것 같고 그렇다고 많이 준다고 할 수도 없고. 어
  떻게 하는 게 좋을까?

B: 이 회사는 사업성이 괜찮은 것 같은데 아직 초기 단계라 판단
  이 잘 안 되네. 어느 정도 밸류에이션이 적당할까? 이럴 때 실
  리콘밸리에서 많이 쓰는 세이프나 컨버티블 노트가 있으면
  좋을 텐데.

A는 엔젤투자를 받으려는 초기 스타트업의 안트러프러너이고 B는
투자를 고려하는 엔젤투자자다. A와 B는 투자라는 거래를 앞두고 있
다. 그런데 안트러프러너도 투자자도 고민이다. 가치를 얼마로 할 것

인가는 무엇보다 중요하다. 투자자는 가급적 싼 가격으로 투자를 하고 싶고 스타트업은 최대한 높은 기업가치로 평가받기를 희망하기 때문이다. 투자유치 과정에서 대략적인 기업가치를 협의하고 실사를 거쳐 투자를 확정하고서도 기업가치에 대한 이견으로 투자를 철회하는 경우가 자주 발생한다.

기업가치는 주로 현재 매출과 이익, 미래 추정매출과 추정이익, 또는 동종업계의 최근 주가, 유상증자나 인수합병을 근간으로 결정한다. 하지만 계산 방식에 따라 기업가치를 다르게 산출할 수 있기 때문에 스타트업과 투자자는 각자 유리한 수치로 협상하려 한다.

특히 이렇다 할 실적도 없고 비즈니스 모델도 검증되지 않은 초기 스타트업의 기업가치를 측정한다는 것은 정말로 어렵고 힘든 일이다. 솔직히 밸류에이션이 불가능하다. 하지만 창업 초기 단계야말로 신속한 투자가 절실하다. 투자를 비교적 합리적으로 빨리 성사시킬 방법은 없을까? 세계적 스타트업 액셀러레이터 와이콤비네이터가 2013년 그 방법을 고안해냈다. 바로 '조건부지분인수SAFE, Simple Agreement for Future Equity'다.

조건부지분인수는 투자 시 기업가치를 정하지 않고 일단 투자부터 한 후 나중에 후속 투자가 이루어질 때 결정하는 방식이다. 밸류에이션은 뒤로 미루고 일단 투자부터 하고 나중에 정하자는 계약이다. 기업이 시드 단계에서 시리즈 A 단계로 성장하게 되면 기업가치를 산출할 수 있는 근거가 생길 뿐만 아니라 전문적인 기관투자자들이 투자에 참여하기 때문에 이들에 의해 비교적 합리적인 밸류에이션(가치평가)이 가능하다. 조건부지분인수는 채무적 성격이 없는 전환증권으로 스타트업 투자에 사용되는 상환전환우선주나 전환사채 등과 다르게 만기일이나 이자 조항도 없다. 대신 '할인율discount'과 '기업가치 상한선valuation cap'의 조건이 붙는다.

가령 스타트업 A사가 투자자 B에게서 조건부지분인수로 투자받는다고 하자. 조건은 투자금 20억 원, 할인율 20%, 기업가치 상한선valuation cap 200억 원이다. 2년 후 A사가 다른 투자자로부터 100억 원의 기업가치로 추가 투자를 받았다. 그러면 이번에 인정받은 기업가치 100억 원에서 20%를 할인한 80억 원이 B가 처음 투자한 A사의 기업가치가 되는 것이다. 그래서 20억 원을 투자했던 B는 80억 원의 기업가치로 투자한 것으로 계산되어 A의 지분은 처음에 25%(20억 원/80억 원)를 취득한 것이 된다.

또 다른 조건으로서 기업가치 상한선valuation cap이란 무엇일까? 2년 만에 급격하게 성장한 A사가 후속 투자에서 기업가치 500억 원을 인정받았다. 안트러프러너에게는 좋은 일이다. 하지만 조건부지분인수 방식으로 투자한 B의 입장은 다르다. 500억 원에서 20%를 할인한 400억 원을 기준으로 지분율을 계산해야 하기 때문이다. 400억 원 중 20억 원을 투자했으니 B의 지분율은 5%밖에 되지 않는다. 초기 엄청난 고위험을 무릅쓴 엔젤투자자로서는 만족하기 어렵다. 이런 상황을 예방하기 위해 투자자는 조건부지분인수 계약에 미래 기업가치에 대한 상한선을 정한다. 가령 상한선을 200억 원으로 정하면 향후 500억 원의 후속 투자가 이루어지더라도 지분을 계산할 때 200억 원만큼만 인정하는 것이다.

투자자는 기업가치 상한선과 할인율을 적용한 것 중에 유리한 것을

조건부지분인수와 오픈형 전환사채 비교

특징	조건부지분인수	오픈형 전환사채C-Note
전환증권	V	V
할인율	V	V
기업가치 상한선	V	V
SEC 정의	신주인수권과 비슷	부채
미래 전환	포스트 머니	프리 머니
기간(만기일)		V
금리		V

(출처: 쇼크웨이브 이노베이션스)

기업가치로 산정한다. 스타트업은 투자자에게 기업가치 상한선이라는 기준점을 제공한다. 기업가치 상한선은 사실상 기업가치라고 봐야 한다. 기업가치 상한선보다는 높은 기업가치에 투자를 받을 수 있을 것이라는 믿음을 스타트업과 투자자가 공유한 셈이다. 만약 기업가치 상한선보다 낮은 기업가치가 책정된다 해도 할인율을 적용하게 되면 최소한의 순익을 보장하기 때문에 투자 리스크를 최소화할 수 있다. 기업의 성장이 빠를수록 할인율보다는 기업가치 상한선이 더 중요하고 반대로 기업가치가 많이 증가하지 않는다면 할인율이 더 중요해진다.

투자자 입장에서 조건부지분인수는 기업가치를 생략할 수 있어 간편하다. 또 후속 투자가 진행될 때 다른 투자자보다 유리한 조건으로 지분을 확보할 수 있다. 스타트업도 상환이나 이자 부담이 없다. 서로 주고받는 이점이 적지 않다. 그러나 조심할 부분도 있다. 안트러프러너가 조급한 마음에 지나친 할인율을 수용하면 훗날 지분 희석으로 이어질 수 있으며 후속 투자 유치에 장애가 될 수 있다.

우리 정부는 2017년부터 해외에서 널리 활용되는 조건부지분인수와 오픈형 전환사채Convertible Note 도입을 검토했는데 2019년 조건부지분인수의 투자를 허용하여 2021년 말까지 수십 건의 계약이 이루어졌다. 향후 오픈형 전환사채도 도입할 것이라고 했다. 오픈형 전환사채는 할인율과 기업가치 상한선을 설정해 추후 지분율을 산정한다는 점은 조건부지분인수와 유사하다. 그러나 전환사채와 같이 만기와 이자율이 정해져 있다. 실리콘밸리에선 초기 스타트업에 대부분 오픈형 전환사채나 조건부지분인수 방식으로 투자한다.

밸류에이션은 쉽게 하고
기업공개는 빠르게 하라

2021년 10월 공유 오피스 기업 위워크가 드디어 뉴욕증권거래소에 상장했다. 2019년 잔뜩 기대했던 상장에서 실패한 후 위워크는 눈물의 시간을 보냈다. 470억 달러였던 기업가치가 단숨에 100억 달러 대로 하락했다. 이는 그해 대주주인 소프트뱅크의 적자로 이어졌다. 2년간 절치부심을 한 위워크의 선택은 스팩SPAC과 합병을 통한 상장이었다. 위워크의 밸류에이션은 90억 달러로 크게 낮아졌지만 어쨌든 상장에는 성공했다. 그러나 안타깝게도 상장 후 주가는 계속 하락해서 2022년 8월 13일 기준 41억 달러의 기업가치를 기록하고 있다.

2021년 국내에도 비슷한 이슈가 있었다. 이커머스 유니콘 티몬의 기업공개가 무산됐다. 콜버그크래비스로버츠KKR는 현재 앵커에쿼티파트너스(앵커PE)와 함께 티몬 지분 98.38%를 갖고 있다. 두 사모펀드가 경영권을 사들인 후 몇 차례 증자를 단행하며 지분율이 높아졌다. 대주주가 재무적 투자자이기에 궁극적인 목표는 매각이다. 콜버그크래비스로버츠KKR은 그간 수차례 엑시트를 시도했지만 거듭 실패한 상태다. 그러자 콜버그크래비스로버츠KKR이 티몬의 최후 전략으로서 스팩 상장을 고려한다는 얘기가 들려왔다. 엑시트 기한이 임박한 유니콘에게 스팩 상장은 선택지로 종종 거론된다. 통상 미국 주식시장이 기업 성장성을 더 중시한다는 인식이 있는 만큼 티몬은 미국 상장에 더 치중하고 있는 것으로 알려졌다. 여하튼 위워크는 성공했고 티몬은 두고 볼 일이다.

스팩은 비즈니스 없이 서류상으로만 존재하는 회사다. 쉽게 말해 재무적 투자자가 기업 인수에 쓸 돈을 모아둔 '통장'을 법인으로 만들어 상장한 페이퍼 컴퍼니다. 스팩이 하는 일은 '펀딩→상장→비상장 기업과 합병→엑시트→이익금 정산'으로 간단하게 설명할 수 있다. 스팩의 운용자는 '스폰서'다. 금융, 인수합병 전문가, 산업 전문가 등으로 구성된 스폰서는 스팩을 만들고 공모로 투자금을 모으고 상장시킨 후 비상장 우량 기업(스타트업)을 찾아 합병을 추진한다. 합병은 정해진 기한 내 이루어져야 한다. 미국은 2년, 우리나라는 3년 내 합병하지 못하면 투자자에게 원금을 반환하고 해산한다. 합병에 성공하면 합병회사는 상장 기업이 되고 스팩은 해산하고 합병회사는 비상장 기업의 회사명으로 변경하는 것이다.

스팩의 최대 장점은 '빠른 우회 상장'이다. 다소 까다롭고 복잡한 상장 절차는 스팩이 먼저 해놓고 비상장 기업은 그 위에 이름만 얹는 방식이다. 스팩의 속도전이 가능한 이유는 상대적으로 밸류에이션 장벽이 낮은 덕분이다. 시장에서 충분히 경쟁력을 인정받는 우량 스타

스팩 설립 및 합병 프로세스

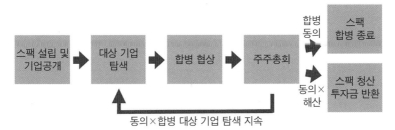

(출처: 경제유캐스트 「초보투자자를 위한 투자상식」)

트업도 실제 기업공개 요건을 충족할 수준이 되려면 상당히 까다로운 절차를 거쳐야 한다. 하지만 스팩과 합병하면 기업공개까지 걸리는 기간을 단축할 수 있다. 2020년 하반기 기준 국내에서 스팩이 공모 후 비상장 기업과 인수합병을 거쳐 재상장하는 데 소요된 기간이 평균 3~4개월에 불과했다. 전통적 방식의 기업공개가 평균 12~18개월이 걸리는 것에 비하면 대단히 빠른 속도다. 시장 선점이 곧 경쟁력을 의미하는 플랫폼 기업과 기술 기업에 스팩과 합병은 충분히 활용할 만한 엑시트 전략이 된다.

스팩은 기관투자자와 개인투자자 모두에게 매력적인 투자다. 투자자 관점에서 스팩의 장점은 '빠른 엑시트'다. 지분투자 후 기업공개까지 걸리는 시간도 짧고 엑시트 확률도 높다. 특히 개인투자자에게는 새로운 방식의 투자 기회를 제공한다. 개인투자자는 대부분 수백억에서 수천억 원대를 훌쩍 넘는 인수합병에 참여할 기회가 없다. 하지만 스팩에 투자하면 가능하다. 100억 원의 회사를 1명의 개인이 인수하긴 어렵다. 하지만 1억 원을 가진 투자자 100명이 인수합병 연합군을 형성하면 지분투자자가 될 수 있기 때문이다.

스팩의 합병 상장 절차

- 비상장법인은 상장 스팩과의 합병을 통해 지배주주의 경영권이 유지되는 가운데 스팩이 보유한 현금을 이전받아 자금조달과 동시에 증권시장 상장이라는 효과를 달성하는 것을 목적으로 함
- 스팩의 투자자는 합병의 결과로 합병법인의 주주가 됨. 스팩과의 합병을 통하여 증권시장에 상장된 합병법인의 기업가치 상승이익을 기대할 수 있음

합병대상법인 탐색	합병이사회 결의 합병계약 체결	주요사항보고서 제출	합병상장 예비심사	주주명부 폐쇄 (기준일 공고)	합병 증권신고서 제출
· 스팩상장 이후 성장 가능성이 높은 유량 기업 탐색	· 당일 거래소 신고 · 스팩과 합병 대상회사 간 합병계약 체결	· 이사회 결의 또는 합병계약 체결 익일까지 제출	· 이사회 결의 직후 청구 · 2개월 이내에 결과 통보	· 주주명부 폐쇄일 2주 전까지 관련 사항 공고	· 주총 소집 통지 및 공고 전까지 효력 발생하도록 제출

합병신주 상장 신청	합병등기 완료	채권자 이의제출 공고 및 주식 매수 청구	주주총회 개최	합병 반대의사 접수	주주총회 소집 및 통지 공고
· 합병 결과로 발행된 신주의 상장 신청	· 합병등기를 통해 합병 효력 발생	· 주총 승인 후 2주 이내에 1개월 이상 · 결의일로부터 20일 이내	· 특별결의를 통한 합병 승인	· 합병이사회 결의에 반대하는 주주의 반대의사 접수	· 주총 2주 전까지 합병 관련 사항을 포함 주총 소집 통지 및 공고

(출처: 하나금융투자)

이런 이유로 스팩은 출시 후 상당한 인기를 끌었다. 코로나 팬데믹 중에도 세계적으로 열기가 대단했다. 국내에서도 스팩은 엑시트 다변화 전략으로서 도입 때부터 뜨거운 관심을 받았다. 그도 그럴 것이 국내 벤처투자자의 80~90%가 기업공개를 통한 엑시트에 집중한다. 상장이 안 되면 재무적, 비재무적 압박이 매우 클 수밖에 없다. 이런 환경에서 스팩이 투자 생태계 활성화에 긍정적 영향을 줄 것이라는 기대가 있었다. 하지만 스팩은 동시에 만만치 않은 문제도 안고 있다. 세계에서 스팩이 가장 활성화된 나라인 미국의 상황을 보자.

글로벌 스팩 열풍의 진원지인 미국은 최근 스팩을 꺼리는 분위기로 돌아섰다. 비상장 우량 스타트업들이 스팩의 상장 제안에 적극적으로 응하지 않고 있다. 이런 흐름은 미국 증권거래위원회가 스팩에 제동

스팩, 기업공개 절차 비교

스팩 상장 절차

1. 사전준비 단계		2. 예비심사 단계	3. 주총 결의, 합병 상장	
2개월		2개월	2개월	
합병 계약 체결 및 이사회 결의	공시 및 주요사 항보고서 제출	합병 상장 (예비)심사	증권신고서 제출	주총 결의 및 합병 등기

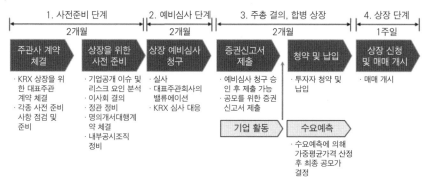

기업공개 상장 절차

1. 사전준비 단계		2. 예비심사 단계	3. 주총 결의, 합병 상장		4. 상장 단계
2개월		2개월	2개월		1주일
주관사 계약 체결	상장을 위한 사전 준비	상장 예비심사 청구	증권신고서 제출	청약 및 납입	상장 신청 및 매매 개시
·KRX 상장을 위한 대표주관 계약 체결 ·각종 사전 준비 사항 점검 및 준비	·기업공개 이슈 및 리스크 요인 분석 ·이사회 결의 ·정관 정비 ·명의개서대행계약 체결 ·내부공시조직 정비	·실사 ·대표주관회사의 밸류에이션 ·KRX 심사 대응	·예비심사 청구 승인 후 제출 가능 ·공모를 위한 증권 신고서 제출	·투자자 청약 및 납입	·매매 개시

	기업 활동	수요예측
		·수요예측에 의해 가중평균가격 산정 후 최종 공모가 결정

(출처: 하나금융투자)

을 걸면서 시작됐다. 미국 증권거래위원회는 스팩이 투자자에게 나눠 주는 신주인수권을 회계상 자본이 아니라 부채로 처리할 것과 합병기 업의 경영 상태 및 미래 예측 등에 관한 세밀한 조사 계획 등을 공식 화한 것이다.

미국 증권거래위원회는 왜 스팩을 규제하기 시작했을까? 스팩 합병 을 통해 상장한 기업의 '퀄리티'와 무관하지 않다. 2020년 스팩을 통 해 뉴욕증권거래소에 입성한 전기자동차 스타트업 XL플리트의 주가 는 상장 직후 70%가량 상승해 35달러까지 치솟았다. 하지만 1년 후 에 7달러 이하에서 거래되다가 2022년 8월 초에는 1달러로 곤두박질 쳤다. 트럭 부품 제조업체인 하일리온 역시 스팩을 통해 상장한 뒤 주

미국 스팩을 통한 상장기업 현황

스팩 합병, 완료, 발표(2022년 1분기 기준)

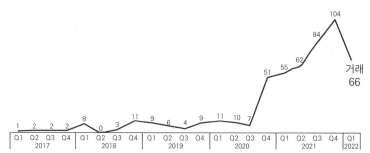

(출처: CB인사이트)

가가 5배 이상 올랐지만 2022년 8월 초 기준 최고점 대비 92% 넘게 떨어졌다.

주가 버블 논란이 커지며 스팩 상장 기업들인 전기트럭 업체 니콜라, 배터리 개발회사 퀀텀스케이프 등은 공매도 세력의 공격 대상이 되고 있다. 실제로 스팩과 합병해 상장한 기업 상당수가 시장 기대에 못 미치는 실적을 보이고 있다. 미국의 경우 스팩과 합병해 상장한 기업 중 50%가 목표 실적을 충족하지 못했고 42%는 상장 첫해 매출이 전년보다 감소했다(2020. 미국 실리콘밸리뱅크). 주가도 평균 20% 하락했다.

상장은 당장 증시로부터 자금을 조달하는 일회성 행사가 아니다. 일반 투자자와 지속적으로 신뢰를 주고받을 수 있어야 기업은 장기적으로 성장한다. 그렇다면 실제로 스팩으로 가장 큰 이익을 얻은 사람들은 누구일까? 스팩을 기획한 스폰서와 초기 투자자들이다. 통상 스폰서와 초기 투자자들은 합병 전 평균 주식의 20%에 대한 수익을 확보한다. 과도한 수익구조는 고스란히 합병기업의 자본 손실로 이어진다. 이런 사정으로 스팩 합병 관련 소송이 끊이질 않는다. 스팩이 조기 기업공개의 전략일 수 있지만 밸류에이션 담장을 낮추는 방식의 접근이 스타트업 경제에 긍정적이지는 않다. 스타트업의 입장에서 스팩은 또 하나의 좋은 엑시트 기회가 될 수 있다. 그러나 스팩과의 합병비율로 인한 지분 희석이 과도할 수 있고 기업공개를 한 기업에 비해 이미지가 훼손될 수 있다는 점도 고려해야 한다.

스톡옵션 때문에 벨류에이션이 조정될 수 있다

"아이패밀리sc의 올해 상반기 순이익이 급감한 결정적인 이유는 주식매수선택권(스톡옵션)에서 발생한 20억 원 상당의 보상비용 때문인 것으로 나타났다. 아이패밀리는 스톡옵션 관련 비용을 순이익에 포함시키는 방식으로 기업가치를 보정했다. (…중략…) 아이패밀리는 상반기에 약 18만 주의 스톡옵션 감소분에 해당하는 잔여 보상원가를 전액 주식보상비로 인식했다. 이 과정에서 약 20억 원의 일회성 비용이 발생했다. (…중략…) 만약 주식보상비가 발생하지 않았다면 지난해 상반기와 비슷한 영업이익과 순이익을 기록했을 가능성이 높다. 수익성 악화를 유발한 실질적인 주범이 주식보상비라 할 수 있다."

색조화장품 판매 및 웨딩서비스 기업 아이패밀리는 2021년 10월

코스닥 상장을 앞두고 밸류에이션을 보정했다. 주가수익비율로 밸류에이션을 했는데 기업공개 직전 자사의 순이익이 더 떨어졌기 때문이다. 그런데 그 주범(?)으로 스톡옵션(주식매수선택권)이 지목됐다. 스톡옵션과 밸류에이션은 어떤 관계가 있는 걸까?

스톡옵션은 '스타트업 보상의 꽃'이라고도 한다. 초기 단계의 스타트업은 불안정하다. 조금 과장해서 말하자면 언제 망할지 모를 불확실성이 상시 존재한다. 하지만 이런 고위험을 감수하는 임직원에게 합당한 급여를 줄 여력이 없다. 그래서 안트러프러너는 임직원에게 '나중에 회사가 잘되어서 상장하면 크게 보상할게.'라는 약속을 한다. 보상의 약속은 여러 형태가 있다. 그중 스톡옵션은 '미래 특정 시점에 정해진 가격으로 주식을 살 수 있는 권리'다.

아이패밀리가 상장하면 오래전 스톡옵션을 받은 직원들은 공모가보다 싼 가격으로 주식을 매입할 수 있고 그 차익만큼 회사가 비용을 지출하게 된다. 이것이 '주식보상비용'이다. 당장 지출해야 할 현금이 아니라 보이지 않는 기회비용이다. 하지만 회계에는 반영해야 하는데다 지출이 늘어 순이익이 줄었으니 결국 밸류에이션을 다시 조정해야 하는 상황이 된 것이다.

많은 기업이 임직원에게 성과에 대한 보상으로서 미래의 시점에 주식을 주거나 혹은 주식을 소유할 권리를 부여한다. 바로 주식보상제도equity compensation다. 직원은 회사의 성장에 참여하는 동시에 투자자, 즉 주주가 된다. 주식보상제도의 목적은 우수인력을 영입하고 성과에 기여하도록 동기를 부여하는 것이다. 대부분 근무 기간 등의 조건이 따르므로 인재의 장기근속을 유도하는 데도 효과적이다. 무엇보다 경영자, 직원, 주주가 함께 이익을 공유한다는 의미에서 주식보상제도는 매우 긍정적이다.

하지만 주식보상제도를 통해 직원이 주주가 됨으로써 복잡한 상황도 발생한다. 카카오페이나 아이패밀리처럼 부정적 영향을 미쳐 밸류에이션이 낮아지기도 한다. 인수합병 등에서 드래그얼롱이나 콜옵션 등 권한을 행사하고자 할 때 직원 주주들과 이해관계를 조정해야 하는 복잡한 상황이 발생할 수 있다. 주식보상제도를 도입하기 위해 거쳐야 하는 내부 절차와 관리·유지에 필요한 법적·행정적 비용도 상당하다. 또 회사가 주식보상제도를 통해 신주를 많이 발행할 때 기존 주주의 지분이 희석되기도 한다. 미래 기대만큼 실적을 달성하지 못하면 기업가치가 낮아져 원래 목적인 보상 효과가 사라지는 난감한 상황이 발생할 수도 있다.

주식보상제도는 법인 설립 초기부터 회사의 성장 방향과 향후 출자 계획과 회사의 주주 구성 계획을 고려해 신중하게 디자인해야 한다. 스타트업이 좋은 직원을 확보하는 전략으로서 주식보상제도는 충분히 효과가 있지만 그만큼 섬세하게 접근할 필요가 있다. 누구에게 어떤 주식으로 보상할 것인지, 직원들에게 어떤 방식으로 감동을 줄 것인지 구체적인 고민은 필수다. 타사가 어떤 제도를 사용하는가보다 자사에 맞는 방식을 찾는 게 핵심이다.

스톡옵션: "주식 싸게 주고 세금도 깎아줄게!"

스톡옵션은 가장 오래된 직원을 위한 보상의 유형이자 국내에서 가장 보편적으로 운영되는 주식보상제도다. 하지만 스톡옵션에 대한 이해는 여전히 부족하다. 스톡옵션은 주식이 아니다. 미래의 '특정 시점'에 '특정 가격'으로 주식을 살 수 있는 권리다. 지금부터 2년 후에 회사 주식의 가격이 얼마가 되든지 액면가인 500원으로 1만 주를 살 수 있는 권리를 줄 테니까 열심히 일해서 회사 성장에 기여하고 그때 주가가 500원이 넘으면 주당 500원에 주식을 사서 차액을 회사에 기여한 공로로 주는 인센티브로 생각하라는 얘기다. 스톡옵션을 받아도 당장 주식을 소유할 수 없다. 2년 뒤 스톡옵션을 행사해야만 비로소 주식을 소유하게 된다.

그런데 2년 후 주가는 아무도 모른다. 전혀 오르지 않을 가능성도 있고 회사가 문을 닫아서 무용지물이 될 수도 있다. 극단적으로 10만 원이 될 수도 있다. 2년 후 10만 원이 됐다고 가정해보자. 스톡옵션을 받은 직원은 500만 원(주당 500원×1만 주)으로 10억 원(주당 10만 원× 1만 주)을 벌게 된다. 스톡옵션을 보유한 사람은 회사가 앞으로 더 성장해 주가가 오를 것으로 예상되면 옵션을 행사해서 주식을 받은 뒤 계속 보유할 수 있다. 또는 주식을 바로 팔아서 10억 원을 현금화할 수도 있다. 이때 차익 99만 5,000만 원(10억 원-500만 원)이 직원의 금전적 이익이다. 여기서 이익의 크기를 결정하는 스톡옵션 행사가격은 결정하기 나름이다. 액면가로 할 수도 있고 미래 예상 가격에서 일부를 할인해서 결정하기도 한다. 스톡옵션을 통해 임직원은 수백 배의 수익을 올릴 수도 있고 전혀 아무런 보상이 없을 수도 있다.

스톡옵션은 회사와 구성원 모두의 이익에 부합하는 보상제도이지만 부작용도 있다. 스톡옵션을 받은 사람과 그렇지 않은 사람들 사이에 위화감이 조성될 수도 있고 부여받은 수량과 가격과 시점에 따라 차후

얻게 되는 수익이 회사의 공헌도에 비례하는 것이 아니고 운에 의해 커다란 차이가 날 수 있어서 원래 취지에서 벗어날 가능성이 크다.

2022년 카카오페이의 임직원들이 회사 상장하고 한 달 만에 스톡옵션으로 받은 주식을 팔아서 거액의 차익을 챙겼다고 여론의 질타를 받았다. 비판의 주체는 주로 개미투자자들이다. 자신들의 수익을 마치 회사의 임직원이 가로챘다는 논리다. 이에 정치권에서도 나섰다. 신규 상장 기업 경영진의 스톡옵션 행사 기간 제한과 임직원의 매도 제한 방안을 각각 내놨다. 정치인들이 거드는 모습은 더 우습다. 전형적인 포퓰리즘이다. 이러한 반응은 스톡옵션에 대한 무지를 적나라하게 보여준다. 코인, 주식, 부동산으로 한순간에 벼락부자가 됐다는 이야기가 화제다. 스톡옵션도 단골 소재다. 특히 기업공개로 수십억 원에서 수백억 원의 차익을 얻게 된 임직원의 소식이 심심치 않게 들린다. 그래서 해당 업계에서는 스톡옵션과 자사주를 통해 엄청난 수익을 낼 수 있는 거대 플랫폼 기업과 스타트업을 신의 직장이라 부른다.

스톡옵션은 회사 발전에 기여한 소수 핵심 인력에게 보상을 하는 제도로 1920년대 미국에서 최초로 도입됐다. 회사의 과실을 함께 나누어 주인의식을 갖게 하며 인재를 확보할 수 있다는 장점이 있다. 그러나 단기적으로 가시적 성과만을 추구하여 회사의 장기적 성장에 역효과를 가져올 수 있다는 단점이 있다.

중소벤처기업부가 공개한 우리나라 벤처기업의 스톡옵션 부여 현황을 보면 스톡옵션 제도를 처음 도입한 1988년 이후 2020년까지 총 4,340개 기업에서 6만 7,468명에게 스톡옵션을 부여했다. 자료에 따르면 닷컴버블 논란에 있었던 2000년도에 456건(8,337명)으로 지난

20여 년간 가장 많은 스톡옵션이 부여됐다. 그 후 지속적으로 감소세를 보이다가 2020년도에 다시 증가세로 돌아서 451건(6,174명)의 스톡옵션이 부여됐다. 세계적으로 유니콘이 급증과 스타트업의 활성화 분위기 속에 스톡옵션을 우수인력 확보 수단으로 활용하려는 것으로 분석된다.

스톡옵션은 주식을 무상으로 주는 것이 아니고 일반 투자자보다 유리한 가격으로 몇 년 후에 일정 수량의 주식을 살 수 있는 권리만을 부여하는 것이다. 주식 매입자금은 본인이 직접 마련해야 한다. 또한 스톡옵션은 최소한 2년간은 행사할 수 없으나 실제로는 훨씬 더 오랜 시간을 기다려야 한다. 그리고 상장을 하는 기업도 극소수이고 스톡옵션 행사가격보다 주가도 높아야 하기 때문에 스톡옵션으로 돈을 벌 가능성은 극히 희박하다. 스톡옵션으로 많은 수익을 가져간 사람들에게는 비난과 비판보다는 오히려 축하와 찬사가 어울린다. 그들은 결코 벼락부자가 아니다. 오랜 인고의 결과다.

한편 애플 CEO 팀 쿡의 연봉은 300만 달러이지만 2021년 1,200억 원에 육박하는 보수를 받았다. 중간 간부 연봉의 1,400배가 넘는 금액이다. 스톡옵션과 유사한 스톡 어워드stock award로 천문학적인 보상을 받은 것이다. 2020년 전 세계 CEO 연봉 1위는 7조 6,310억 원을 번 테슬라의 일론 머스크다. 기본 연봉은 0달러다. 전액 스톡옵션이다. 선진국의 성과에 대한 보상 규모는 우리나라와는 비교가 불가능할 정도로 천문학적이다. 이것이 글로벌 스탠더드다.

카카오페이 논란 이후 상장에 나서는 기업들이 임직원의 스톡옵션 행사나 매각을 일정 기간 제한하겠다는 확약서를 한국거래소에 제출하고 있다. 스톡옵션 물량은 상장 즉시 행사가 가능하지만 1년 동안 팔지 않겠다고 하는 것이다. 안타까운 일이다. 정당한 권리도 행사하지 못하는 것이다.

우리나라에서 스톡옵션은 1997년 4월부터 개정 증권거래법이 시행되면서 급속히 확산됐고 오늘날 스타트업 붐을 일으키는 데 적지 않은 영향을 미치고 있다. 인재들이 스타트업으로 몰리는 현상이 나타나고 있다. 이는 스톡옵션에 의해 소위 벼락부자가 된 사람들이 나타난 것이 원인으로 분석된다. 대기업 직원들은 연말이면 주변의 부러움과 시샘을 동시에 받는다. 수천만 원에 달하는 성과급과 특별보너스 잔치를 벌이기 때문이다. 그렇다고 그들을 비난하지는 않는다. 스타트업은 이런 '총알'이 많지 않다. 다만 미래에 대한 꿈으로 버티는 것이다. 핵심 인재를 붙들어 둬야 성장할 수 있는 스타트업엔 스톡옵션이 거의 유일한 총알이다.

스톡옵션은 원래 당장 금전적 보상을 할 수 없으니 '약속된 시점에 주식을 팔아서' 보상을 받으라고 만든 것이다. 누군가 스톡옵션을 행사해서 수익이 생겼다는 건 권리 행사의 조건을 충족했다는 뜻이다. 카카오페이 사태는 스톡옵션이라는 제도가 가지고 있는 부정적 측면이 드러난 것일 뿐이지 스톡옵션 행사자의 도덕성과는 전혀 관계가 없다. 스톡옵션은 원래 재직 기간에 따른 불확실성을 포함한다. 주가는 계속 변동하기 때문에 언제 스톡옵션을 받느냐에 따라 미래에 받게 될 보상 효과가 달라진다. 구성원 간 불만이 있을 수밖에 없는 설계다. 그래서 최근 국내 기업들도 스톡옵션 대신 다른 유형의 주식보상 제도를 연구하고 도입하는 추세다.

제한조건부주식: "지금 주식 공짜로 줄게!"

2021년 네이버는 직원보상제도로 '스톡그랜트stock grant'를 도입한다고 밝혔다. 스톡그랜트는 회사가 보유한 주식을 직원들에게 무상으로 부여하는 보상 방식이다. 스톡옵션과 가장 큰 차이는 직접 주식을 부여하는 것이다. 스톡그랜트의 대표적 유형은 제한조건부주식RS, Restricted Stock이다. 매각 시 특정 제약 조건을 걸고 주식을 준다. 근무 기간, 매각 빈도, 성과목표 등 약속한 조건을 충족하지 못하는 경우 부여한 주식을 취소할 수 있다. 이러한 제한 조건이 있지만 일단 주식을 받은 직원은 배당과 같은 주주의 권리를 보장받는다. 미국에서는 경영진(임원)에게 주로 부여된다. 가령 IBM이나 델은 일부 경영진에게 5년 이상 근무를 조건으로 걸고 제한조건부주식을 지급하고 있다. 그러나 최근에는 성과와 연동된 장기보상제도 도입이 급증하면서 경영 성과를 조건으로 걸기도 한다. 즉 성과목표 달성 시 주식을 지급하는 성과연동형 제한조건부주식 도입 비율이 증가하고 있다.

제한조건부주식에 관심을 가지게 되는 이유는 다음과 같이 요약할 수 있다. 첫째, 스톡옵션은 주가가 행사가보다 낮을 때 옵션을 행사하지 못함에 따라 동기부여 효과가 희석되지만, 제한조건부주식은 주식을 직접 부여하기 때문에 주가가 하락해도 구성원에게 보상이 가능하다는 점이다. 근래 미국 IT 업계의 거품 주가가 계속 빠지면서 스톡옵션을 행사할 수 없게 된 기업들에게 제한조건부주식은 매력적인 대안으로 떠오르고 있다. 둘째, 제한조건부주식은 주식 액면가가 보상액이 되기 때문에 스톡옵션보다 주식 발행 수가 적어도 동등한 보상 효과를 누릴 수 있다는 점이다. 셋째, 운영이 단순하고 기준이 명확하다.

양도제한조건부주식: "나중에 주식을 공짜로 줄게!"

최근 스타트업계에서 스톡옵션의 인기가 시들해지면서 대체재로 양도제한조건부주식RSU, Restricted Stock Unit이 급부상하고 있다. 제한조건부주식RS과 양도제한조건부주식은 둘 다 무상으로 주식을 받는다. 다만, 제한조건부주식RS은 주식을 먼저 받고 일정 기간 지나야 팔 수 있고 양도제한조건부주식은 일정 기간이 경과한 후에 주식을 받는다는 차이가 있다. 양도제한조건부주식은 이미 실리콘밸리에선 널리 활용되고 있다. 국내에선 최근 부각되고 있다. 부여 수량, 대상도 스톡옵션과 달리 제한이 없고 절차도 간단하다.

2021년 토스증권은 임직원 성과 보상 방식을 스톡옵션에서 양도제한조건부주식으로 변경했다. 이에 따라 보통주 약 39만 주를 임직원 70명에게 지급했다. 같은 해 코로나19 진단키트 개발로 수직 성장한 씨젠도 양도제한조건부주식 방식으로 직원 보상에 나섰다. 단 '퇴직 시 지급'이라는 조건이 붙었다.

양도제한조건부주식은 일정 기간 내 양도(매도)를 금지하는 조건을 붙인 주식이다. 일정 재직 기간과 경영 성과 등 조건을 충족해야만 주식에 대한 권리를 행사할 수 있다. 즉 일정 조건을 충족해야만 주식을 준다는 약속이다. 양도제한조건부주식은 통상 회사에 처음 입사 시 받는 이니셜그랜트initial grant와 1년마다 업무성과에 따라 받는 애뉴얼리프레셔annual refresher로 나뉜다.

주식을 직접 주는 게 아니라 약속을 부여하는 특징은 스톡옵션과 비슷하다. 하지만 직원이 옵션을 행사해야만 주식을 소유하게 되는 스톡옵션과는 달리 양도제한조건부주식은 약정된 조건이 충족되면

스톡옵션과 양도제한조건부주식 비교

구분		스톡옵션	RSU
	부여 대상자	• 회사의 이사, 집행임원, 감사 또는 피용 자에게 부여 가능함 –단, 지분율 10% 이상 보유 주주 또는 회사의 주요 경영 사항에 관해 사실상 영향력을 가진 자는 불허함	• 부여대상자 제한 없음. 회사 임직원, 계 열사 임직원, 임의의 제3자(회사의 영업 에 기여힐 수 있음을 전제) 모두 가능함
	부여 수량	• 발행주식 총수의 10% 이내	• 수량 제한 없음
	행사 가격	• 시가 및 액면금액 중 높은 금액	• 제한 없음. 무상 지급도 가능함
	부여 방식	• 신주 발행, 자기주식 양도, 차액 정산 지급함	• 자기주식 지급 또는 차액 정산은 허용 됨. 신주 발행형은 무효임
	부여 절차	• 정관 반영 필요함 • 주주총회 특별 결의 필요함	• 우리 법률상 일정 수량의 부여에 관한 포괄적인 1회의 이사회 결의 후 각 부 여 건은 대표이사에게 위임해도 무방함
행 사 전	행사 기간	• 2년 이상 재직 시 행사 가능함 • 나머지는 주주총회 결의로 정할 수 있 는데 아래와 같음 –2~3년 누적 25%, 3~4년 누적 50%, 4~5년 누적 75%, 5~6년 누적 100%, 6년 이후 행사 불가함	• 우리 법률상 행사 기간은 회사와 부여 대상자 간 계약으로 자유롭게 정할 수 있음. 일체 제한 없음. 즉 재직 기간이 2년 미만이어도 무방함
	행사 절차	• 회사에 청구하여 행사 가격 지급	• 회사와 부여대상자 간 계약으로 자유롭 게 정할 수 있음
	지분 제한	• 처분 불가	• 회사와 부여대상자 간 계약으로 부여 대상자에게 처분 제한 의무 부과 가능 함. 단, 처분해도 처분 효력 부인은 어 려움. 위약책임만 남음
	주주권	• 주주가 아니므로 주주 권리 없음	• 행사 전에는 주주가 아니므로 주주 권 리 없음
	취소 사유	• 주주총회 결의로 정할 수 있는데(상법 제340조의 제32항) 아래와 같이 정함 –부여대상자 자발적 퇴사(의원면직), 부여 대상자 고의·과실로 회사에 손해 가함, 부여대상자 스톡옵션 양도·담보 제공, 스톡옵션에 가압류·압류 등 처분권 제 한 설정, 회사의 재무 상황 악화	• 회사가 자기주식 교부 전에는 회사와 부여대상자 계약으로 정한 사유로 교부 하지 않을 수 있음. 주주총회 결의 불필 요함
	위약벌	• 정함 없음	• 회사와 부여대상자 계약으로 자유롭게 위약벌 정할 수 있음

(출처: 더벨)

베스팅 일정에 따라 자동으로 주식을 받는다. 스톡옵션은 주가와 행
사가격의 차액만큼 임직원에게 보상하는 구조여서 행사 시점의 주가
가 스톡옵션 행사가격보다 낮아지는 불운(?)이 발생할 수 있다. 반면

양도제한조건부주식은 현재 시가의 주식을 회사가 무상으로 제공한다. 주가가 높든 낮든 주식의 전체 가치가 보상으로 지급되는 구조다. 임직원에게는 스톡옵션보다 양도제한조건부주식이 더 유리하다.

가상주식보상제: "주식을 줬다고 치고 계산해줄게!"

가상주식보상제Phantom Stock Plan는 실제 주식이 아니라 가상의 '유령주식phantom stock'을 부여한다. 회사가 일정 기간 후의 주가와 부여된 가상주식 가격의 차액을 현금이나 주식으로 지급하는 보상제도다. 가상주식을 받은 임직원은 정해진 기간과 조건이 충족되면 보유한 가상주식을 회사에 되팔아 현금으로 받거나 실제 주식으로 교환할 수 있다.

실제 주식을 받는 스톡그랜트와 가장 큰 차이는 가상주식을 받은 직원은 주주가 아니라는 점이다. 따라서 직원이 주주가 됐을 때 경영의사결정 과정에서 발생할 수 있는 복잡한 문제를 사전에 차단할 수 있다. 하지만 가상주식도 주식이므로 실제 주주로서 얻는 이익인 배당이나 무상증자 등의 혜택은 유효하다. 다만 이 역시 나중에 현금 정산이나 실제 주식으로 교환할 때 한꺼번에 계산해서 받게 된다.

주가차액보상권: "성과와 상관없이 주가만 오르면 돼!"

주가차액보상권SARs, Stock Appreciation Rights은 특정 기간 내 주가가 오른 만큼 현금이나 주식을 지급하는 보상 방식이다. 주식이 아니라 권리를 부여하는 점에서 스톡옵션과 비슷하다. 그러나 스톡옵션처럼 권리를 행사할 때 돈을 지불할 필요가 없다.

가령 A사가 임직원에게 주가차액보상권을 지급했다고 하자. 주당 1만 원 가격으로 1,000주씩 지급하되 3년 후 행사하는 조건이다. 3년 후 주가가 4만 원으로 올랐다. 이때 A사 임직원은 주가 차액 3,000만 원(3만 원×1,000주)을 현금이나 주식으로 받게 된다. 주가차액보상권 **SARs**의 보상 기준은 무조건 주가다. 주가를 끌어올려야 보상이 있다. 외국계 회사의 임원과 실리콘밸리의 기술기업에서 많이 적용하는 제도다.

직원지주제도: "전 직원이 주주다"

회사의 주식을 우리사주조합을 통해 취득하거나 보유할 수 있는 직원보상제도다. 우리사주제도 또는 직원지주제도**ESOP, Employee Stock Ownership Plan**라고 한다. 직원지주제도의 핵심은 '주식 우선 배정' 혜택이다. 보유 기간에 따라 취득 금액에 대해 소득공제도 해준다.

향후 주가 상승에 따른 차익이 높은 수익으로 연결될 수 있다. 그러나 1년간 의무 보유 조항이 있으므로 미래의 시점에서 수익이 결정된다. 2020년 SK바이오팜은 직원들에게 1인당 평균 1만 1,820주(5억 7,918만 원어치)를 배정했다. 상장 직후 주가가 공모가의 5배로 상승했다. 하지만 1년 후 2021년 7월 기준 SK바이오팜 주가는 상장 직후 대비 40% 하락했다. 때로는 공모가 밑으로 주가가 하락하기도 한다. 이런 경우에는 손실을 볼 수도 있다. 게임 회사 크래프톤은 2021년 상장 당시 총 35만 1,525주를 우리사주조합에 공모가 49만 8,000원에 배정했다. 하지만 이후 주가는 무려 22만 원 이상 낮은 27만 원대로 하락했다.

미래의 특정 시점에 실제 이익을 실현할 수 있다는 점에서 우리사주는 스톡옵션과 비슷하다. 그러나 우리사주는 당장 주식을 소유하는 것이고 의무 보유 조항을 피하기 위해 퇴사하여 주식을 팔아 즉시 현금화할 수 있다. 실제로 2020년 SK바이오팜은 일시적으로 퇴사율이 증가하는 등의 진통을 겪었다.

직원주식구매제도: "주식 싸게 살 수 있게 해줄게!"

직원주식구매제도ESPP, Employee Stock Purchase Plan는 현재 미국에서 활성화된 제도로 임직원이 자사의 주식을 좋은 조건으로 매입할 수 있게 하는 프로그램이다. 회사는 임직원의 급여에서 정기적으로 일정 금액을 공제해 적립한다. 이 돈으로 지정된 '구매일'에 미리 정한 할인율을 적용해 저렴한 가격으로 자사주를 구매해서 직원에게 할당한다. 직원주식구매제도를 통해 받은 주식은 별도의 제한 없이 자유롭게 매도할 수 있다는 점에서 직원지주제도와 다르다. 현재 시가에서 할인된 가격으로 주식을 구매하므로 수익이 100% 보장되고 즉시 현금화할 수 있어서 보너스를 받는 것과 다르지 않다. 직원주식구매제도는 의무 조항이 아니라 임직원 개인이 프로그램에 참여할지를 결정한다. 직원지주제도와는 다르게 세제 혜택이 없다.

주식이연보상제도: "나중에 한꺼번에 받을게!"

주식이연보상제도DSU, Deferred Stock Unit는 재직 중 회사로부터 받은 여러 보상을 바로 받지 않고 지연하는 제도다. 가령 일정 조건을 충족하여 회사로부터 인센티브 혹은 주식을 받았다고 하자. 임직원은 이를 신탁으로 보유하고 약속된 특정 시점에 권리를 행사할 수 있다. 주식이연보상제도 보유자는 배당도 받을 수 없고 의결권도 없다. 다만, 배당에 상당하는 금액을 보상으로 지급받을 수 있다. 국내에서는 거의 활용되지 않는 제도다.

제한지분권: "지분을 줄게!"

제한지분권REU, Restricted Equity Units은 양도제한조건부주식RSU과 유사한 개념이다. 차이점은 양도제한조건부주식이 일정 기간 내 양도(매도)를 금지하는 조건을 붙여 주식을 부여하는 것이라면, 제한지분권은는 주식 대신 '지분'을 취득할 권리를 준다. 주식회사가 아니라 로펌과 같은 파트너십 회사, 유한회사LLC 등에서 도입하는 보상제도다. 주식회사는 주식(지분)으로 임직원에게 보상할 수 있지만 파트너십 회사는 주식회사가 아니기 때문에 주식이 없으므로 대신 지분권을 주는 것이다. 가령 '2년 근무와 목표 성과를 달성하면 회사 수익의 3%를 받을 수 있는 권리를 줄게.'라는 약속을 하는 것이다. 제한지분권을 받은 임직원은 향후 해당 회사가 주식회사로 형태를 변경하면 보유한 지분권을 주식으로 전환할 수도 있다.

3부

투자자 전략

Start up

5장

유니콘은 쇼이고
드래곤은 돈이다

유니콘이 아닌
드래곤을 찾아야 한다

"유니콘은 쇼, 드래곤은 돈이다."

벤처캐피털이 자주 하는 말이다. 이는 골프계의 유명한 격언인 "드라이브는 쇼, 퍼트는 돈이다drive for show, putt for dough."를 차용한 것이다. 골프 경기에서 호쾌한 드라이브 샷은 사람들의 이목을 집중시킨다. 하지만 제아무리 멋진 샷을 날린 골퍼도 막상 퍼트에 실패하면 경기를 진다. 드라이브 샷은 보기 좋은 쇼에 불과하고 경기에 이겨 상금을 거머쥐려면 결정적인 순간에 퍼트에 성공해야 한다.

유니콘은 골프의 드라이브 샷과 같다. 스타트업이 짧은 시간에 기업가치를 무려 수조 원까지 올리며 유니콘에 등극하면 스포트라이트가 쏟아진다. 그러면서 유니콘의 미래에 대한 기대감은 한층 더 높아지고 투자하겠다는 투자자들도 늘어난다. 유니콘은 마치 성공의 트로피처럼 보인다. 하지만 실제로 승부를 결정하는 건 유니콘의 타이틀이 아니라 마지막 퍼트, 바로 엑시트다. 유니콘 자체는 자칫 외화내빈의 허울만 남을 수 있다. 진정한 성공은 보기 좋게 결정적인 퍼트를 성공시켜 막대한 상금을 손에 넣는 것이다. 엑시트에 성공을 해야만 승자가 된다. 즉 기대만큼 경제적 성공을 거머쥔 엑시콘이 '드래곤'이 되는 것이다. 투자의 목표는 유니콘을 만드는 것이 아니다. 드래곤의 탄생을 기대하며 투자하는 중간 과정에서 나타날 수 있는 것이 유니콘이다. 유니콘은 게임의 과정이고 드래곤은 결과다.

그런데 투자자들은 어떻게 미래의 드래곤, 소위 '대박 아이템'을 발굴할까? 실제로 탁월한 성과를 내는 투자자들은 훈련된 경험과 축적된 데이터를 기반으로 예비 유니콘을 찾아다닌다. 확실히 대박 아이템을 알아보는 실력이 있는 듯 보이기도 한다. 하지만 실제로 미래의 드래곤을 정확하게 찾아내는 투자자는 존재하지 않는다. 설사 좋은 떡잎을 찾아도 반드시 아름드리나무가 되는 것이 아니다.

진실은 이렇다. 대부분 벤처투자의 성공률은 높지 않다. 크게 성공한 펀드도 투자 포트폴리오의 절반 이상은 원금을 완전히 날리거나 투자금보다 낮은 금액으로 엑시트를 한다. 그럼에도 불구하고 높은 수익을 낸 펀드의 비결은 '선구안'이 아니라 소수의 스타트업이 만들어낸 '수익률의 크기'다. 실리콘밸리의 투자회사인 호슬리 브리지 파트너스에 따르면 전체 포트폴리오의 20%로 전체 수익의 90% 이상을 만들어낸다고 한다.

실리콘밸리의 투자자들은 일반적으로 400개 정도의 스타트업을 냉철하게 심사한 후 1개 회사에 투자하는 것으로 알려졌다. 하지만 이런 신중함이 무색하게도 대략 10개의 회사에 투자하면 그중 5개는 파산하고 4개는 커다란 수익을 창출하지 못하고 근근이 굴러가는 그저 그런 회사가 되거나 좀비 기업이 된다. 남은 하나가 매우 성공적으로 엑시트한다. 이런 반복적 패턴을 '5:4:1 법칙'이라고 한다.

그런데 궁금하지 않은가? 투자자들은 왜 10개 중 1개만 성공인 게임을 하는 걸까? 확률로 보면 도저히 이해하기 어렵지만 벤처투자의 속성을 알면 충분히 이해할 수 있다. 그들은 엑시트의 확률을 높이는 게임을 하는 것이 아니다. 1개의 투자가 나머지 투자의 실패를 모두 합한 것보다 더 큰 수익을 내는, 이른바 '대박' 게임을 하는 것이다.

벤처캐피털이나 사모펀드 등의 재무적 투자자는 이런 전략을 선호한다. 통계적으로 스타트업은 실패율이 높고 초대박이 날 가능성은 그리 크지 않다. 그래서 재무적 투자자는 대어를 낚으려는 낚시꾼과 같이 여러 개의 낚싯대를 동시에 드리우고 기다리는 것이다. 그러다 운 좋게 엄청난 대어가 낚싯대에 걸렸다 해도 완전하게 잡은 것은 아니다. 끝까지 마무리를 잘해서 자기 손에 완벽하게 넣어야 한다.

2008년 창업한 우버는 그야말로 스타트업의 역사를 다시 쓴 기업이다. '세상 모든 것을 옮기겠다'며 제2의 아마존을 표방한 우버는 '초인적 열정super pumped'을 강조하며 창업 10년 만에 세계 최대 모빌리티 플랫폼으로 도약했다. 기업가치 130조 원의 헥토콘 기업, 세계 80개국 진출, 고객 1억 명을 기록했다. 공유경제 플랫폼이라는 혁명적 이념을 제시하며 전 세계 운송업의 판도를 바꿔버린 우버에는 더는 거칠 것이 없어 보였다. 적어도 2017년에 기업의 존망을 뒤흔들 치명적 위기가 찾아오기 전까지는 말이다. 그러나 기업공개를 눈앞에 두고 그 위용이 절정에 이르렀을 때 그동안 감추고 있었던 기만적인 민

낯이 세상에 드러나고 말았다.

우버에 2017년은 최악의 해였다. 그해 1월, SNS에서 확산된 #dele-teUber(우버 앱을 지우자) 운동으로 수십만 명의 고객을 잃었다. 이는 시작에 불과했다. 그해 2월 직장 상사의 성희롱과 성차별적 기업문화를 폭로하는 사건이 벌어졌고 구글 무인자동차의 핵심 기술을 유출한 혐의로 우버의 엔지니어가 지적재산권 소송에 휘말렸다. 3월에는 불법 프로그램인 '그레이볼'의 존재가 『뉴욕타임스』를 통해 세상에 알려졌고 창업자이자 CEO인 트래비스 캘러닉Travis Kalanick의 사생활에 관한 추문이 도마 위에 올랐다. 이 모든 사건이 동시다발적으로 터져 우버는 기업 이미지가 추락하며 휘청거렸다.

이러한 내용은 비즈니스 저널리즘 분야의 최고 권위상인 제럴드로엡상을 수상한 『뉴욕타임스』IT 전문기자 마이크 아이작Mike Isaac의 신간 『슈퍼펌프드』에 상세하게 소개되어 있다. 이 책은 천재 CEO 트래비스 캘러닉의 우버 창업부터 유니콘으로의 성장 과정과 이어진 각종 추문과 스캔들로 인해 2017년 6월 CEO를 사임하기까지 그 어떤 소설보다 극적이고 충격적인 우버의 풀스토리를 담았다. 또한 그간 언론을 통해 알려진 우버의 자극적인 스캔들 너머 실리콘밸리의 기업문화와 스타트업이 처한 극한의 경쟁을 고발하고 있다.

우버의 투자자들은 창업자와의 갈등이 극에 달하자 군사작전을 수행하듯 일사불란하게 물밑에서 세를 규합해 창업자이자 최대 주주인 캘러닉을 회사에서 내보냈다. 이런 행동의 주도적 인물은 아이러니하게도 처음부터 전폭적으로 우버의 투자를 주도하고 캘러닉을 지지했던 벤처 캐피털리스트 빌 걸리Bill Gurley였다. 걸리는 캘러닉이 지금의 우버를 만든 '일등 공신'인 것은 맞지만 우버의 미래를 위해 떠나야 한다며 사기, 계약 위반, 신탁의무 위반 등의 혐의로 고소하고 사생결단의 *싸움*을 벌었다.

왜 벤처캐피털이 실패 가능성이 큰 스타트업에 투자하는가? 그건 막대한 투자 수익을 내기 위해서다. 회사를 잘 키워 성공적인 회수를 하겠다는 열망은 안트러프러너와 투자자 모두에게 절실하다. 그러나 안트러프러너와 투자자는 여러 가지 이유로 이해충돌 상황이 발생하게 된다. 안트러프러너는 돈, 시간, 노력, 열망 등 자신이 가진 모든 것을 올인하는 반면에 투자자는 다양한 포트폴리오를 구성한다. 그렇기 때문에 투자자는 안트러프러너보다 쉽게 발을 뺄 수도 있고 적당한 수준에서 엑시트를 원할 수도 있다. 만약 투자에 실패한다고 하더라도 다른 포트폴리오에서 만회한다는 전략을 세울 수도 있다. 벤처캐피털은 설사 자신이 투자한 회사와 갈등이 생기더라도 드래곤을 위한 결정적 퍼트를 절대 놓치면 안 된다.

우버의 투자를 주도하고도 창업자를 회사에서 내쫓았던 빌 걸리는 1,200만 달러를 투자해 약 70억 달러(약 580배)를 회수하는 천문학적 성과를 거두었다. 빌 걸리의 최고의 트랙 레코드track record다. 우버는 2019년 약 100조 원의 기업가치로 나스닥에 상장했다.

투자자와 안트러프러너는 함께 회사의 성공을 위해 노력한다. 그러나 결정적 순간momentum of truth이 오면 올인해야 하는 스타트업과 여러 개에 분산 투자한 벤처캐피털은 각자 다른 선택을 하게 된다.

아무리 뛰어난 투자자라도 어느 회사가 미래의 드래곤인지 쉽게 예측할 수 없다. 그래서 투자자들은 '만약 성공한다면 엄청나게 큰 수익

벤처펀드의 수익률

극소수의 성공한 스타트업이 벤처펀드의 수익률을 좌우한다. (출처: 베세머 벤처 파트너스)

이 기대되는' 기업으로만 포트폴리오를 구성한다. 물론 이때 투자한 모든 스타트업이 엑시트에 성공할 것으로 기대하지는 않는다. 어차피 스타트업의 엑시트 성공률은 높지 않기 때문에 자금을 여러 회사에 나누어 투자하고 만약 1~2개라도 성공하면 그 회사를 통해서 전체 투자금도 회수하고 이익도 내려고 한다.

가령 벤처캐피털이 한 펀드로 10개 스타트업에 투자할 계획이라고 하자. 확률적으로 10개 중 9개는 성공적인 엑시트가 어렵고 1개 정도만 대박을 칠 수 있다. 그렇기 때문에 10개 스타트업은 각각 성공할 경우에 투자금액의 10배 이상의 투자 수익을 낼 수 있어야만 펀드 전체가 흑자가 된다. 성공한 1개의 회사가 10배의 수익을 내면 대박에 속한다. 하지만 펀드가 통상 10년의 기간으로 운용되므로 나머지 9개의 손실을 보전하고도 수익을 내려면 훨씬 더 큰 금액으로 엑시트를 해야 한다는 계산이 나온다. 그래서 20~30배 정도의 수익이 기대되는 비즈니스 모델이 아니라면 투자를 쉽게 결정하지 않는다.

벤처캐피털은 말 그대로 모험 자본이고 로또를 사도록 기획된 돈이다. 로또에 당첨될 확률은 벼락을 맞아 죽을 확률보다 두 배가 낮다고 한다. 그래도 사람들이 로또를 사는 이유는 당첨되면 초대박으로 어마어마한 돈을 거머쥘 수 있기 때문이다. 그래서 벤처캐피털은 애초에 완만한 곡선을 그리며 안정적으로 천천히 수익을 내는 비즈니스 모델에는 관심이 없다. 그들이 판단하는 잠재력의 핵심은 '급성장'이다. 현재 급성장 추세를 보이거나 가까운 미래에 급성장이 예측되는 비즈니스 모델에 집중적으로 투자한다. 이런 비즈니스 모델이 유니콘으로 성장해서 기업공개를 하거나 그전에 일찌감치 높은 가격으로 인수합병되면 투자자는 높은 수익을 회수할 수 있다.

스타트업은 반드시 투자자와 협력해야 한다. 생존을 넘어 빠른 속도로 성장할 수 있는 동력이 필요하기 때문이다. 간혹 드물게 투자 없이 이익을 실현하거나 최대한 투자를 미루며 내실과 성장의 두 마리 토끼를 잡는 스타트업도 있다. 하지만 절대다수의 스타트업은 비즈니스 모델을 성장시켜 충분한 이익이 발생하기까지 상당한 기간이 필요하다. 특히 기초 기술 분야의 스타트업이라면 십수 년이 걸리기도 한다.

어떻게 투자를 받고 어떻게 엑시트할 것인지는 상대의 니즈와 전략을 파악하고 이해하는 것에 달렸다. 스타트업에 대한 투자는 투자자에게 좋은 비즈니스 모델이라는 신뢰를 줄 수 있을 때 일어난다. 스타트업은 비즈니스를 성장시키기 위해 자금이 필요하고 벤처캐피털은 좋은 스타트업을 발굴해야 돈을 벌 수 있다. 스타트업과 벤처캐피털은 기본적으로 동반자 관계로 회사를 잘 키우고 성공적인 엑시트를 하려는 열망을 공유한다. 그러나 모든 동반자 관계가 그러하듯 항상 좋은 관계만 유지할 수는 없다. 같은 목표를 향해 가지만 그 과정에서 각기 다른 선택을 하기도 한다. 특히 엑시트에 관해서는 각자의 상황에 따라 매우 유동적으로 의사결정을 하게 된다.

블리츠스케일링형
스타트업에 투자한다

2016년 마이크로소프트는 비즈니스 네트워킹 및 구인구직 플랫폼 링크드인을 262억 달러(약 30조 7,000억 원)에 인수합병했다. 당시에는 마이크로소프트 역사상 가장 큰 규모였다.* 창업자 리드 호프먼은 엑시트 후 벤처캐피털을 설립했다. 그가 투자한 메타(당시 페이스북), 징가, 에어비앤비, 그루폰 등은 모두 유니콘이 됐고 기업공개에 성공했다. 리드 호프먼은 자신의 경험을 토대로 모교 스탠퍼드대학교에서 안트러프러너십을 강의하고 있다. 주제는 스타트업 초대박 전략으로 불리는 '블리츠스케일링blitzscaling'이다.

블리츠스케일링은 기습 공격을 의미하는 군사 용어 블리츠blitz와 규모 확장을 뜻하는 스케일업scale up을 합친 용어다. 불확실한 상황에서 위험을 감수하더라도 매우 빠른 속도로 회사를 키워 압도적으로 경쟁

---

* 그 후 2022년 1월 게임 회사 블리자드를 82조 원에 인수했다

블리츠스케일링

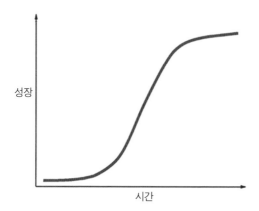

우위를 선점하는 고도성장 전략을 말한다. 리드 호프먼이 주창한 블리츠스케일링의 대표적 사례가 바로 링크드인이다.

링크드인의 성장은 말 그대로 파죽지세였다. 2003년 5월 공식 서비스를 시작한 지 1주일 만에 1만 명이 회원으로 가입했고 4개월 차에 회원 수가 5만 명으로 폭증했다. 영업이익의 성장 속도는 그에 비해 한참 더뎠다. 회원 수가 폭발적으로 증가하는 중에도 링크드인은 줄곧 적자였다. 하지만 리드 호프먼은 적자를 해결하기보다 빠르게 시장을 확장하는 데 집중했다. 창업 후 7년이 지난 2010년이 되어서 처음으로 이익을 실현했고 2011년 기업공개에 성공했다. 상장 당시 회원 수는 1억 명이었고 2016년 마이크로소프트에 인수될 때는 무려 4억 7,000여 명에 달했다. 마이크로소프트의 인수 목적은 링크드인과 자사 비즈니스의 결합을 통해 약 3,150억 달러의 잠재적 시장을 확보하기 위함이다. 매우 높은 가격의 거래였지만 마이크로소프트의 선택은 옳았다. 2017년 매출 23억 달러 수준이었던 링크드인은 2018년 53억 달러로 2배 이상 성장했고 2022년 매출은 약 100억 달러를 예고하고 있다. 링크드인은 현재 200여 개국에서 약 6억 7,500만 명의 회원을 확보한 비즈니스 플랫폼 시장의 지배자다.

블리츠스케일링은 '불확실한' 상황에서 '효율'보다 '속도'를 추구하는 전략이다. 고전적 경영전략은 불확실한 상황에서 돌다리도 두드려 보고 다각도로 예측하고 철저한 준비를 통해 최대한 확실성을 확보하는 효율적(안정적) 성장을 추구한다. 반면 블리츠스케일링은 급성장을 위해 지금 당장은 과감하게 효율성을 포기하라고 말한다. 미완성의 날개를 단 비행기를 일단 날린 후 상공에서 날개를 완성하고 엔진에 불까지 붙이는 전략이다. 무모한 듯 보이는 블리츠스케일링이 매우 현실적이고 꼭 필요한 전략으로 주목받는 이유는 시장의 변화 속도가 과거와 비교할 수 없을 만큼 빨라졌기 때문이다.

가령 최초의 기술이 등장한 지 불과 몇 년 사이 그 기술은 평준화되거나 추월당한다. 새로운 비즈니스 모델이 등장하면 고작 몇 달이 지나지 않아서 다수의 카피캣이 등장하고 눈 깜빡할 사이 경쟁자로 부상한다. 빌 게이츠의 말대로 '기회의 문이 매우 빠르게 닫히는' 세상이다. 블리츠스케일링은 먼저 시장을 장악함으로써 경쟁자보다 앞서는 전략이다. 구글, 넷플릭스, 드롭박스, 에어비앤비, 아마존, 우버, 메타(당시 페이스북), 페이팔, 테슬라, 알리바바, 텐센트 등 현재 시장을 지배하는 기업은 한결같이 블리츠스케일링을 전략으로 구사했다.

쿠팡, 배달의민족, 야놀자, 마켓컬리, 토스, 당근마켓 등 국내 유니콘도 대부분 마찬가지다. 2021년 쿠팡은 뉴욕증권거래소 상장으로 약 5조 원의 자금을 조달했는데 4조 원 대의 적자를 해결하지 않고 공세적으로 투자에 나섰다. 야놀자는 소프트뱅크로부터 2조 원이 넘는 투자를 유치하면서 기업가치 10조 원대에 도달하여 데카콘이 됐다. 호텔, 레저, 소모성 자재 구매대행MRO 분야의 기업을 인수하며 거침없이 몸집을 불리는 중이다. 야놀자가 흑자로 돌아선 건 2021년에 이르러서다. 인수합병을 포함한 투자를 통해 잠재적 경쟁자를 미리 흡수하고 새로운 영역으로 사업을 확장해 시장지배력을 키워가는 전형적인 블리츠스케일링 유형이다.

이런 속도전을 구사하려면 반드시 대규모의 투자가 필요하다. 시장의 지배자가 되기까지 적자를 버텨내야 하기 때문이다. 상당히 오랜 기간 적자 상태로 무섭게 몸집부터 키워가는 스타트업에 투자하는 건 큰 모험이다. 이런 모험을 감행하는 자본이 바로 벤처캐피털이다. 이들은 오히려 블리츠스케일링이 가능한 비즈니스 모델을 선호한다. 그런데 블리츠스케일링이 모든 비즈니스 모델에 적용 가능한 것은 아니다. 통상 네트워크 효과가 큰 플랫폼 비즈니스에 적합하다.

왜 플랫폼에서 유니콘이 많이 탄생하는가. 그건 블리츠스케일링 효과가 크고 투자가 집중되기 때문이다. 하지만 모든 스타트업이 플랫폼으로 창업할 필요도 없고 그럴 수도 없다. 투자자가 주목하는 건 플랫폼 비즈니스가 아니라 미래 빠르게 성장할 잠재력을 갖춘 비즈니스 모델이다. 잠재력은 현재의 매출과 영업이익 등으로 판단할 수 없다. 그래서 벤처캐피털과 인수합병에 나선 대기업들은 스타트업의 적자를 심각한 문제로 보지 않는다. 머릿속에 미래의 성장이 생생하게 그려지면 적자와 상관없이 투자가 진행될 수 있다.

단, 빠른 성장의 잠재력만으로는 부족하다. 속도전을 펼칠 추진력도 필요하다. 블리츠스케일링은 수익을 과감하게 포기할 용기를 요구한다. 물론 이 경우는 투자자의 신뢰를 얻고 투자를 충분히 유치한다는 가정이 존재한다. 가령 성장 가능성이 큰 비즈니스인데 안트러프러너가 차근차근 재무 건전성을 높이기 위해 수익성 위주의 경영을 하게되면 금방 엄청난 속도로 빠르게 시장을 잠식하고 따라오는 경쟁자와 만나게 된다. 투자자는 현재도 중시하지만 미래에 더 많은 가중치를 두고 투자하는 경향이 크다. 5:4:1의 법칙에 따라 대박 아이템을 찾기 때문이다. 안트러프러너에게는 고도성장이 가능한 비즈니스 모델을 들고 찰나의 순간 바닥에 닿기 전에 급상승해야 하는 엄청난 리스크를 무릅쓰고 절벽 아래로 뛰어내리는 용기가 필요하다.

한편 빠르게 성장한 스타트업이 궤도에서 이탈해서 엄청난 속도로 추락하는 것을 블리츠페일링blitzfailing이라고 한다. 블리츠페일링은 현재 우리 주변에서 많이 목격되고 있으며 놀라울 정도로 빠르게 갑자기 나타난다. 화려하게 스포트라이트를 받으며 등장한 유니콘이 불과 얼마 지나지 않아 파산 직전이라는 소식이 사람들을 어리둥절하게 만든다. 그러나 현재 2,500여 개에 달하는 유니콘의 숫자가 늘어날수록 파산하는 숫자가 늘어나는 것은 당연한 현상이다. 오히려 불어난 몸집 때문에 떨어지게 되면 가속도가 붙어서 더 빨리 떨어질 수 있다.

스프트뱅크의 손정의는 공유 오피스 플랫폼 1위 기업인 위워크의 창업자 애덤 뉴먼Adam Neumann에게 투자에 앞서 질문을 던졌다. 미친 사람과 똑똑한 사람이 싸우면 과연 누가 이길까? 애덤은 미친 사람이 이긴다고 대답했다. 손정의는 그 대답에 흡족해하며 '더 미쳐라'고 주문하면서 어마어마한 투자를 약속했고 총 20조 원이나 투자했지만 결과는 좋지 않았다.

스타트업 창업자의 기행은 기업이 성장할 때는 '좋은 미친 짓good crazy'으로 온갖 찬사와 추앙을 받지만 반대의 경우엔 그야말로 '나쁜 미친 짓bad crazy'으로 손가락질과 저주를 받으며 추락할 뿐이다. 2021년 글로벌 시장조사 업체 CB인사이트의 분석에 의하면 스타트업의 가장 큰 실패 원인은 자금 부족으로 나타났다. 그런데 천문학적 자금이 투입됐지만 폭망한 위워크의 사례는 결핍이 아니라 풍요도 스타트업을 망칠 수 있다는 것을 보여준다. 풍부한 자금과 블리츠스케일링 전략으로 한때 성공한 스타트업이 그로 인한 오만과 자만으로 한순간 나락으로 떨어지는 블리츠페일링은 많은 생각을 던져준다.

비즈니스 모델 원조 논쟁은
무의미하다

　2011년 3월 2일 샌프란시스코에서 애플의 아이패드2 발표회가 열렸다. 새로운 모델에 대한 궁금증만큼이나 큰 관심을 받은 건 췌장암으로 경영 일선을 떠나 있던 스티브 잡스의 복귀였다. 병세가 악화됐다는 소문이 이미 지구 한 바퀴를 돈 상황에서 스티브 잡스가 무대에 오르자 대중은 환호했다. 그가 단지 모습을 드러낸 것만으로 당일 애플 주가가 1.2% 올랐을 정도다.

　스티브 잡스의 얼굴은 병색이 완연했다. 그러나 자신감 넘치는 태도와 목소리는 여전했다. 그런데 신모델과 애플의 비전을 강조하던 그가 돌연 무대 전면에 삼성전자, 휴렛팩커드, 모토롤라 등 경쟁사의 로고를 띄웠다. 그리고 청중을 향해 "2011년이 카피캣들의 한 해가 될 것으로 보는가?"라고 물었다. 스티브 잡스는 격양된 목소리로 경쟁사들을 애플의 제품을 베끼는 모방꾼이라고 직격탄을 날렸다. 스티브 잡스의 한마디는 순식간에 '카피캣 논쟁'을 불러일으켰고 그해 세계적 유행어가 됐다. 카피캣은 새끼 고양이가 어미 고양이를 잘 흉내낸다고 해서 만들어진 용어다. 카피캣은 비즈니스 분야에서 처음에는 원조를 모방한다는 의미로 부정적으로 쓰였으나 현재는 부정적 이미지가 주목받기보다 주로 비슷한 제품이나 비즈니스 모델에 사용된다.

한편 그날 모방꾼으로 싸잡아 지목된 기업들은 상당히 억울해했다. 독설을 내뱉은 당사자 애플도 카피캣이기 때문이다. 모바일폰과 컴퓨터를 결합한 스마트폰의 원조는 아이폰이 아니라 IBM의 사이먼이다. 터치스크린, 전화기, 계산기, 이메일, 팩스 기능을 탑재한 사이먼은 아이폰보다 무려 14년이나 앞선 1993년 출시됐다. 또 자체 운영체제OS를 가진 최초의 스마트폰은 2000년 출시된 노키아9210이다. 노키아폰은 외부의 앱을 설치할 수 있는 기능을 최초로 선보였다. 아이폰은 원조도 아니고 두 번째 주자도 아니다.

세계 2위의 유니콘 보유국 중국은 '세상의 모든 제품을 그대로 모방할 수 있다'는 전략(?)을 당당하게 외친다. 이쯤 되니 궁금하다. 비즈니스 모델엔 특허가 없을까? 먼저 비즈니스 모델이란 무엇인지 개념을 알아야 한다.

아이폰이 등장하기 전 애플의 대표 제품은 디지털 뮤직플레이어 아이팟iPod이었다. 아이팟은 1998년 최초의 디지털 뮤직플레이어 '리오Rio(다이아몬드 멀티미디어)'와 2000년 출시된 '카보Cabo64(베스트 데이터)'의 카피캣이다. 하지만 원조격인 리오와 카보는 시장에서 사라졌고 아이팟은 대성공을 거두었다. 리오와 카보, 아이팟의 운명은 비즈니스 모델의 차이로 갈렸다. 아이팟의 대박의 비밀은 구매 후 연동된

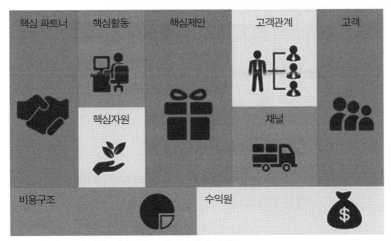

（출처: 비즈니스 모델 캔버스, 『비즈니스 모델의 탄생』 중에서）

아이튠즈를 통해 단돈 99센트에 음악을 다운로드할 수 있는 서비스였다. 리오와 카보가 예쁘고 혁신적 제품이라면 아이팟은 제품과 서비스를 함께 제공하는 혁신적 비즈니스 모델의 결과였다.

혁신적 비즈니스 모델의 성공 사례는 아주 많다. 면도기 제조사 질레트(현 피앤지)는 안전 면도기라는 혁신적 제품을 저가에 시장에 내놨다. 그런데 이 좋은 면도기를 사용하려면 고객은 질레트의 면도날을 지속적으로 구매해야 한다. 면도기를 파는 게 아니라 면도날 판매로 수익을 내는 비즈니스 모델이다. 가정용 프린터도 마찬가지다. 프린터 가격은 비싸지 않다. 대신 프린터에 맞는 잉크를 구매하도록 해 수익을 창출하는 구조다. 아이팟과 아이튠즈, 면도기와 면도날, 프린터와 잉크라는 각각의 제품을 연결해 수익을 창출하는 체계가 바로 비즈니스 모델이다. 피터 드러커는 일찍이 "비즈니스 모델은 조직이 돈을 버는 방법을 대표하는 것에 지나지 않는다."라고 말했다. 하지만 오늘날 비즈니스 모델의 개념은 '비즈니스의 구조, 프로세스, 시스템을 통해 기업가치를 창출하는 전략적 청사진'으로 정의된다.

비즈니스 모델의 개념이 중요해진 건 비교적 최근에 이르러서다. 과거 전통적 산업에서 경영은 공급과 유통을 흡수하는 수직적 통합**vertical integration** 전략 중심이었다. 가령 자동차 기업이 연구, 설계, 생산, 판매, 애프터서비스까지 모두 수행하는 방식이다. 세계적 SPA 브랜드 자라와 H&M은 상품 디자인에서 원단 조달, 생산, 유통, 판매를 모두 통합하는 전략으로 빠르고 저렴하게 생산하고 유통하는 패스트패션 시장을 창출했다. 보석 브랜드 티파니도 광석의 가공, 디자인, 제조, 유통을 모두 담당한다. 이를 통해 티파니는 원료의 안정적 공급, 수익 창출, 기술적 일관성을 확보할 수 있었다. 이런 통합 구조에서는 비즈니스 모델의 개념이 명확하지 않고 크게 중요하지도 않다. 하지만 산업 환경의 변화에 따라 각 영역이 독립된 사업으로 분화되는 지금은 다르다. 연구만 하는 비즈니스, 설계만 하는 비즈니스, 생산만 하는 비즈니스 등 각각의 산업으로 전문화하고 있다. 트렌드를 주도하는 건 스타트업이다. 이들은 과거 통합되어 있던 영역을 세분화하는 창조적 아이디어를 바탕으로 혁신적 비즈니스 모델을 만들고 새로운 시장을 창출한다.

비즈니스 모델은 크게 두 가지로 분류된다. 하나는 제로 투 원**0 to 1** 모델이다. 쉽게 말해 원조다. 다른 하나는 원 투 헌드레드**1 to 100** 모델, 바로 카피캣이다. 모방은 원조가 있기에 가능하다. 비즈니스 모델에 특허를 적용하는 것이 쉽지 않기 때문에 우리 주변에는 원 투 헌드레드 모델이 많이 등장한다. 가령 승차 공유 서비스 기업을 보자. 우버 외

비즈니스 모델의 분류

에도 전 세계 여러 기업이 똑같은 서비스를 제공한다. 하지만 우버가 특허를 주장하긴 어렵다. 비즈니스 모델은 하나의 기술만으로 만들어지는 제품이 아니다. 카피캣이 우버의 알고리즘을 그대로 복사해 사용했다는 사실을 증명하지 않는 한 특허는 적용되지 않는다. 디디추싱, 고젝, 그랩 등이 그러한 이유로 우버보다 후발로 시장에 진입해 활발한 사업을 전개하고 있다.

사실 비즈니스 모델의 원조 논쟁은 별로 의미가 없다. 아이러니하게도 오늘날 시장의 지배자가 된 비즈니스 모델 대부분은 원조가 아니라 카피캣이다. 카피캣은 단순한 모방꾼이 아니다. 제로 투 원 모델이 가능성을 증명하면 카피캣은 이후 시장을 더 확장하는 역할을 한다. 시장에서 검증된 비즈니스 모델을 단순히 모방하는 게 아니라 혁신해서 더 나은 비즈니스 모델을 만드는 것이다. 이런 이유로 '비하'의 의미를 담고 있는 카피캣이라는 용어 대신 새로운 이름을 사용하기도 한다. 프랑스의 에마뉘엘 마크롱Emmanuel Macron 대통령은 원 투 헌드레드 모델에게 '입증된proven 비즈니스 모델'이라는 새로운 이름을 붙였다. 또 고양이를 베낀다는 말을 싫어하는 우리 정서를 반영해 필자는 '카피타이거'라는 용어를 만들어 사용해왔다.

하나의 원조 모델에 100개의 카피캣이 등장하는 건 해당 비즈니스 모델의 확장 가능성을 의미한다. 이는 투자 결정에 매우 긍정적인 영향으로 작용한다. 자연스러운 현상이다. 세상에 존재하지 않는 매우 혁신적인 제로 투 원 비즈니스 모델에 대한 투자를 결정해야 한다고 하자. 아이디어는 훌륭하지만 시장에서 가설대로 잘 작동할지 확신하기 어렵다. 하지만 이미 작동하는 좋은 비즈니스 모델이 있으면 투자 결정은 그만큼 쉬워진다. 실제로 대규모 투자가 집중되는 카피캣들이 다수 존재한다. 카피캣은 비즈니스 트렌드의 풍향계와도 같다. 미래 어떤 산업이 뜨고 어떤 비즈니스 모델이 가능성이 있는지 흐름을 보여주기 때문이다. 카피캣이 다수 등장하면 그중 소수가 유니콘이 된다.

유니콘은 풍부한 투자 현금을 바탕으로 유사한 카피캣과 연관된 비즈니스 모델을 적극적으로 인수한다. 몸집을 빠르게 키워 시장의 지배자가 되기 위해서다. 어떤 비즈니스 모델이 확장 가능성이 크고 투자를 유치하고 더 좋은 조건으로 엑시트에 성공할까? 카피캣을 통해 방향을 읽고 비즈니스 모델을 업그레이드하는 영리한 전략이 필요하다. 승차 공유 서비스의 원조 모델로 알려진 미국의 우버도 비슷한 지역에서 먼저 사업을 시작한 택시매직의 카피캣이다. 우버를 다시 카피한 미국의 리프트, 중국의 디디추싱, 인도네시아의 고젝, 말레이시아의 그랩은 모두 규모를 키워 기업공개를 했다. 현재 각각 수십조 원에 이르는 기업가치를 기록하고 있다. 그러나 재미있게도 원조 기업인 택시매직은 실패한 스타트업이 됐다.

카피캣들의 시장 쟁탈전

빅테크 매출 추이 (2009~2021년)

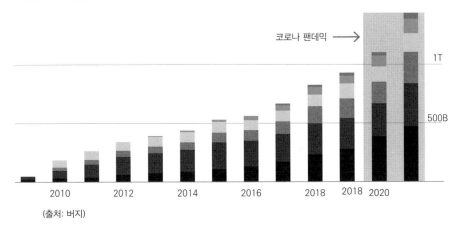

(출처: 버지)

코로나 팬데믹은 거대 기술기업에 부가 집중되는 현상을 더 심화시켰다. 구글, 애플, 아마존 등 빅테크들의 시가총액은 이미 작은 국가의 국내총생산을 넘어섰다. 이토록 엄청난 시장지배력을 발휘하는 빅테크들의 시작도 카피캣이었다.

1998년 스탠퍼드대학교의 대학원생 세르게이 브린Sergey Brin과 래리 페이지Larry Page는 구글을 만들었다. 아이디어는 간단했다. 기존 검색엔진에 많이 링크된 정보에 우선순위를 주는 페이지랭크 방식을 결합한 것이다. 이 간단한 서비스를 제공하는 것만으로 이용자가 기하급수로 증가했고 구글은 시가총액 1조 623억 달러의 거대 기업이 됐다. 검색엔진의 대명사가 된 구글은 원조가 아니다. 세계 최초의 검색엔진은 1990년 개발된 아키Archie다. 구글은 아키의 카피캣이다.

숙박 공유 서비스 시장의 일인자인 에어비앤비도 원조가 아니다. 객실 한 칸 없이 전 세계를 무대로 숙박 비즈니스를 하겠다는 혁신적 발상은 2004년 창업한 카우치서핑에서 시작됐다. 카우치서핑은 여행자와 소파를 내어줄 호스트를 연결하고 양자 간 신원 검증에 필요한 수수료를 받는 비즈니스 모델이다. 에어비앤비는 이를 모방해 호스트가 서비스 제공자로 등록하고 수수료를 받는 방식으로 수익모델을 바꿨다. 2022년 8월 기준 에어비앤비의 시가총액은 100조 원이 넘는다. 에어비앤비의 성공은 다른 카피캣을 낳았다. 2009년 창업한 영국의 원파인스테이는 고급주택 소유주와 럭셔리 여행객을 연결하는 럭셔리 에어비앤비 모델이다. 로버와 도그베케이는 반려인이 장기간 집을 비울 때 반려동물을 봐줄 사람과 장소를 연결하는 서비스를 제공한다. 2017년 도그베케이와 로버는 합병을 통해 몸집을 키워 창업 10년 만에 유니콘에 등극했다.

우버의 카피캣은 나날이 진화하고 있다. 식품계의 우버라 할 수 있는 인스타카트는 장 볼 시간이 없는 고객과 배달자를 연결한다. 고객이 주소를 입력하면 8킬로미터 이내 식료품점이 표시되는데 원하는 점포를 클릭하면 취급하는 상품목록이 떠서 주문할 수 있다. 이때 배달하는 쇼퍼의 서비스 제공 경력을 공개하고 평가하는 등 아이템만 다를 뿐이지 우버의 서비스 프로세스를 거의 그대로 벤치마킹했다. 인스타카트는 코로나 팬데믹을 거치며 미국에서 가장 주목받는 스타트업으로 선정됐다.

글로벌 기업들도 치열한 카피캣 전쟁에 뛰어들었다. 우버와 경쟁해야 하는 완성차 기업들은 너도나도 공유 서비스 비즈니스 모델을 만들었다. 아우디의 아우디앳홈, 벤츠의 카투고, GM의 메이븐, BMW의

드라이브나우, 포드의 고드라이브가 모두 카피캣이다. 세상에 활용할 만한 좋은 비즈니스 모델은 참 많다. 이런 생각으로 아예 카피캣을 만들어 파는 회사도 나타났다. 독일의 스타트업 인큐베이터 로켓인터넷이다. 그들은 성공한 혁신기업 중에서 복제 가능한 비즈니스 모델을 발굴하고 적합한 경영진을 물색해 회사를 설립한다. 발굴에서 론칭까지 평균 100일이다. 이베이의 카피캣인 알란도를 만들어 이베이에 매각하고 유럽판 그루폰인 시티딜을 만들어 그루폰에 매각했다. 숙박 공유 기업 윔두(에어비앤비 카피캣), 화장품 샘플 구독 서비스 글로시박시(버치박스 카피캣), 온라인 신발 판매 기업 잘란도(자포스 카피캣), 배달의민족을 인수한 딜리버리히어로, 밀키트 기업 헬로프레시 등이 모두 이들의 작품이다.

하지만 카피캣의 성공이 단지 잘나가는 비즈니스 모델을 모방했기 때문이라고 생각하면 큰 오해다. 모방 전략에도 원칙이 있다. 무작정 복제나 색깔만 조금 바꾸는 수준의 복제라면 성공할 수 없다. 카피캣의 본질은 혁신이다. 새로운 것을 창조하는 것만 혁신이 아니라 더 나은 방향을 제시하는 것도 혁신이다. 카피캣의 성공은 시장의 요구를 더 섬세하게 읽고 적용하는 변주를 통해서만 가능하다. 에어비앤비는 카우치서핑을 모방했지만 단지 소파를 방으로 바꾼 것이 아니다. 호스트가 직접 서비스 제공자가 되어 재정적 보상을 받도록 수익 모델을 바꾸었다.

카피캣 전략은 우리나라처럼 규제가 강한 나라에서 더욱 적절하다. 완전히 새로운 비즈니스 모델은 시장의 규제와 충돌할 수밖에 없고 그 과정에서 살아남지 못할 수도 있다. 우버보다 2년 앞서 등장했던

로켓인터넷의 복제 스타트업

	원조기업	로켓인터넷 스타트업
전자상거래	아마존	라자다(동남아시아) 리니오(라틴아메리카) 주미아(아프리카)
택시 호출	우버	이지택시 (라틴아메리카, 아프리카, 동남아시아)
인터넷 경매	이베이	카이무(나이지리아)
숙박 공유	에어비앤비	윔두(110여 개국)
신발 유통	자포스	잘로라(동남아시아)
여행 예약	익스페디아	조바고(아프리카)

로켓인터넷이 세운 주요 회사들

벤치마킹한 업체(서비스)	로켓인터넷
이베이(전자상거래)	알란도(유럽)
그루폰(소셜커머스)	시티딜(유럽)
핀터레스트(사진 기반 SNS)	핀스파이어(유럽, 아시아)
에어비앤비(소셜 숙박 서비스)	윔두(유럽, 북미, 아시아)
자포스(온라인 신발 쇼핑몰)	잘란도(유럽, 중국, 호주)
버치박스(화장품 샘플 판매 온라인 업체)	글로시박스(유럽, 중남미, 아시아)
패브(독특한 디자인 제품 판매 온라인 쇼핑몰)	베머랑(유럽, 인도, 호주, 브라질)
이하모니(온라인 커플 중계 업체)	이달링(유럽, 호주)
랩(페이스북 기반 사이버머니 중계 업체)	드롭키프트(유럽, 일본, 브라질)
민닥스프리드(온라인 기반 음식 배달 서비스)	헬로플레시(유럽, 호주)
페이스북(소셜 네트워크 서비스)	스투디비츠(유럽)

(화살표 안: 카피캣)

※ 괄호 안은 진출 지역
(출처: 이코노미조선)

국내 승차 공유 서비스 기업 콜버스와 비슷한 시기 론칭했던 타다는 세계적으로 성공이 입증된 비즈니스 모델임에도 불구하고 사업을 변경하거나 포기했다. 규제와 기득권의 반발을 단숨에 넘긴 어렵다. 우리보다 앞서 규제를 피한 사례를 발굴하고 카피캣을 도입하는 방식으로 혁신적 비즈니스 모델의 성장 토양을 만드는 전략이 필요하다.

미국의 컨설팅 회사인 아플리코는 유니콘의 약 60%가 플랫폼 비즈니스를 하고 있다. 미국은 45%고 아시아는 무려 86%의 유니콘이 플랫폼을 채택하고 있다고 분석했다. 플랫폼은 주로 관련 분야의 가피캣과 치열한 경쟁을 벌이기 때문에 블리츠스케일링 전략은 필수인데 핵심은 스피드다.

모든 플랫폼은 동일한 기본 비즈니스 모델을 공유한다. 그런데 세부적으로는 서비스 마켓플레이스, 제품 마켓플레이스, 결제 플랫폼, 금융 플랫폼, 소셜 네트워크, 커뮤니케이션 플랫폼, 개발 플랫폼, 콘텐츠 플랫폼, 소셜 게임 플랫폼 등 다양한 유형이 존재한다. 성공적인 플랫폼은 거래비용을 절감하고 혁신을 가능하게 함으로써 교환을 용이하게 하며 전통적 비즈니스가 할 수 없는 방식으로 확장한다.

많은 사람이 모바일 앱이나 웹사이트를 플랫폼과 동일시하는 실수를 한다. 그런데 플랫폼은 소프트웨어의 일부가 아니다. 고객과 생산자를 한데 모아 가치를 창출하는 통합적 비즈니스 모델이다. 플랫폼을 만든다는 것은 단순히 기술을 구현하는 것이 아니다. 전체 비즈니스를 이해하고 플랫폼을 만드는 방법과 네트워크를 위한 가치를 창출하고 구축하는 방법에 대한 것이다.

그러나 아직도 플랫폼에 대한 정확한 개념이나 평가에 대해서는 다양한 해석이 존재하고 있다. 그럼에도 불구하고 플랫폼 비즈니스는 일반적으로 다른 분야의 스타트업과 비교해 더 많은 금액의 투자를 유치하고 있으며 생존률도 높을 뿐만 아니라 기업가치도 평균 2배 정도 더 높게 평가받고 있다. 스탠더드앤드푸어스500S&P 500 기업의 연구에서도 플랫폼 비즈니스가 평균 2~4배 수익을 더 올리는 것으로 나타났다. 플랫폼은 단기와 장기 모두 더 나은 성과를 보이며 2000년대 초부터 최상위에 위치한 다른 비즈니스 모델을 빠르게 추월했으며 격차는 시간이 지남에 따라 확대되고 있다.

과거에 성공한 기업들이 기술이나 제품의 성능 향상에 집중했다면 유니콘들은 대부분 스마트폰, SNS, 클라우드 컴퓨팅, 사물인터넷 등을 다양하게 융복합해 누구나 쉽게 참여할 수 있는 플랫폼을 만들고 있다. 또한 고객에게 제공될 가치를 중심으로 새로운 비즈니스 모델을 개발해 기업, 정부, 언론, 교육기관, 의료기관 등 모든 시스템을 혁신하고 있다. 그러나 2022년 2분기로 넘어오면서 급격한 시장 환경의 변화로 플랫폼 기업들도 옥석 가리기에 들어갔다.

스타트업은 피벗으로
생존하고 성장한다

　2021년 전 세계 안방을 점령한 문화 콘텐츠는 단연 〈오징어 게임〉이다. 넷플릭스가 밝힌 기록에 따르면 공개 첫 4주 동안 총 시청 시간이 16억 5,045만 시간이다. 햇수로 따지면 무려 18만 8,000년이다. 넷플릭스 역사상 영화와 TV 부문 통틀어 최다 시청 시간인데 한동안 이 기록은 쉽게 깨지지 않을 것이라고 한다.

　〈오징어 게임〉의 활약은 두 가지 측면에서 큰 충격을 주었다. 먼저 한국 문화 콘텐츠의 역량에 깜짝 놀랐다. 그리고 넷플릭스라는 글로벌 미디어 플랫폼의 영향력에 엄청나게 놀랐다. 수년 전 넷플릭스가 글로컬라이제이션glocalization 전략을 공언했을 때만 해도 미국 문화 중심의 콘텐츠 유통이 더 강화될 것이라는 예측이 많았다. 하지만 결과는 달랐다. 오히려 상대적으로 변방의 문화로 취급됐던 콘텐츠들이 넷플릭스라는 플랫폼을 통해 적극적으로 다양한 문화권의 고객과 연결됐다. 190개국에서 회원 2억 명을 보유한 넷플릭스가 없었다면 전 세계 사람들은 〈오징어 게임〉과 같은 매우 한국적인 콘텐츠를 쉽게 접할 기회조차 없었을 것이다.

미국 실리콘밸리에서는 '넷플릭스당하다Netflixed'라는 관용어가 보편적으로 사용된다. 기존 비즈니스 모델이 과감한 혁신으로 무너지는 상황을 일컫는 신조어다. 넷플릭스와 같은 실시간 동영상 서비스OTT를 제공하는 카피캣이 이미 많이 존재하고 디즈니와 같은 전통적 대기업도 실시간 동영상 서비스 사업에 진출해 넷플릭스를 위협하고 있다. 하지만 넷플릭스는 그 이름 자체로 '파괴적 혁신'의 상징이 됐다.

1997년 창업 당시 넷플릭스의 비즈니스 모델은 '온라인 DVD 대여 서비스'였다. 현재의 넷플릭스는 이후 피벗의 산물이다. 넷플릭스의 피벗 과정을 보자. 초기 넷플릭스는 인터넷으로 원하는 영화를 주문하면 우편으로 DVD를 받고 반납하는 서비스를 월정액으로 이용하는 비즈니스 모델이었다. '우편배달' 서비스와 '구독제'의 수익 모델을 처음 도입한 사례다. 당시는 인터넷이 활성화되기 전이고 구독제라는 개념도 없던 시대여서 론칭 후 소비자 반응은 기대만큼 크지 않았다. 하지만 얼마 안 가 카피캣이 등장하면서 경쟁 구도가 형성됐고 우편배달과 구독제는 빠르게 입소문을 탔다. 결과적으로 기존 DVD 대여 서비스 모델은 시장에서 사라졌다.

2002년 상장으로 엑시트를 한 넷플릭스는 2007년 피벗을 단행했다. DVD 대여 대신 스트리밍으로 영화를 보는 서비스로 전환한 것이다. 넷플릭스는 DVD 시장을 파괴했고 실시간 동영상 서비스 시장을 열었다. 2011년에는 데이터 분석을 통해 고객 취향에 맞는 오리지널 콘텐츠를 제작해 공급했다. 2016년 글로벌 동시 서비스를 시작했고 전 세계 안방으로 스며들었다. 넷플릭스의 피벗에서 변하지 않는 중심축은 '사용자 중심'의 기치다. 비즈니스 모델은 넷플릭스의 핵심 가치를 최대한 실현하기 위한 수단인 것이다.

피벗은 전략에 따라 다양한 유형으로 전개된다. 실리콘밸리의 창업 컨설턴트 에릭 리스는 비즈니스 전략으로서 피벗의 개념을 최초로 사용했다. 저서 『린 스타트업』에는 서비스(제품)의 일부 기능을 주력 서비스로 바꾸는 피벗, 초기 서비스(제품)가 오히려 일부가 되고 더 넓은 범위의 서비스(제품)를 제공하는 피벗, 주 고객층을 바꾸는 피벗, 애플리케이션을 플랫폼으로 바꾸는 피벗, 사업구조나 수익 창출 방식을 바꾸는 피벗, 유통 경로를 바꾸는 피벗, 완전히 다른 기술을 사용해 문제를 해결하는 피벗 등 대표적인 피벗의 유형이 소개되어 있다.

기업은 제품 또는 서비스를 출시한 후 예측하지 못한 시장 상황과 고객 반응이 나타났을 때 시기를 놓치지 않고 적절하게 대응해야 살아남는다. 코로나 팬데믹이 진행되는 동안 대기업과 스타트업을 가리지 않고 피벗이 활발했다. 항공사는 여객선을 화물 운송기로 개조해 운항에 나섰다. 호텔은 객실을 재택근무 직장인을 위한 오피스룸으로 바꿨다. 평소라면 예약도 어려웠던 유명 레스토랑들이 도시락과 밀키트 사업을 시작했다. 음악 스트리밍 분야 글로벌 리더인 스포티파이의 피벗은 특히 눈에 띈다. 스포티파이는 자사의 비즈니스 모델이 코로나19의 영향을 받지 않을 것으로 생각했다. 외출이 제한된 사람들이 집에서 더 많이 음악을 들을 테니 말이다. 하지만 예측하지 못한 변수가 나타났다. 스포티파이는 무료 사용자가 광고를 듣는 것으로 수

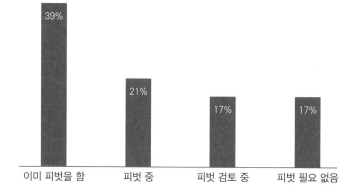

코로나 팬데믹으로 인한 비즈니스 모델 피벗 현황

39%

21%

17%

17%

이미 피벗을 함   피벗 중   피벗 검토 중   피벗 필요 없음

(출처: 451리서치, 2020년 8월)

익을 창출한다. 그런데 팬데믹 중에 기업이 광고비를 삭감하여 수익 모델의 한계가 드러났다.

스포티파이는 즉각 피벗을 선택했다. 기존 음악 스트리밍 서비스에 집중된 수익 모델에서 벗어나 오리지널 콘텐츠 제공이라는 새로운 수익 모델을 만든 것이다. 스포티파이는 자사의 플랫폼에 월간 15만 개 이상의 팟캐스트를 업로드하는 아티스트들 또는 유명인들과 독점 계약을 체결했다. 그리고 그들의 팟캐스트를 자사의 오리지널 콘텐츠로 만들었다. 현재 전 세계 스포티파이 사용자 중 25%가 팟캐스트를 즐겨 듣는다.

피벗은 단지 트렌드를 따르는 아이디어의 결과가 아니다. 넷플릭스가 초기 온라인 DVD 대여 서비스에서 온라인 스트리밍 서비스로 비즈니스 모델을 전환한 것은 안트러프러너와 일부 경영진의 탁월한 아이디로 결정한 것이 아니다. 그들은 창업 초기부터 줄곧 고객의 취향을 분석했다. 고객별 선호 장르, 시청 시간, 지급 비용 등 수집된 고객

데이터를 바탕으로 큐레이션 프로세스를 구축했고 과학적 분석을 기반으로 피벗을 감행한 것이다. 스포티파이도 고객 분석과 꾸준한 비즈니스 모델의 연구가 있었기에 팬데믹 초기에 빠른 피벗이 가능했다. 위기 돌파 전략으로서 피벗의 중요성은 거듭 강조해도 부족함이 없다. 그러나 섣부른 피벗은 되레 실패를 가져온다.

미국의 와튼스쿨 연구진이 스타트업의 피벗을 분석했다. 분석에 따르면 스타트업의 특성상 벤치마킹 사례나 데이터나 경쟁자가 존재하지 않아서 어렵지만 성공적 피벗은 기존 전략을 중단하는 것에서 시작한다는 것을 밝혀냈다. 새로운 정보를 입수했을 때 변화를 거부하고 기존 전략을 고수한 스타트업은 피벗에 실패했다. 반면 같은 상황에서 우선 기존 전략을 중단하고 새로운 기회를 모색한 후 전략을 조금씩 수정한 스타트업은 최종적으로 피벗에 성공했다.

스타트업은 매우 제한된 자원으로 전략을 실행할 수밖에 없다. 자연히 기존 전략에 대한 자원 투입을 멈춰야만 새로운 전략을 실험할 수 있다. 어쩌면 '무엇을 할까?'보다 중요한 것은 '무엇을 하지 않을까?'일 것이다. "전략의 핵심은 무엇을 하지 않을지 선택하는 것이다." 하버드대학교의 마이클 포터Michael Eugene Porter 교수의 명언을 기억할 필요가 있다.

비즈니스 모델 혁신을
계속해야 한다

"애플이 큰 위기에 직면했다."

2011년 10월 5일 스티브 잡스가 세상을 떠나자 전 세계 미디어들은 한목소리로 애플의 위기를 외쳤다. 잡스를 대체할 사람은 없다는 게 주장의 주요 근거였다. 애플의 CEO 팀 쿡Tim Cook은 스티브 잡스가 아니라는 이유만으로 평가절하됐다. 하지만 2022년 애플은 미국 상장 기업 중 최초로 시가총액 3조 달러에 도달했다. 지난 10년 포스트 잡스 시대의 성적표는 잡스 시대를 월등히 뛰어넘었다.

애플은 위기의 순간마다 새로운 비즈니스 모델에서 답을 찾았다. 과거 '아이팟+아이튠즈' 비즈니스 모델은 성장의 발판이었다. 아이팟, 아이폰 등의 하드웨어 혁신으로 세계 시가총액 1등 기업으로 올라선 후 아이튠즈, 앱스토어, 애플페이 등 서비스 부문을 중심으로 피벗을 단행했다. 애플 뮤직과 게임, 애플TV와 애플뉴스를 연동하는 구독

애플 주가

(단위: 달러, 증가 기준)

182.01
장중 3조 달러 돌파

2조 달러 돌파
(2020. 8. 19)

시가총액 1조 달러 돌파
(2018. 8. 2)

9.0

175
150
125
100
75
50
25
0

2011년 1월 1일   2022년 1월 3일

애플 주가는 2011년 이후 20배가 뛰었다. (출처: 한국일보, 2022년 1월 4일)

제 도입 등 수익 구조의 중심을 기존 아이폰 제조와 판매 부문에서 서비스 부문으로 이동한 것이다. '아이폰 제조사'에서 '소프트웨어 기업'으로 리포지셔닝한 피벗의 결과 2018년 시가총액 1조 달러를 돌파해 세계에서 가장 비싼 기업이 됐다. 2020년 2조 달러를 기록했고 마침내 또다시 2년이 흐른 2022년에 3조 달러를 기록했으며 여전히 세계 시가총액 1위의 자리를 굳게 지키고 있다.

비즈니스 모델의 혁신은 제품과 서비스의 혁신보다 효과가 훨씬 크다. 하지만 놀랍게도 경영자들은 생각보다 비즈니스 모델의 중요성을 크게 인식하지 못한다. 미국경영자협회AMA의 보고서에 따르면 기업이 혁신에 투입하는 자금 중 단 10%만이 비즈니스 모델에 재투자된다고 한다. 우리나라도 이와 크게 다르지 않을 것이다. 물론 비즈니스 모델의 혁신이 반드시 성공하는 건 아니다. 기존 모델 안에서 단지 제품의 혁신만으로도 성공하는 예도 많다.

하지만 혁신제품의 개발과 판매로 영업이익이 증가하는 모델은 20세기형 산업 구조에 적절한 유형이다. 애플의 피벗은 첨단제품을 출시하는 것만으로 혁신이 충분하지 않음을 보여준다. 오늘날 혁신은 제품 개발을 넘어 고객에게 제품과 서비스를 동시에 제공하는 비즈니스 모델의 혁신이다. 이런 흐름은 레거시 산업을 대표해온 자동차 생산업체들의 피벗에서 확인된다. 대표적으로 '자동차 구독제'다. 자동차 구독제는 구독 회원권 범위 안에서 신차를 자유롭게 바꿔가며 이용하는 서비스다. 고객은 구매와 유지비용 부담을 줄일 수 있고 기업은 신차 홍보와 고객 데이터를 확보할 수 있다. 구독제는 성공적이라고 평가받는다. 현대자동차의 경우 론칭 2년 만에 가입자 2만 5,000명을 돌파했다.

자동차 부품 하나 생산하지 않는 우버가 온라인 플랫폼 하나로 벤츠나 BMW 등의 세계적인 자동차 기업의 기업가치를 가뿐하게 넘어서는 시대다. 호텔 방 하나 없이 전 세계에서 숙박 비즈니스를 하고 알고리즘만으로 금융 비즈니스를 하는 시대다. 비즈니스 모델의 혁신은 기업의 생존을 넘어 지속성장을 견인하는 최고의 경쟁력이다.

스타트업의 생존과 성공은 시장의 문제(결핍)를 잘 해결하는 비즈니스 모델이 다수를 차지한다. 미국의 시장조사 업체 CB인사이트가 밝힌 '스타트업이 실패하는 20가지 이유'에서 절대적 원인으로 지목된 문제가 바로 '시장 니즈가 없는 비즈니스 모델(42%)'이다. 시장의 니즈, 즉 결핍을 해결하지 못하는 비즈니스 모델은 투자를 유치할 수 없다. 이 외에 '고객 친화적이지 않은 제품(17%)' '비즈니스 모델이 없는

스타트업 생존 13가지 방법

① 좋은 동업자를 찾아라.	⑧ 투자금은 투자자의 돈이다.
② 제품·서비스를 빨리 출시하자.	⑨ 아무리 적어도 매출 발생은 좋은 징조다.
③ 아이디어를 계속 발전시키자.	⑩ 방해요소를 세서하사.
④ 고객의 입장에 서자.	⑪ 묵묵히 걸어가자.
⑤ 실제 고객을 만족시키자.	⑫ 포기하지 말자.
⑥ 초기 고객을 VIP로 대우하자.	⑬ 투자유치에 실패할 수도 있다.
⑦ 무엇을 성장지표로 삼을지 정하자.	

와이콤비네이터 창업자 폴 그레이엄이 제시한 스타트업이 살아남는 13가지 방법
(출처: 머니투데이)

제품(17%)' '피벗 후 실패(10%)' '피벗의 실패(7%)' 등 스타트업이 실패하는 20가지 이유 중 대부분이 비즈니스 모델의 실패로 귀결된다.

스타트업은 처음부터 완성형 비즈니스 모델로 출발하기 어렵다. 대부분 창업 후 고객이 무엇을 원하는지 답을 찾아서 자신의 가설을 검증하고 혁신을 실현한다. 이 과정에서 시장의 요구와 외부 환경의 변화에 대응해 빠르게 전략을 수정해야 한다. 변화가 곧 혁신은 아니다. 위기라고 해서 비즈니스 모델을 빨리 포기하는 것이 옳은 것도 아니다. 피벗이 필요한 상황인지 혹은 더 버티며 비즈니스 모델을 발전시켜나가야 하는지 방향성을 판단해야 한다. 그러나 경험과 역량이 부족한 스타트업이 처음 만든 비즈니스 모델을 스스로 혁신하거나 피벗을 한다는 것은 거의 불가능하다. 그렇기 때문에 요즘에는 하루에도 몇 개씩 쏟아져 나오는 유니콘들을 연구하고 벤치마킹하여 비즈니스 모델 혁신이나 피벗에 반영해야 할 것이다.

6장

비즈니스는 게임이고
돈은 트로피다

스타트업 투자는
신과의 게임이다

인류 문명의 진화는 끝없이 혁신을 추구하는 도전으로 가능했다. 기꺼이 위험을 부담하며 혁신을 추구하는 시대의 안트러프러너들 덕분이다. 하지만 혁신은 안트러프러너들만으로는 부족하다. 그들의 성공을 기원하며 과감한 베팅을 감행한 자본이 있었기에 가능했다.

15세기 르네상스 시대의 천재들은 새로운 문명을 열었다. 보티첼리, 레오나르도 다 빈치, 미켈란젤로, 라파엘로가 이룬 문화, 예술, 건축의 혁신은 피렌체의 금융가 메디치 가문Medici family의 적극적인 투자로 가능했다. 18세기 유럽의 고위험 모험 사업은 신항로를 개척하며 대항해 시대를 열었다. 콜럼버스 등 당대 안트러프러너들의 도전은 스페인, 포르투갈, 네덜란드, 영국의 왕과 도시 군주들의 막대한 자금 지원으로 실현됐다. 18세기 산업혁명의 싹을 틔운 제임스 와트James Watt의 증기기관도 탄광업자 존 로벅John Roebuck과 사업가 매슈

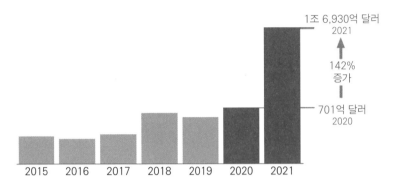

전 세계 기업형 벤처캐피털 투자 현황

1조 6,930억 달러
2021

142%
증가

701억 달러
2020

2015 2016 2017 2018 2019 2020 2021

(출처: CB인사이트)

볼턴Matthew Boulton의 투자가 없었다면 완성되지 못했다. 20세기 폭발적인 산업발전도 신기술에 대한 과감한 투자로 가능했다. 21세기에도 경제와 산업의 대전환을 시도하는 스타트업의 모험에 엄청난 자본이 몰리고 있다.

CB인사이트의 분석 자료에 따르면 2020년 코로나 팬데믹을 기점으로 글로벌 벤처투자 규모는 놀랄 정도로 빠르게 증가했으며 2021년 한 해에 전 세계 스타트업 투자는 역대 최대 규모인 6,210억 달러(약 738조 원)에 달했다. 2020년 2,940억 달러(약 350조 원)보다 111% 증가한 수치다. 아울러 대기업들이 스타트업에 투자하기 위해 만든 기업형 벤처캐피털CVC도 투자 규모를 키우며 2021년에는 2020년 대비 무려 2.4배나 증가했다.

국내 벤처투자 시장의 흐름도 같다. 2021년 한 해 동안 국내 벤처투자 규모가 최초로 11조 원을 넘었다. 이 기록도 곧 깨질 것으로 기대된다. 당장 모태펀드 규모가 증가했고 대기업도 기업형 벤처캐피털

주요 대기업의 국내 기업형 벤처캐피털 현황

구분		집단	CVC명	종류[1]
지주회사 보유	일반	롯데	롯데엑셀러레이터	신기사
		CJ	타임와이즈인베스트먼트	창투사
		IMM인베스트먼트	아이엠엠인베스트먼트	창투사
		코오롱	코오롱인베스트먼트	창투사
	금융	농협	NH벤처투자	신기사
		한국투자금융	한국투자파트너스	창투사
지주회사 미보유		삼성	삼성벤처투자	신기사
		미래에셋	미래에셋캐피탈	신기사
			미래에셋벤처투자	창투사
		KT	KT인베스트먼트	신기사
		카카오	카카오벤처스	창투사
		포스코	포스코기술투자	신기사
		두산	네오플러스[2]	창투사
		네이버	스프링캠프	창투사
		호반건설	코너스톤투자파트너스	신기사
		다우키움	키움캐피탈	신기사
			키움인베스트먼트	창투사
계		15개 집단	17개사	

※ 1) 창투사는 중소기업창업투자회사, 신기사는 신기술사업금융업자
※ 2) 신한금융, 네오플럭스 인수 우협 선정
※ 64개 대기업 집단 기준

(출처: 인베스트조선)

CVC에 관심이 많아지면서 설립이 급증하고 있기 때문이다. 벤처투자 시장에 지속적으로 더 많은 자금이 유입될 수 있는 환경이 마련된 것이다.

그러나 투자금이 늘어난다고 해서 모든 스타트업에 골고루 기회가 주어지지는 않는다. 규모가 커지다 보니 투자 숫자를 늘리기보다는 오히려 성공 가능성이 큰 곳에 투자 규모를 늘리는 경향이 나타나고 있다. 많은 초기 스타트업은 여전히 투자받기가 하늘의 별따기다. 어려

70-90%

인수합병
실패율

(출처: 『하버드 비즈니스 리뷰』, 2016년 6월)

운 환경에서 생존하고 더 나아가 성공을 거머쥐려면 안트러프러너가 벤처투자 시장을 잘 이해해야 한다. 투자 환경은 물론이고 투자받는 돈의 속성을 알아야 한다. 미국 유니콘의 70% 이상이 MBA 출신 임원을 보유하고 있다. 스타트업 경영의 핵심은 어떤 유형의 투자자와 어떻게 상호관계를 설정하는지다.

벤처투자는 '신과의 게임'으로 비유된다. 스타트업에 투자해서 수익을 내는 일이 그만큼 어렵다는 의미다. 스타트업 투자 10건 중 단 1건의 성공률과 인수합병 10건 중 무려 7건의 실패율은 벤처투자가 부담하는 위험의 크기를 보여준다.

하지만 모험이란 원래 미지의 영역에 과감하게 뛰어드는 것이다. 고위험 고수익의 법칙이 그대로 적용되는 것이다. 위험의 크기가 크기 때문에 상상할 수 없을 정도로 큰 이익도 기대하게 된다. 벤처투자자가 모험을 두려워하면 얻을 것이 없고 스타트업 생태계도 활성화될 수 없다. 물론 그렇다고 투자자들이 그저 두 손 모아 행운을 기원하며 눈 감고 무작정 위험에 뛰어드는 건 아니다. 모험에 베팅하지만 실패를 원하지는 않는다.

예컨대 익스트림 스포츠 선수를 보자. 하늘에서 뛰어내리고, 절벽에서 뛰어내리고, 자전거를 타고 가파른 산 아래로 질주하는 극한의 모험을 한다. 그리고 선수들은 최대한 위험을 낮출 수 있는 준비를 한다. 고도의 신체 능력은 기본이고 다양한 특수 장비를 갖추고 경기에 참여한다. 보험 가입도 필수다. 벤처투자자도 그들과 같다. 실패의 위험을 최대한 줄이기 위해 상당히 까다로운 절차로 투자 대상을 선정한다. 투자 계약에는 투자자의 이익을 최대화하고 손실을 최소화할 수 있는 안전 조항을 첨부한다.

스타트업이 투자를 받는다는 건 단순히 필요한 자금을 조달하는 행위가 아니다. 벤처투자 시장에서 거래되는 품목은 '보증할 수는 없는' 미래의 기업가치다. 안트러프러너는 투자 액수에 따라 지분을 주고 투자자는 지분을 확보해 훗날 수익을 기대한다. 벤처투자 시장에서 안트러프러너는 주식을 파는 판매자이고 투자자는 고객이다. 고객을 모르고 회사를 경영할 수 없다. 스타트업 투자자의 유형은 다양하다. 유형에 따라 투자 목적과 운용방식이 다르다. 투자자는 목적에 따라 재무적 투자자와 전략적 투자자로 나뉜다. 이 둘은 서로 다른 게임을 한다. 재무적 투자자는 정해진 기간에 고수익을 실현하는 게 목적이다. 그래서 안타를 자주 치는 타자보다 끝내기 홈런 타자를 선호한다. 하지만 안타든 홈런이든 중요한 건 가급적 많은 점수를 내는 것이다.

재무적 투자자는 9회라는 정해진 기간에 많은 점수를 내는 대승을 기원한다. 기본적으로 재무적 투자자는 자신들이 투자를 위해 만든 펀드에 실제로 돈을 넣은 사람들을 위해 일정 기간에 높은 수익을 창출해서 돌려주고 그 수익의 일부를 받기 때문에 투자회수 기간과 수익률이 굉장히 중요하다. 전략적 투자자는 투자 수익보다는 회사의 전략적 목적을 위해 투자를 하기 때문에 투자로 인한 수익보다는 스타트업과의 시너지가 훨씬 중요하다.

따라서 스타트업은 어떤 투자자로부터 투자유치를 추진할 것인지를 잘 생각해야 한다. 누구와 게임을 하는가에 따라 스타트업의 전략과 미래가 완전히 달라지기 때문이다. 재무적 투자자는 성장 전략만큼 엑시트 전략을 중시한다. 그것이 투자자인 고객의 니즈다. 전략적 투자자의 핵심은 시너지 효과다. 전략적 투자자는 대부분 전략적 목적을 달성할 수 있는 수준의 지분을 확보하기를 원하기 때문에 전략적 투자자의 투자를 받으면 사실상 스타트업의 독자성은 상실되는 경우가 많다.

그래서 스타트업이 전략적 투자자의 투자를 받는다는 것은 스타트업이 계획했던 비즈니스를 투자한 대기업의 영향권 아래로 들어가서 진행하게 되는 것으로 경우에 따라 처음부터 경영권을 넘기는 상황이 발생할 수도 있다. 전략적 투자자의 투자를 원한다면 대기업과 다양한 협력을 통해 얻을 것과 잃을 것을 합리적으로 판단해야 한다. 안트러프러너가 독립 경영을 원한다면 전략적 투자자의 투자는 옳지 않은 선택이 될 수 있다.

고위험 고수익
투자를 추구한다

    2009년 벤처캐피털 케이넷투자파트너스는 창업 3년 차 게임 회사 크래프톤(당시 블루홀)에 99억 원을 투자했다. 2021년 크래프톤이 상장하자 케이넷투자파트너스의 지분가치는 1조 원을 넘겼다. 무려 100배 이상으로 엑시트에 성공한 것이다. 벤처투자 업계에서도 부러워할 만한 실적이다. 그렇다면 13년 전 투자를 결정했던 당시 상황은 어땠을까?

    2009년 크래프톤은 죽음의 계곡을 지나고 있었다. 매출도 시원치 않은데다가 게임 업계의 대기업 N사와 소송을 진행하고 있었다. 투자자에게는 큰 위험 요소였다. 하지만 투자는 이루어졌고 결과적으로 큰돈을 벌었다. 또 다른 벤처투자자 카카오벤처스는 2013년 창업 초기의 두나무(암호화폐 거래소 업비트 운영)에 2억 원을 투자했다. 2021년 두나무의 기업가치는 1만 5,000배나 뛰어올랐다. 아직 엑시트 전

대체투자의 유형

투자 유형	투자대상 및 운용전략 예시
사모형 투자PE	바이아웃, 벤처캐피털, 그로스캐피털, 메자닌(CB, EB, BW 등), 부실채권
헤지펀드	주식운용전략, 이벤트드리븐전략, 매크로전략, 상대가치전략, 멀티전략
부동산	코어, 코어플러스, 밸류애디드, 오퍼튜니스틱, 개발형, 부채형
인프라	[지분 투자, 대출 참여] / 도로, 항만, 에너지, 유틸리티, 통신
기타	자원, 실물자산(선박, 항공기) 등

(출처: 자본시장연구원)

이지만 카카오벤처스의 지분가치는 이미 2조 원을 넘었다. 두나무가 상장하면 투자자의 수익은 더 증가할 것으로 예상된다.

이 두 사례는 벤처투자자가 추구하는 고위험 고수익의 좋은 모델이다. 투자금의 수십 배 혹은 그 이상의 고수익을 회수하는 것이 목표다. 이런 유형의 투자자가 재무적 투자다. 재무적 투자는 일정 기간을 정해두고 위험성이 크더라도 투자 수익을 극대화하려고 한다. 일반적으로 재무적 투자는 안정성보다는 수익성을 추구하는 대체투자alternative investment의 일종이다. 대체투자는 주식이나 채권 등과 같은 전통적 투자자산보다 사모펀드, 헤지펀드, 부동산 등 고위험 고수익의 특성을 가진 자산에 투자하는 것이다. 그래서 전통적 투자에 비해 높은 수익성을 추구하며 투자 기간이 길고 유동성이 낮다. 투자대상, 운용방법, 사후관리 모두 표준화되어 있지 않기 때문에 상대적으로 많은 부대비용이 발생한다. 규제가 적은 사모 투자 방식이 주를 이룬다.

• **사모펀드**: 사모펀드private equity fund는 불특정 다수를 대상으로 하

는 공모펀드와 달리 특정 소수로부터 돈을 모아 투자를 진행한다. 투자 영역은 매우 다양하다. 기업을 인수해 성장시킨 후 매각하는 바이아웃buyout, 주로 스케일업 단계에 투자하는 성장자본growth capital, 스타트업 초기에서 후기까지 다양하게 투자하는 벤처캐피털venture capital 등을 포괄한다. 부동산, 파생금융상품, 메자닌 투자, 문화 콘텐츠 등 고수익을 추구하는 곳에는 모두 사모펀드가 존재한다고 할 정도로 활동 범위가 넓다. 대체투자의 상당 부분이 사모펀드이며 넓은 의미에서 대체투자와 사모펀드가 혼재되어 사용되고 있다.

• 성장자본: 성장자본growth capital은 사모펀드의 가장 전형적인 방식이다. 투자한 기업의 성장을 촉진함으로써 고수익을 추구하는 투자 유형으로서 넓은 의미에서 벤처캐피털도 성장자본 투자에 속한다. 다만, 성장자본은 비즈니스 모델이 확실히 검증되고, 매출과 이익을 꾸준히 창출하고 있고, 추가 자본 투입을 통해 더욱 성장할 가능성이 보이는 기업이 투자 대상이라는 점에서 벤처캐피털과 차이를 두기도 한다. 성장자본은 투자금액이 크기 때문에 상장을 해도 주식시장에서 투자금을 단기간에 회수하기가 쉽지 않아서 높은 가격의 인수합병(매각)을 통한 엑시트를 선호한다.

• 벤처캐피털: 신기술금융사 및 창업투자회사. 경쟁력 있는 스타트업을 발굴해 투자 사업을 하는 사모펀드를 말한다. 큰 자금을 한 번에 투자하는 건 너무 위험해서 성장 단계에 따라 나눠서 투자한다. 시드와 시리즈 A, B, C 등 단계의 개념이 희미해졌고 시리즈 E, F, G 등 후기로 갈수록 검증된 비즈니스에 투자하기 때문에 벤처투자와 성장자본의 경계도 과거만큼 뚜렷하지는 않다. 벤처캐피털은 투자 성격에

따라 다음의 유형으로 분류할 수 있다.

첫째, 스프레이 앤드 프레이spray & pray형이다. 마치 스프레이로 물을 뿌리듯 자금을 조금 투자하고 잘되길 기다린다는 뜻이다. 초기 단계의 스타트업에 아주 작은 규모로 투자할 때 이런 유형이 나타난다. 평균적으로 펀드 규모가 작은 국내 벤처캐피털에서 자주 볼 수 있다. 둘째, 부티크형 벤처캐피털이다. 바이오, IT, 핀테크, 헬스케어 등 하나의 산업 분야를 특정해서 투자하는 유형이다. 셋째, 인큐베이팅형이다. 실리콘밸리의 와이콤비네이터의 투자 방식이 여기에 속한다. 그들은 성장성이 높은 분야를 정한 후 집중적으로 창업을 지원한다. 넷째, 풀서포트형이다. 창업에서 성장까지 전 과정에서 자금을 포함한 경영 전반의 멘토 역할을 한다. 그들은 투자한 후 마케팅 지원 등 스타트업에 필요한 경영 지원을 하고 네트워크를 만들고 추가 자금이 필요한 경우에 앞장서서 후속 투자를 주도하면서 엑시트를 지원한다.

• 엔젤투자: 스타트업이 죽음의 계곡을 무사히 통과해 벤처캐피털의 투자를 받기 전 스타트업 초기 단계의 투자자다. 워낙 힘든 시기에 투자해주기 때문에 천사라는 호칭이 생겼지만 자선사업이 아니라 주로 투자 수익을 추구하는 재무적 투자다. 엔젤투자는 규모가 작고 위험성은 매우 크고 엄청나게 낮은 확률이지만 성공하면 대박을 기대할 수 있다. 앞서 카카오벤처스의 두나무에 대한 투자가 바로 엔젤투자다. 이들이 투자한 시드머니 2억 원은 8년 만에 2조 원으로 불어났다.

엔젤투자는 개인투자자 단위로 이루어지기도 하고 다수의 개인이 엔젤클럽을 만들어 자금을 조달하기도 한다. 또 투자형 크라우드 펀딩처럼 온라인 플랫폼을 통해 개인 혹은 그룹으로 투자에 참여할 수도 있다. 기관투자자와 달리 대체로 각 개인의 판단에 따라 투자를 결정하며 조직적으로 의사결정을 하기도 한다. 미국에서는 단순한 재무적 투자가 아니라 체계적인 지원 네트워크를 지닌 엔젤투자자들이 존재하는데 주로 스타트업의 엑시트를 통해 대박을 터뜨린 안트러프러너들로 구성되어 있다. 엔젤의 규모치고는 비교적 큰 금액을 투자하고 성장을 돕고 있다. 이러한 엔젤을 언론에서는 마피아같이 조직적으로 스타트업을 지원한다고 해서 '착한 마피아'라고 부른다. 대표적으로 페이팔의 엑시트로 커다란 돈을 번 사람들로 구성된 '페이팔 마피아'가 있다.

• 바이아웃펀드: 가장 대표적인 사모펀드의 유형이다. 기업의 경영권을 인수한 뒤 기업가치를 높여 매각한다. 충분히 성장해 안정적인 비즈니스를 하고 있거나 미래 전망은 밝으나 현재 재무 상태가 좋지 않은 기업이 대상이다. 바이아웃펀드buyout fund는 대부분 회사의 자산이나 주식을 담보로 은행에서 막대한 자금을 빌려 인수자금을 마련하는 차입매수leveraged buyout를 통해 고수익을 남긴다. 금융 테크닉을 활용해 인수 전략을 수립하고 주로 인수대상 기업의 자산과 현금흐름을 담보로 인수에 필요한 자금을 금융기관에서 조달한다. 피인수 기업이 실질적으로 인수자금에 대한 부담을 지게 된다.

헤지펀드: 소수의 투자자로부터 비공개적으로 거액의 자금을 조달하는 점에서 사모펀드와 비슷하다. 다만 사모펀드는 적대적인 관계가 아니라 우호적으로 협상을 통해 기업에 투자하거나 경영권을 인수해 비교적 장기간(3~10년) 투자하는 반면에 일반적으로 헤지펀드hedge fund는 경영권 인수보다는 매우 짧은 기간 동안 투자를 하고 높은 수

익률로 엑시트하는 것이 목표다. 높은 수익률이 기대되는 모든 것이 투자 대상이 된다.

• **메자닌**mezzanine: 주식과 채권의 중간 개념인 전환사채CB, 신주인수권부사채BW, 교환사채EB 등의 투자 방식을 말한다. 일단 회사에 돈을 빌려주는 채권의 형태지만 조건이 충족되면 주식을 유리한 조건으로 취득할 수 있게 되는 특수한 회사채다. 전환사채는 투자 대상(기업)의 주가가 상승하면 빌려주었던 돈을 싼 가격으로 주식으로 전환할 수 있는 권리를 갖게 된다. 신주인수권부사채는 일정 조건에서 주식을 싸게 살 수 있는 권리가 부여된 것이다. 교환사채는 사전에 약정한 조건에 따라 투자했던 채권으로 회사가 보유하는 우량 주식을 싸게 살 수 있는 회사채다. 채권으로 정해진 이자를 받으면서 회사의 가치가 올라가면 주식으로 전환하거나 싸게 살 수 있는 장점이 있다. 만일 회사의 실적이 기대보다 낮으면 원금을 돌려받을 수 있다. 어느 정도 규모가 커진 스타트업에 재무적 투자자가 선호하는 투자 방식이다.

• **국부펀드**sovereign wealth fund: 국가가 운영하는 사모펀드다. 국가가 지하자원, 외환보유액 등 정부 자산에서 출자해 주식과 채권 등에 주로 투자한다. 외부 운용사를 선정하거나 정부가 직접 운용하기도 한다. 글로벌 국부펀드의 규모는 2021년 기준 무려 1경 547조 원에 달한다. 세계 금융시장의 큰손이다. 미국의 에어비앤비와 중국의 알리바바의 주주이며 국내 스타트업에도 투자하는 싱가포르의 국부펀드 테마섹 홀딩스는 우리나라의 한 해 예산과 맞먹는 4,844억 달러(약 565조 원)의 자금을 운용한다. 우리나라 국부펀드 한국투자공사KIC의 규모는 2021년 기준 약 200조 원이다.

세계 10대 국부펀드

(단위: 달러, 자산 기준)

펀드명	자산	설립연도
노르웨이 GPFG	1조 1,867억	1990
중국투자공사	9,406억	2007
아랍에미리트 아부다비 ADIA	5,796억	1976
쿠웨이트 투자청	5,337억	1953
사우디아라비아 SAMA	5,140억	1952
홍콩 HKMA	4,566억	1993
싱가포르 GIC	4,400억	1981
중국 SAFE	4,178억	1997
싱가포르 테마섹	3,754억	1974
중국 전국사회보장기금(NCSS)	3,250억	2000
사우디아라비아 PIF	3,200억	2008

(출처: 세계국부펀드연구소SWF 등)

재무적 투자자의 목적은 무엇인가

재무적 투자자는 주로 펀드를 만들어서 투자한다. 그럼 그 펀드는 어떻게 만들어질까? 펀드는 우리말로 투자조합이다. 펀드는 돈을 내는 출자자와 모은 돈을 운영하는 주체가 결합된 구조다. 펀드는 출자를 하고 출자한 돈에 대해서만 책임지는 유한책임 조합원LP, Limited Partner 과 실질적으로 펀드를 운용하며 모든 법적 책임을 지는 무한책임 조합원GP, General Partner으로 구성된다. 국내에서는 한국벤처투자(한국모태펀드), 국민연금, 공제회, 대기업, 중견기업, 개인 등이 유한책임 조합원으로 참여한다. 유한책임 조합원이 돈을 내고 무한책임 조합원이 운용하는 것이다. 무한책임 조합원도 비록 적은 금액이지만 펀드에 일정 비율을 출자하며 유망기업 발굴과 투자 적격 심사를 비롯해 전반적인 펀드 운용을 맡는다. 액셀러레이터, 벤처캐피털, LLC형 창업투자회사, 신기술사업금융회사 등이 무한책임 조합원이다.

사모펀드 구성

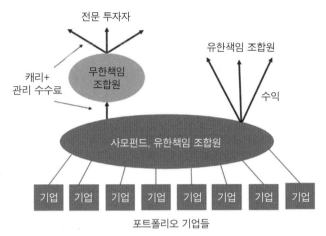

(출처: 위키피디아)

무한책임 조합원이 자신들이 만들려고 하는 펀드에 투자할 잠재적 유한책임 조합원에게 기업 설명IR을 통해 자금을 모으고 무한책임 조합원도 약정한 일부 금액을 출자하면 펀드가 만들어진다. 무한책임 조합원은 미래 유망회사를 발굴하여 투자하고 잘 성장할 수 있도록 지원하여 성공적인 엑시트를 추진한다. 이에 대한 대가로 무한책임 조합원은 유한책임 조합원으로부터 펀드 관리 수수료를 받으며 성공적으로 투자 수익이 발생하면 일정 비율을 보상carried interest(캐리)으로 받는다. 펀드의 만기가 오면 유한책임 조합원은 투자원금과 사전에 약정한 수익을 받으며 초과수익에 대해서도 계약서에 명시된 무한책임 조합원에 대한 캐리(통상적으로 초과수익의 20%)를 제외한 몫을 받는다.

펀드의 핵심은 수익률과 기간이다. 벤처펀드는 한마디로 '남의 돈으로 고위험 고수익 게임을 하도록 설계된' 돈이다. 이 돈은 처음부터 존속 기한을 정해둔다. 3년이든 5년이든 약속된 기간에 투자와 회수가 이루어져야 한다. 펀드의 만기가 다가오면 무한책임 조합원은 다시 펀드를 조성해 새로운 스타트업을 발굴하고 투자하고 회수하고 수익을 분배한다. 벤처 투자시장의 순환 구조다.

펀드 수익률은 기업의 성장률로 결정된다. 무한책임 조합원이 얼마나 좋은 스타트업을 발굴하는가에 따라 펀드의 성공 여부가 결정된다. 하지만 스타트업의 성장을 책임지는 건 투자자가 아니라 안트러프러너다. 투자자는 필요에 따라 경영 지원을 할 수 있지만 어디까지나 제한적 참여일 뿐이다. 그러나 투자자는 엑시트만큼은 안트러프러너의 결정에 온전히 맡겨두지 않는다. 사전에 작성된 투자계약서에 안트러프러너가 적극적으로 엑시트를 하도록 하는 조항이 들어가 있으며 재무적 투자자가 직접 엑시트 기회를 모색하기도 한다. 가령 스타트업이 의도적으로 기업공개(상장)를 회피하거나 일정 기간 내 상장이 불가능하다고 판단되는 상황이 오면 회사를 매각하거나 투자자의 주식을 비싸게 되사주겠다는 내용을 포함하는 것이다. 이와는 별도로 재무적 투자자는 보유한 주식을 다른 펀드에 매각하거나 여러 재무적 투자자가 연대하여 회사의 경영권이 넘어가는 인수합병을 하기도 한다.

펀드는 약정된 기간에 수익을 창출하는 것이 목표다. 그래서 무한책임 조합원은 정말 열심히 그리고 진지하게 엑시트 전략을 고민한다. 투자 전부터 다양하고 효율적인 엑시트를 탐색하고 연구한다. 최근 세계적으로 인기를 끌고 있는 스팩SPAC 상장을 비롯하여 문화 산업 분야를 중심으로 국내 벤처투자 시장에서 주목받는 '프로젝트 파이낸싱**Project Financing**'이 대표적 예다.

재무적 투자자는 투자하면서 주식을 받지만 문화 산업계의 영화나 뮤지컬 제작사는 주식시장에 상장하기에는 문제가 많다. 작품은 가능성이 크지만 회사 자체가 상장하기 어려운 경우라면 기업이 아니라 개별 프로젝트에 투자할 수 있다. 프로젝트에서 창출되는 현금흐름만 평가하면 되니 과정도 간단하다. 프로젝트의 주체는 기업이 아니라 특수목적법인**SPC, Special Purpose Company**이다. 프로젝트가 완료되면 이해관계자들의 수익을 배분하고 해산한다. 투자 수익이 아주 높지는 않지만 수익성 분석을 비교적 쉽게 예측할 수 있고 단기간에 엑시트를 할 수 있기 때문에 회전율이 높다. 영화 〈극한직업〉〈베테랑〉〈광해〉〈명량〉〈택시운전사〉는 모두 한국 영화계의 꿈의 숫자인 1,000만 관객 기록을 세운 흥행작이다. 이들 영화는 전부 벤처캐피털의 투자성공 사례다. 현재 국내에서 급성장하는 뮤지컬 산업도 벤처 자본이 투입된 결과다.

문화 산업 분야에서 벤처투자의 장점은 두 가지를 들 수 있다. 첫째, 빠른 엑시트 속도다. 통상 펀드의 만기는 짧게는 3년부터 길게는 8년 내외다. 반면 영화나 뮤지컬은 평균 2년 안에 투자와 회수가 이루어진다. 둘째, 높은 예측 가능성이다. 투자자 입장에서 보자. 유명 영화제작사가 투자를 받고자 한다. 그간 이력을 보면 대박 영화도 있지만 쪽박 영화도 여럿이다. 1,000만 관객 영화를 제작했다고 해서 앞으로의 모든 영화가 성공할 것이라는 보장은 없다. 자칫 쪽박 영화를 연이어 제작할 때 제작사에 투자한 자금 회수가 어려워질 수도 있다. 반면 성공 가능성이 보이는 한 작품을 골라 투자하면 돈을 회수할 가능성이 커진

문화산업전문회사 구조

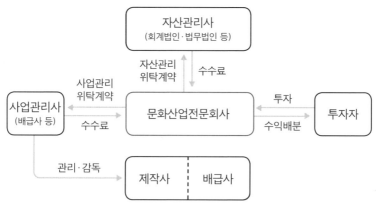

(출처: 인베스트조선)

다. 물론 엑시트가 곧 경제적 성공을 뜻하지는 않는다. 따라서 재무적 투자자는 실패 가능성을 최대한 줄이는 프로세스를 작동한다. 작가, 감독, 배우 등의 이력과 유명세 등은 중요한 심사 대상이다. 든든한 영화 제작비와 유통채널이 결정되면 수익의 규모도 예측 가능하다.

　프로젝트 파이낸싱은 초기에 대규모 자본 조달이 필요한 부동산, 선박, 조선 등의 분야에서 활용됐는데 최근에는 다양한 산업군으로 확산되고 있다. 바이오 산업 분야에서도 환영받는 분위기다. 신약 개발은 연구 기간이 길고 실패 확률도 높다. 프로젝트 성과에 따라 기업가치 전체가 좌우되는 특성도 있다. 재무적 투자자 입장에서 바이오 스타트업은 엑시트가 쉽지 않은 투자 대상이다. 하지만 회사가 아니고 가능성이 커 보이는 개별 프로젝트에 대한 투자라면 엑시트 부담이 낮아진다. 특수목적법인을 세워 프로젝트를 진행하고 성공하면 관련 산업의 대기업과 합병하는 방식으로 엑시트를 하는 것이다. 기업 입장에서도 유망하지만 위험이 크고 많은 자금이 필요한 신규 프로젝트에 자금을 더 쉽게 조달할 수 있다. 서로에게 좋은 거래다.

기어하자. 고위험 고수이 투자 전략익 핵심은 언제나 엑시트다. 더 빠르고 쉬운 엑시트 전략이 있다면 상대적으로 투자를 받기 쉽다. 요즘에는 SNS에서 활동하는 인플루언서들도 투자를 받는다. 기업이 아니라 개인도 아이디어와 엑시트 전략이 있다면 투자유치를 할 수 있는 시대다. 다양한 엑시트 전략은 투자자가 아니라 투자를 필요로 하는 안트러프러너가 더 고민하고 더 많은 아이디어를 내야 한다. '어떻게 하면 투자를 유치할 수 있을까?'의 질문을 '어떻게 하면 투자자가 성공적으로 엑시트할 수 있을까?'로 대체해보자. 투자자 관점으로 질문을 바꿔야 제대로 된 답을 찾을 수 있다.

전략적 투자자의 목적은 무엇인가

세계 최대 화학 기업 듀폰의 창업자는 엘뢰테르 이레네 듀폰Éleuthère Irénée du Pont이다. 1802년 28세의 청년 듀폰은 미국 델라웨어주 윌밍턴에 작은 화학 공장을 세웠다. 20세기 미국 경제를 대표하는 거대 기업으로 성장하기까지 듀폰은 화학, 무기 등 다양한 사업을 펼쳤다. 잘 알려지지 않았지만 그중에는 자동차 제조도 포함된다.

듀폰은 1914년 창업 6년 차 기업 GM에 대한 투자로 자동차 사업의 물꼬를 텄다. 처음엔 인조가죽, 플라스틱, 페인트 등 자사 제품을 GM에 전략적으로 공급했다. 1919~1931년에는 직접 자동차를 생산하고 GM의 경영을 맡기도 했다. 듀폰은 GM 투자를 통해 금전적 이익과 신사업 진출의 목적을 모두 달성했다. 투자에 대한 금전적 수익이 주목적인 재무적 투자자와는 다르게 듀폰처럼 전략적 목적으로 투자하는 주체를 전략적 투자자라고 한다.

전략적 투자자의 투자 목적은 모기업의 '역량 강화'와 '미래 준비'다. 비즈니스 모델 혁신, 우수기술 확보, 신시장 진출, 수익원 다변화, 우수인력 확보, 사내벤처 촉진, 연구개발 아웃소싱 등 기업마다 다양한 전략적 목적으로 투자한다.

오늘날 전략적 투자자의 유형은 '기업 벤처링corporate venturing'으로 설명할 수 있다. 기업 벤처링은 혁신을 추진하려는 회사가 내부에 스타트업과 같은 혁신 생태계를 구축하거나 외부의 유망 스타트업과 협업하여 모기업의 혁신을 추구하는 일련의 활동이다. 여기에는 투자, 컨설팅, 시설 및 공간 제공, 인력 지원 등 자금과 하드웨어는 물론 경영 지원 등이 포함된다. 스타트업 관련 프로그램, 기업형 벤처 빌더, 기업형 인큐베이터, 기업형 액셀러레이터, 기업형 벤처캐피털CVC, 스타트업 인수합병 등 유형도 다양하다. 스타트업을 발굴해서 소규모 지분투자를 한 뒤 일정 기간 지켜보다가 전략적 확신이 서면 추가적인 지분투자를 하거나 아예 인수합병을 하기도 한다. 사내벤처를 육성해서 적절한 시기에 분사시키기도 한다. 삼성전자의 사내벤처 육성 프로그램 'C랩 인사이드'는 2015년부터 2021년까지 57개의 스타트업을 분사시켰고 현대자동차는 오픈 이노베이션 프로그램 '제로원Zer01NE'을 통해 22개 스타트업을 분사시켰다. 네이버도 삼성SDS의 사내벤처로 출발했고 인터파크(옛 LG데이콤)와 SK엔카(SK)도 사내벤처 출신이다. 사내벤처를 키우고 분사시키는 방식은 산업 생태계를 활성화하고 모기업의 혁신을 촉진한다. 물론 이 과정에서 단기적 수익은 크게 기대하지 않는다.

전략적 투자자의 주요 관심은 비즈니스 모델과 사람(기술)이다. 그

재무적 투자자와 전략적 투자자 비교

단계	특징
재무적 투자자	• 투자한 기업이 기업가치가 높아지면 투자금을 회수하여 수익을 얻는 것이 목적 • 특정 기업과의 이해관계가 없어 상대적으로 중립적
전략적 투자자	• 투자 수익 외에 다른 목적(시장 동향 파악, 기존 사업과의 시너지, 신기술 확보, 신사업 발굴 등)도 가진 투자 • 계열사의 인프라 및 네트워킹 지원 가능 • 피투자기업과의 시너지에 따라 향후 인수합병이 가능할 수도 있음 • 큰 지분을 갖기 위해 후속 투자에 대한 우선권, 사업 관련 독점권 등을 요구할 수도 있어 신중한 판단 필요

(출처: 스타트업얼라이언스)

들은 재무적 투자자와는 달리 추정 재무제표가 좋지 않아도 전략적 시너지 효과가 크다고 판단되면 적극적으로 투자한다. 바로 이런 특징 때문에 스타트업과 전략적 투자자는 협력을 통한 상생이 가능하다. 가령 딥테크나 바이오 스타트업을 보자. 비즈니스 모델 특성상 혁신성과 실현 가능성의 일치 여부를 단기간에 입증하기 어렵다. 장기 연구개발 투자는 필수다. 이 경우 펀드 존속 기간이 짧은 재무적 투자보다 전략적 투자와 협력하는 것이 훨씬 유리하다. 물론 전략적 목적의 투자를 한다고 해서 전략적 투자가 투자금 회수에 전혀 관심이 없는 것은 아니다. 다만 투자 특성상 엑시트 시기를 정하지 않으며 재무적 투자보다 훨씬 장기적 관점에서 판단한다는 것이다.

전략적 투자자와 협력하면 스타트업은 거대 기업의 인프라를 활용해 개발, 제조, 유통, 영업, 경영 등의 도움을 받을 수 있다. 매우 큰 이점이다. 그러나 외부 투자는 마치 동전의 양면처럼 밝은 면과 어두운 면이 함께 존재한다. 전략적 투자자와의 관계에서 중요한 키워드는 '협력'과 '시너지 효과'다. 구체적 목적에 따라 차이는 있지만 기본적으로 전략적 투자자와의 투자계약서에는 독점이나 우선권을 주장하는 내용이 포함되는 경우가 많다. 가령 제품, 서비스, 기술 등을 모기업에 우선 공급해야 한다거나 모기업과 경쟁 관계에 있는 타 기업과 업무적 협력을 할 수 없도록 제한하는 내용이 포함될 수도 있다. 또 스타트업과 모기업의 서비스를 연동하여 데이터를 모두 제공해야 하는 등의 구체적 목표가 정해지기도 한다. 2022년에 제도적으로 스타트업의 지적재산권 보호를 위한 '비밀유지계약 체결 제도'가 보완됐지만 협력의 내용이 자칫 스타트업의 독자적 비즈니스에 장애 요소가 될 수도 있다. 모기업의 지나친 간섭이나 모기업에 대한 의존도가 높아지는 부분도 고려해야 한다.

간혹 전략적 투자자와 재무적 투자자의 투자를 동시에 받을 때 서로의 이해관계가 달라서 충돌이 발생하기도 한다. 전략적 협력은 전략적 투자자뿐만 아니라 스타트업에도 중요하다. 안트러프러너는 투자의 성격과 목적, 책임과 시너지 효과, 그리고 장기적으로 발생할 부정적 영향 등 여러 측면을 입체적으로 보고 판단할 수 있어야 한다.

기업형 벤처캐피털의
목적은 무엇인가

2017년 애플은 세계 최초로 '페이스ID'를 탑재한 아이폰을 출시했다. 어두운 곳에서도, 안경을 껴도, 수염을 길러도 얼굴을 인식하는 기능이다. 사용자 얼굴에 3만 개 이상의 점을 투영해 안면 데이터를 저장하고 카메라와 적외선 센서를 이용해 얼굴을 3D 이미지로 인식하는 첨단 기술이다. 이 기술을 확보하기 위해 애플은 이스라엘의 3D센서 기업 프라임센스PrimeSense, 안면인식 기술기업 리얼페이스RealFace, 스위스의 모션캡처 기술기업 페이스시프트Faceshift 등을 인수했다.

지난 수년간 애플의 인수합병M&A 목표는 '기술과 인재' 확보였다. 특히 대형 인수합병은 애플의 주력 제품인 아이폰과 관련된 분야에서 이루어졌다. 애플이 인수한 기업 리스트 상위 10개 중 인텔의 스마트폰 전용 모뎀 사업, 다이얼로그, 아노비트테크놀로지Anobit Technologies, PA세미PA Semi 등 4개가 모두 아이폰의 성능 개선과 직결된 반도체 기

2000~2020년 빅테크 인수합병

인수 건수

◯ 기존 사업 분야 ● 신사업 분야

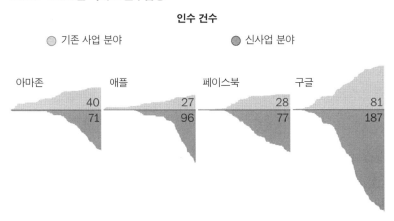

아마존	애플	페이스북	구글
40	27	28	81
71	96	77	187

(출처: 워싱턴포스트)

술 기업이다.

인수합병은 가장 적극적인 전략적 투자의 유형이다. 이를 가장 잘 활용하는 그룹이 세계 경제의 주도권을 쥔 빅테크(애플, 마이크로소프트, 구글, 아마존, 메타)다. 빅테크의 대표적 특징 중 하나가 '무한 인수합병'이다. 그들은 글로벌 인수합병 시장의 큰손답게 무서운 기세로 신기술과 혁신적 비즈니스 모델을 사들이고 있다. 미국 금융 리서치 회사인 딜로직에 따르면 2021년 한 해에 빅테크의 공개된 인수합병만 마이크로소프트 56건, 아마존 29건, 구글 22건 등 100건을 넘기며 10년 만에 가장 많았다. 공개되지 않은 거래를 포함하면 200~300건에 달할 것으로 예상된다.

한편 공정거래위원회 자료에 따르면 카카오는 2016년 이후 현재까지 100개 이상의 기업을 인수했다. 국내 기업들도 스타트업 인수전에 뛰어들었다. 현대자동차의 로봇 기술 스타트업 보스턴다이내믹스 인

2021년 1~11월 카카오와 네이버의 인수합병 현황

(단위: 억 원)

기업명	인수 건	인수 대상	인수 금액
네이버	3	문피아(웹소설 연재 플랫폼), 나매인(스니커즈 리셀 플랫폼), 왓패드(캐나다 웹소설 업체)	8,740
카카오	23	세나테크놀로지(무선통신 디바이스 개발), 래디쉬미디어(북미 웹소설 플랫폼), 보라네트워크(블록체인 기반 디지털 콘텐츠 플랫폼), 타파스미디어(북미 웹툰 플랫폼), 바달(퀵서비스), 나투스핀, 딜카, 코리아드라이브 외 9개 회사, 손자소프트(퀵서비스), 스튜디오8(MMORPG 개발사), 스튜디오하바나(장르 웹툰·웹소설 플랫폼), 스트리스(HD맵 스타트업), 쓰리와이코프레이션(「가짜사나이」 제작사), 아이앤아이소프트(영상 실시간 재생 기술 업체), 안테나(엔터테인먼트), 애드엑스스(모바일 광고 플랫폼), 예원북스(출판사), 웨이투빗(블록체인 게임 플랫폼 개발사), 코드독(모바일 게임 개발사), 크래들스튜디오(드라마 제작사), 클로브클럽(의류 브랜드), 키위미디어(다국어 번역 업체), 플러스티브이(디지털 사이니지 스타트업)	1조 1,460

(출처: 한경비즈니스, CEO스코어)

수, 삼성전자의 차량 자율주행 기술 스타트업 사바리savari 인수 등은 모두 신기술 확보를 통한 미래 전략의 일부다. 특히 유니콘의 인수합병이 눈에 띄게 활발하다. 패션 플랫폼 무신사가 동종업계의 스타일쉐어와 자회사 29CM를 인수했다. 게임 회사 크래프톤은 게임 개발사 드림모션과 콘텐츠 제작사 띵스플로우를 인수했다. 프롭테크 직방은 삼성SDS 홈 IoT 부문을 인수했고 비바리퍼블리카(토스 운영사)는 대기업 LG유플러스의 전자결제PG 사업부를 인수했다.

전략적 투자의 규모는 세계적으로 증가 추세다. 이는 글로벌 기업형 벤처캐피털 규모의 흐름에서 확인된다. CB인사이트의 자료에 따르면 연간 기업형 벤처캐피털 투자 규모는 2014년 179억 달러(약 21조 원)에서 매년 증가해 2021년 무려 1,693억 달러를 기록하면서 거의 10배 가까이 성장했다. 미국의 경우 벤처캐피털 시장에서 비중이 50%를

주요 스타트업 인수합병 사례

투자회사(서비스명)	피투자회사	내용
자비스앤빌런즈(삼쩜삼)	스무디	증강현실(AR) 기반 비디오 채팅앱 개발
핀다	오픈업	빅데이터 상권 분석 스타트업
의식주컴퍼니(런드리고)	크린누리	호텔 세탁 사업자 인수로 B2B 시장 진출
의식주컴퍼니(런드리고)	펭귄하우스	무인 세탁소 운영사 인수로 신규 시장 진출
비바리퍼블리카(토스)	머천드코리아	알뜰폰 사업자 인수로 신규 시장 진출
마이리얼트립	아이와트립(동키)	키즈 여행 플랫폼 인수로 가족 고객 확보
브랜디	디유닛(서울스토어)	여성의류 커머스 플랫폼 인수로 시장 확대
넥슨코리아	미띵스	비대면 화상 인터뷰 플랫폼 인수
GS리테일	쿠캣	간편식 커머스 플랫폼과 푸드 콘텐츠 운영사 인수
비즈니스온커뮤니케이션	시프티	근태 및 인력관리 솔루션 서비스 인수

(출처: 한국경제, 2022년 7월 26일)

넘어섰다. 해외에서는 전체 벤처투자 규모의 14%를 차지하고 있다.

국내 기업형 벤처캐피털 흐름도 이와 다르지 않다. 2021년 삼성전자의 삼성벤처투자, GS의 GS벤처스, 카카오의 카카오벤처스, 포스코의 포스코기술투자, CJ의 타임와이즈인베스트먼트 등 대기업(기업가치 5조 원 이상)이 보유한 기업형 벤처캐피털의 연간 투자 규모도 최초로 1조 원을 넘어섰을 것으로 추정된다.

기업형 벤처캐피털은 잠재력 있는 스타트업에 투자해 수익을 추구하는 점에서 벤처캐피털과 같다. 하지만 기업형 벤처캐피털이 추구하는 수익은 금전적 이익보다는 비즈니스 시너지 효과의 최대화다. 기업형 벤처캐피털은 기업의 구체적 목표를 고려해 투자 포트폴리오를 만들고 자사의 인프라와 네트워크를 활용해 스타트업의 성장을 지원한다. 하지만 투자를 위해 반드시 별도의 회사가 필요한 것은 아니다.

대기업이 전략적 목적으로 스타트업에 투자할 방법은 다양하다. 회

국내 대기업의 기업형 벤처투자사 투자 집행액 추이

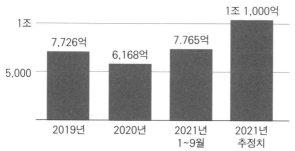

(단위: 원)

(출처: 더브이씨)

사가 직접 투자할 수도 있고 회사 내부에 별도 조직과 펀드를 만들어 투자하기도 한다. 또한 별도의 회사를 만들고 펀드를 결성해 직접 운용하는 무한책임 조합원형 기업형 벤처캐피털도 있고 잘 운용되는 벤처캐피털에 돈을 출자해서 회사가 원하는 스타트업에 투자하도록 하는 LP형 기업형 벤처캐피털도 있다. 가령 삼성벤처투자는 삼성그룹이 100% 지분을 보유하고 있는 무한책임 조합원형 기업형 벤처캐피털

기업형 벤처캐피털 개념도

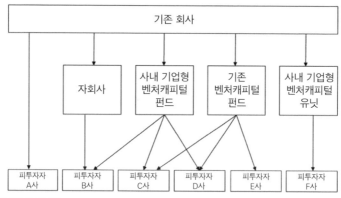

(출처: 리서치게이트)

대기업의 벤처투자 방법

구분	내용	해외 주요 사례	국내 가능 여부
직접 투자 (대차대조표 모델)	기업의 자체 자금으로 유망 기업에 직접 투자	보쉬, 파나소닉	가능
사내벤처	기업 내 사내 벤처팀을 운영해 투자 후 분사	구글(나이앤틱 등), 3M	가능
운용사 설립 (유한책임 조합원 모델)	벤처캐피털을 만들어서 벤처펀드 운용	유니레버벤처스, 블룸버그 베타	지주회사가 아닌 기업은 설립 가능(금산분리 원칙에 따라 지주회사의 기업형 벤처캐피털 설립 불가)
기관투자자로 참여 (무한책임 조합원 모델)	기관투자자로 외부의 벤처캐피털이 운용하는 펀드 등에 간접 투자	지멘스벤처캐피털, 피직(유니레버)	

(자료: BVCA 등)

로 삼성그룹 계열사로만 유한책임 조합원을 구성한 펀드를 운용하고 있다.

기업형 벤처캐피털의 활성화는 인수합병을 통해 스타트업들이 엑시트를 할 기회가 많아지는 것을 의미하고 생태계 활성화로 직결된다. 그런 분위기에서 국내에서는 그동안 금지됐던 대기업 지주회사의 기업형 벤처캐피털 설립이 2022년부터 가능하게 됐지만 예상과 달리 법 시행 5개월이 지난 시점에서 동원그룹 단 한 곳만 참여했다. 국내 스타트업의 활성화를 위해 법까지 개정하며 의욕을 보인 정부나 풍부한 자금이 가능해질 것으로 기대한 스타트업 모두 허탈한 분위기다. 2020년 대기업 지주회사도 기업형 벤처캐피털을 보유할 수 있도록 공정거래법 개정안이 통과될 때만 해도 SK, LG, 롯데, CJ, 효성, LX 등 주요 대기업이 대거 나설 것으로 예상했지만 결과는 참담했다.

이는 대기업이 설립한 기업형 벤처캐피털의 활동을 국내로 국한하고 자금 조달 방식도 제한을 둔 것이 주요 원인으로 분석된다. 공정거

전 세계 기업형 벤처캐피털 현황

(출처: CB인사이트)

래법을 개정한 이유는 국내 스타트업 활성화에 기여하라는 취지였다. 하지만 대기업은 국내 스타트업 육성보다는 회사의 전략적 목적에 따라 기업형 벤처캐피털을 활용하겠다는 것이다. 그러다 보니 국내 대기업의 기업형 벤처캐피털 활성화를 통한 스타트업 생태계 육성은 물거품이 될 위기에 처했다. 몇 년간 치열한 토론을 거치며 개정한 법률은 탁상공론의 결과물이 되고 말았다.

현재 국내 기업형 벤처캐피털은 해외 주요국보다 활동의 제약이 많은 것은 사실이다. 100% 완전 자회사로 설립해야 하고 외부자금의 차입과 해외 투자도 제한한다. 반면 미국은 기업형 벤처캐피털 설립 방식과 펀드 조성에 규제가 없어서 다양한 형태의 펀드를 운용할 수 있다. 그러나 이러한 차이를 단지 우리나라의 규제로 보는 시각은 옳지 않다. 국내 기업형 벤처캐피털은 걸음마 단계로 글로벌 스탠더드와는 격차가 많기 때문이다. 세계적 기업형 벤처캐피털은 구글벤처스와 인텔캐피털의 성공 요인은 자본의 크기가 아니라 민첩성과 효율성이다. 그들은 빠르게 변화하는 스타트업의 혁신 속도를 따르기는 투자 프로세스를 갖추고 있다.

재무적 투자자는
어디에 중점을 두는가

재무적 투자자가 위험을 기꺼이 감수한다고 해서 대박이든 쪽박이든 그저 신의 뜻에 따른다는 의미는 절대 아니다. 투자를 결정하기까지 재무적 투자자는 투자 대상의 선정, 투자 과정, 투자 이후까지 단계별로 촘촘하게 손실 위험을 최소화하는 장치를 마련한다. 그중 가장 중요한 건 엑시트다.

재무적 투자자는 기본적으로 회사 경영은 전문가에게 맡기고 회사가 잘 성장할 수 있도록 최대한 도움을 주면서 기회가 오면 엑시트를 한다. 하지만 동시에 투자한 기업이 예정된 궤도로 잘 순항하지 못하면 투자금을 회수할 수 있는 플랜 B를 가동해야 한다.

투자는 거래다. 거래의 핵심 내용은 계약서에 담긴다. 일반적으로 재무적 투자자는 보통주가 아니라 상환전환우선주RCPS, Redeemable Convertible Preference Share라는 특별한 주식으로 스타트업에 투자한다. 상환

보통주 Common Stock	상환전환우선주 RCPS	전환사채 CB
∨ 법인 설립, 엔젤·시드 투자자 ∨ 의결권을 가진 주식 ∨ 이익 배당, 잔여재산 배분 　우선권 없음 ∨ 상환권 없음	∨ 기관투자자 　(벤처캐피털, 엑셀러레이터 등) ∨ 보통주와 동일한 의결권 보유 ∨ 이익 배당, 잔여재산 배분 　우선권 보유 ∨ 일정 기간 및 조건에 따라 　상환권 존재(이익잉여금 있을 시 　상법상 처분 가능) ∨ 회계상 자본 처리 　(단, K-IFRS 적용 시 부채)	∨ 기관투자자 　(벤처캐피털, 자산운용사, 증권사 등) ∨ 의결권 없음 ∨ 배당 없음, 이자 지급 ∨ 조건에 따라 보통주 전환권 　존재 ∨ 만기 시점 상환 의무 　(이익잉여금 무관) ∨ 회계상 부채 처리

전환우선주는 이름 그대로 '상환권+전환권+우선권'을 합친 주식이다.

상환전환우선주를 이해하려면 먼저 우선주의 개념부터 알아야 한다. 우선주는 이익배당이나 잔여 자산 분배 시 우선권을 갖는 주식이다. 보통주보다 우선해서 배당을 받을 수 있다. 상장 기업의 우선주는 의결권이 없는 경우가 많지만 비상장 기업이 투자를 유치할 때는 통상 의결권과 신주인수권을 함께 부여한다.

우선주는 상환전환우선주RCPS, 상환우선주RPS, 전환우선주CPS로 구분된다. 상환우선주는 투자한 돈을 회사에 돌려달라고 할 수 있는 권리가 부여된 주식이다. 채권처럼 약정된 시점에 투자금의 상환을 요청할 수도 있고 이익이 된다면 계속 보유할 수도 있다. 전환우선주는 일정 기간이 지나면 보통주로 전환할 수 있는 주식이다. 우선주로 보유하면서 배당금을 받다가 회사가 어느 정도 성장궤도에 오르면 보통주로 전환한다. 전환우선주를 보통주로 전환할 때는 통상 우선주 1주를 보통주 1주로 하지만 사전에 약정한 기준에 따라 전환비율이 달라지기도 한다. 상환전환우선주는 상환을 요청할 수 있는 상환우선주와 전환을 할 수 있는 전환우선주를 결합한 우선주다. 상환의 권리 여부에 따라 국제회계기준IFRS과 일반회계기준GAAP은 우선주를 자본으로 인식하기도 하고 부채로 인식하기도 한다. 현재 우리나라에서 주로 채택하는 국제회계기준으로 상환전환우선주는 상환 의무가 있기 때문에 자본이 아니라 부채로 분류한다.

투자자들이 상환전환우선주를 선호하는 이유는 간단하다. 보통주와 비교해 엑시트가 유리하기 때문이다. 투자자가 상환권과 전환권과 의결권이 모두 포함된 우선주를 갖고 있다는 건 스타트업 입장에서는 당연히 부담스럽다. 하지만 자금이 필요한 입장에서 은행에 담보를 제공하고 돈을 빌릴 상황도 안 되고 확정된 원리금을 지급해야 하는 전환사채보다는 나은 조건이다. 중요한 것은 이러한 특별한 주식이 존재하기에 투자자들도 기꺼이 스타트업에 투자할 수 있다는 것이다.

재무적 투자자가 상환전환우선주로 투자하는 이유는 투자를 받은 스타트업이 처음 투자를 유치할 때 약속한 내용을 지키라는 의미다. 가장 대표적 조항이 '적격 기업공개Qualified IPO'이다. 향후 상장을 하게 될 때 기업공개의 세부 요건을 미리 설정해 재무적 투자자의 최소 수익을 보장하라는 것이다. 가령 스타트업이 벤처캐피털에 1년 안에 특허를 출원하고, 2년 차에 매출이 일어나고, 3년이 지나기 전에 매출 100억 원과 이익 20억 원을 낼 수 있고, 늦어도 5년 안에 코스닥에 상장할 거라는 사업계획을 내고 투자를 받았다고 하자. 특별한 상황이 발생하지 않는 한 이 스타트업은 계획과 비슷하게 성장을 해나가야 한다.

그러나 2년이 지나도 특허 출원은 되지 않고 3년이 지나도 매출이 거의 없다면 투자자 입장에서는 스타트업에게 당했다고 생각할 수밖에 없다. 물론 열심히 했지만 결과가 좋지 않을 수는 있다. 투자자는 스타트업이 의도적으로 사업계획을 부풀린 것인지, 정말 노력했으나 운이 없어서인지 판단을 하고 그에 따라 다른 결정을 하게 된다. 또 상장을 약속한 시점에 회사가 잘 성장해서 매출과 이익을 많이 내고 있고 상장도 충분히 가능한 상황인데도 차일피일 상장하지 않고 미룰 수도 있다. 그런 경우 스타트업은 성공했지만 투자자는 엑시트를 못할 수도 있다. 이렇게 예상하지 못한 다양한 상황이 발생할 수 있다. 투자자는 이러한 다양한 경우의 수를 예상해서 계약서에 담아두려는 것이다. 만약 이러한 사례가 실제로 발생한다고 해도 보통주로 투자했다면 투자자는 구제받을 방법이 전혀 없다.

상환전환우선주는 투자자 입장에서는 최소한의 안전장치다. 의도적으로 약속을 위반하는 일이 발생하면 투자금을 상환하라고 요청하고, 회사가 잘 성장했다면 보통주로 전환을 요구하고, 상장이 가능하게 되면 지체 없이 엑시트를 할 수 있게 하는 조항을 담고 있다. 상환 조건은 투자의 속성과 목적에 따라 다양한 내용이 포함된다. 가령 기술기업에 투자할 때 '연구소장의 이직금지' 등의 조건을 요구하기도 한다. 핵심 인재는 스타트업의 성장에 큰 영향을 미치기 때문이다.

스타트업은 상환전환우선주가 부담스럽다. 그래도 피할 수는 없다. 상환전환우선주는 국제 표준이다. 국내 벤처캐피털 업계도 2004년부터 상환전환우선주를 표준으로 적용하고 있다. 단, 투자자가 상환청구를 해도 스타트업에 배당가능이익이 있어야 상환주식을 매수하고 소각할 수 있다. 상법상 주주총회의 승인 사항이다(상법 제449조 제1항).

만약 상환하기 위한 배당가능이익이나 준비된 상환금이 없다면 벤처캐피털의 상환청구가 있더라도 스타트업은 이에 응할 수 없다. 상환청구에도 불구하고 배당가능이익이 없어서 상환하지 못하는 경우 상환을 연기할 수밖에 없다. 그래서 계약서에 관련 규정이 없는 경우 분쟁이 발생할 소지가 많다. 그러나 벤처캐피털이 상환 기간의 연장에 동의하지 않아도 스타트업은 향후 이익이 나서 전액 상환이 가능할 때까지 상환 기간이 연장된다고 봐야 한다. 이는 투자자의 과도한 상환권 행사로부터 초기 스타트업을 보호하려는 조처다.

상환전환우선주가 투자자에게 더 유리하게 설계된 것은 사실이다. 하지만 오로지 투자자만을 위한 계약은 아니다. 상환전환우선주가 있어서 투자자는 불확실성이 큰 스타트업에 좀 더 쉽게 투자를 결정할 수 있다. 고위험에 대한 최소한의 안전장치가 없다면 스타트업에 대한 투자가 위축될 수밖에 없다.

야놀자, 컬리, 오늘의집, 쏘카, 비바리퍼블리카 등 모든 유니콘이 상환전환우선주로 투자를 받았다. 대부분의 스타트업이 사전에 상환전환우선주의 내용과 의미를 충분히 알지 못한 채 계약을 진행하고 나중에 어떤 상황이 발생하고 나서야 계약서에 포함된 내용을 깨닫는 경우가 적지 않다. 이를 방지하기 위해 투자 전에 다음과 같은 사항을 고려해야 한다.

투자 전 고려해봐야 할 질문들
- 이번 라운드에 필요한 투자금은 얼마가 적정한가?

- 무조건 투자를 받는 것이 좋은가? 대출이나 다른 방법으로 조달하는 것이 더 유리한가?
- 우리 회사의 기업가치는 얼마로 책정하는 것이 맞는가?
- 투자유치 시점 및 기간은 어느 정도로 예상해야 되는가?
- 어떤 기업 설명 계획서IR Deck이 투자자에게 매력적인가?
- 기업 설명 계획서IR Deck에 어떤 내용을 포함해야 하는가?
- 어떤 투자사를 만나고 어떻게 접촉하는 것이 좋은가?
- 투자실사를 위해 무엇을 준비해야 되는가?
- 투자계약이 복잡한데 어떤 것이 유리하고 불리한가?

벤처캐피털과 스타트업은
계산법이 다르다

국내 대표적 유니콘 A사는 해외 기업에 매각됐다. 거래금액이 무려 5조 원이나 되는 빅딜이고 성공적인 엑시트 사례. 유니콘의 탄생은 재무적 투자자가 대규모 투자를 했고 이는 곧 안트러프러너의 지분이 많이 희석됐음을 의미한다. 실제로 A사는 80% 이상의 지분이 재무적 투자자에게 있었고 2019년 기준 발행한 주식의 71%가 상환전환우선주였다. 재무적 투자자로서는 적절한 상황에서 엑시트 기회가 왔을 때 망설일 이유가 없다. 재무적 투자자의 지분이 지나치게 높으면 안트러프러너의 경영권 안정을 기대하기가 어렵고 주식시장에 상장하기도 어려워진다. 일반 투자자 입장에서는 미래 주가가 오를 것을 기대하고 주식을 사야 하는데 경영자의 지분이 매우 적어서 장기적으로 경영권이 불안하고 매도해야 할 물량이 너무 많아서 지속적으로 가격이 하락할 수밖에 없기 때문이다.

상장을 하면 모든 재무적 투자자가 주식을 매도해야 한다. 그런데 재무적 투자자가 무려 70~90%의 주식을 갖고 있으면 주식시장에서 모두 처분하려면 몇 년이 걸릴지도 모르고 매각이 불가능할 수도 있다. 또 처분한다 해도 물량이 너무 많고 가격이 지속적으로 하락해서 원하는 가격에 팔 수 없을 수도 있다. 그렇기 때문에 재무적 투자자의 지분율이 높으면 기업공개를 추진하기보다는 재무적 투자자들이 연합해서 주도적으로 경영권을 넘기는 거래를 시도한다. 미국에서는 이런 경우에 재무적 투자자가 경영자에게 복수의결권을 부여하여 경영권을 안정시키고 상장을 추진하기도 한다.

투자자와 스타트업의 투자계약서에 보면 드래그얼롱drag-along, 태그얼롱tag-along, 풋옵션put option, 콜옵션call option 등이 필수적으로 들어간다. 안트러프러너는 계약의 내용과 의미를 완전하게 숙지해야 한다. 그렇지 않으면 나중에 자신의 의지와는 전혀 다른 의사결정을 해야 하는 일이 발생할 수 있기 때문이다.

드래그얼롱: "내 것 팔 때 네 것도 팔아라!"

드래그얼롱은 우리말로 '동반매각요구권'이다. 재무적 투자자와의 계약에 대부분 명시된다. 드래그얼롱은 다른 두 상황에서 활용할 수 있다. 상황 1은 대주주가 엑시트를 결정하고 소액주주 지분을 '강제로 끌어와서drag' 한꺼번에 제삼자에게 팔 수 있는 권리를 갖는다. 가령 A와 B가 지분을 70:30으로 나누어 가진 스타트업을 대기업이 인수하려고 한다면 대부분의 대기업은 특별한 사유가 없는 한 스타트업 지분 100%를 인수하려고 한다. 인수자가 먼저 최대주주인 A와 협상을 끝냈는데 소액주주인 B가 더 높은 금액을 받으려고 매각에 반대하며 소위 알박기를 할 수 있다. 그렇게 되면 좋은 조건으로 엑시트를 하려는 계획이 무산된다. 그래서 이런 사례를 방지하기 위해 중간에 회사를 매각할 가능성이 있는 스타트업의 경영자는 반드시 드래그얼롱 조항을 투자자와의 계약서에 넣어야 한다. 이 조항이 있으면 A가 요구하면 B는 무조건 함께 주식을 팔아야 한다.

상황 2는 이와 반대로 소액주주가 대주주의 지분을 강제로 끌어와서 매각할 수도 있다. 다음 내용을 보자.

"포스코특수강 자본 확충에 참여한 재무적 투자자 엑시트 전략의 윤곽이 나왔다. IB업계에 따르면 총 2,500억 원 규모의 포스코특수강 전환우선주 투자를 확정한 미래에셋 PE와 IMM PE는 4년 내 기업공개를 통해 투자 회수를 추진하는 계획을 세웠다. 포스코는 포스코특수강의 기업공개가 어려울 경우 미래에셋 PE-IMM PE에 드래그얼롱 권한을 부여하기로 했다. (…중략…) 보통주 전환 시 포스코특수강의 24% 지분을 가진 미래에셋 PE-IMM PE가 포스코의 포스코특수강 지분(72%, 2,600만 주)을 합해 동반 매각할 수 있다."

포스코가 포스코특수강 지분을 72% 보유해 경영권을 갖고 있다. 미래에셋 PE-IMM PE는 24% 지분을 갖고 있다. 조건은 4년 내 기업공개다. 투자 조건으로 포스코특수강이 약속 기한 내 기업공개를 하지 못하면 소액주주인 사모펀드가 제삼자에게 매각을 주도하고 계약이 체결되면 포스코가 보유한 72% 주식을 반드시 팔겠다는 내용이다.

드래그얼롱은 대주주든 소액주주든 한마디로 '내 지분을 팔 때 네 지분도 함께 팔아야 해.'라는 약속이다. 엑시트를 주도한다는 강력한 조항이다. 반면 투자받는 입장에서 드래그얼롱은 상당히 신경쓰이는 조항이다. 대주주도 자칫 경영권을 잃을 수 있다.

글로벌 벤처투자를 받는다면 드래그얼롱은 필수다. 소프트뱅크가 쿠팡에 1조 원의 투자를 진행할 때도 드래그얼롱 계약을 맺었고 미국계 벤처캐피털로부터 자금을 조달한 컬리도 일정 기간 내 기업공개를 조건으로 드래그얼롱 계약을 맺었다. 어느 정도의 큰 금액을 유치한 모든 기업은 드래그얼롱 조항이 들어가 있다. 특정 기한 내 기업공개 조건으로 드래그얼롱을 약속하면 피투자 기업은 적극적으로 계획하고 추진해야 한다. 그렇지 않으면 지분의 크기와 상관없이 재무적 투자자가 엑시트를 주도하게 된다. 드래그얼롱을 통해 회사가 매각되면 매각금액을 지분율로 나누는 것이 아니고 투자자의 투자금과 약정한 수익을 제외한 나머지를 다른 주주들이 비율대로 나누게 된다. 따라서 자칫하면 자신이 최대 주주인 사태에서 회사가 매각돼도 한 푼도 건지지 못하는 일이 발생할 수도 있다. 만약 쿠팡이 뉴욕증권거래소에 상장하지 못했다면 어떤 상황이 이어졌을까? 소프트뱅크가 드래그얼롱을 실행해 제삼자에게 매각했을 가능성이 크다.

태그얼롱: "네 것 팔 때 내 것도 같은 값에 팔아줘!"

앞서 재무적 투자자와 드래그얼롱 계약을 맺은 포스코특수강은 이후 어떻게 됐을까? 포스코특수강은 투자 유치 1년 후 기업공개가 아니라 인수합병에 나섰다. 재무적 투자자가 드래그얼롱 권한을 발동한 것이 아니라 대주주 포스코의 결정이다.

> "포스코특수강 재무적 투자자인 미래에셋 PE와 IMM PE는 태그얼롱 행사를 저울질 중이다. 포스코특수강 매각은 주주 간 계약상 이들 재무적 투자자의 동의가 없이는 이루어질 수 없는 만큼 포스코는 세아그룹과 협상을 통해 주당 매각 가격을 최대한 높여 재무적 투자자의 동의를 끌어낼 것으로 보인다. 가격 조건만 충족된다면 재무적 투자자는 태그얼롱 행사가 확실할 전망이다."

대주주인 포스코가 포스코특수강의 매각을 추진하자 재무적 투자자가 '태그얼롱'을 할 것인지를 고민한다는 내용이다. 태그얼롱이란 우리말로 '동반매도참여권'이다. 대주주가 보유지분 매각을 결정했다고 하자. 소액주주가 보기에 협상 조건이 나쁘지 않다. 그럼 소액주주는 자신들의 지분도 대주주와 '동일한' 조건으로 팔도록 요구할 수 있다. 너희들 지분만 좋은 조건에 팔지 말고 '내 지분도 함께 팔아줘!'라고 강제하는 것이다. 태그얼롱은 지분이 적은 재무적 투자자의 권리를 보장한다는 게 목적이다. 대주주(경영자)가 제삼자에 지분을 매각할 때는 통상 경영권 프리미엄이 더해진다. 태그얼롱을 사용하면 대주주가 받게 될 프리미엄을 소액투자자도 함께 적용해 매각할 수 있다. 재무적 투자자에게는 반드시 필요한 조항이다. 그러나 대주주가 매각할 때 태그얼롱은 강제조항이 아니고 태그얼롱을 행사할지는 투자자의 선택이다.

풋옵션: "내 돈 돌려줘!"

풋옵션은 투자계약 시 미리 정한 조건을 달성하지 못했을 때 투자 지기 시전에 약속된 가격으로 주식을 되팔 수 있는 권리다. 쉽게 말해 "(계약을 위반했으니) 내 돈 돌려줘."라는 얘기이다. 일종의 손해배상 청구와 같은 성격의 투자금 회수 방안이다.

> "대경인베스트먼트는 최근 이씨스 상환전환우선주 9만 주에 대한 상환 청구권을 행사했다. 이씨스는 대경인베스트먼트의 풋옵션 행사에 맞춰 투자금을 돌려주는 한편 상환전환우선주 9만 주를 모두 소각했다."

재무적 투자자인 대경인베스트먼트는 이씨스에 투자할 당시 일정 기간 내 기업공개를 추진한다는 조건을 걸었다. 하지만 투자 후 약 8년 동안 상장이 되지 않자 재무적 투자자는 이씨스가 남은 기간 안에 상장할 가능성이 적다고 판단했다. 결국 상환전환우선주 계약에 따라 재무적 투자자가 풋옵션을 행사했고 이씨스는 투자금을 다시 돌려줘야 했다. 재무적 투자자FI는 투자금과 더불어 약정된 수익을 내는 나쁘지 않은 엑시트를 했다.

콜옵션: "네 돈 줄게. 나가!"

풋옵션과 상반된 개념으로 콜옵션이 있다. 미리 정해진 조건으로 '주식을 매수할 수 있는 권리'다.

"최근 제너시스는 2년 전 발행해 매각한 교환사채EB와 큐캐피탈이 보유한 제너시스비비큐 구주 30.54%를 전액 인수했다. 이번 매각은 제너시스가 콜옵션을 행사하면서 보통주 전환 대신 이루어졌다."

제너시스가 콜옵션을 행사한 건 지분을 희석하지 않겠다는 의미다. 즉 '네 돈을 다시 돌려줄 테니 나가라!'는 요구다. 콜옵션은 계약서에 콜옵션 행사의 '조건(기한, 매출액 등)' '한도(지분의 ○○%)' '가격(1주당)' 등을 적시해 훗날 양자 간 시비가 붙지 않도록 예방한다. ㈜제너시스의 콜옵션 행사로 재무적 투자자인 큐캐피탈은 보통주 전환 대신 투자금 전액을 회수했다. 2년간 투자하고 20%의 수익으로 엑시트를 한 것이다.

안트러프러너를 위한 옵션: "드래그얼롱과 콜옵션을 챙겨라!"

드래그얼롱, 태그얼롱, 풋옵션, 콜옵션은 기본적으로 재무적 투자자의 투자 실패를 줄이는 방안으로 만들어졌다. 하지만 안트러프러너도 이들 권한을 적극적으로 활용해 권리를 지킬 수 있다. 예컨대 재무적 투자자에게 매우 중요한 드래그얼롱은 오로지 투자자만을 위한 조항은 아니다. 드래그얼롱은 안트러프러너의 권리를 보호하기 위해 반드시 필요하다. 투자를 받은 스타트업에 좋은 조건의 인수합병 제안이 들어왔을 때 투자자의 지분을 함께 매각할 수 있다. 물론 이런 상황에 대비해 재무적 투자자는 계약에 태그얼롱을 명시한다. 그러나 재무적 투자자는 절대 드래그얼롱 조항을 허락하지 않는다. 재무적 투자자가 필요하면 테그얼롱을 하면 되는데 자신들에게 불리한 드래그얼롱을 넣지는 않는다. 더욱이 투자받기 위한 협상에서는 투자자가 갑의 위치에 있으므로 이러한 조항을 강제하기는 어렵다. 그런에도 안트러프러너는 주주가 늘어나면 최대한 드래그얼롱 조항을 넣어야만 좋은 조건으로 엑시트 기회가 왔을 때 잡을 수 있다.

따라서 안트러프러너는 콜옵션을 가져야 한다. 투자를 받았지만 투자자와 도저히 협력관계를 유지하기 어렵다고 판단했다고 하자. 그럴 때 결별을 요구할 수 있는 권한이 콜옵션이다. 혹은 사업이 잘되어 현금이 넉넉해졌을 때 투자자의 지분을 회수해 경영권을 강화하는 수단으로도 활용할 수 있다. 단, 콜옵션 행사로 투자금을 돌려줄 때 약정한 수익도 함께 지불해야 한다. 약정 수익률은 상황에 따라 많이 달라지기 때문에 여러 가지 사례를 예상하여 적절한 비율을 정해야 한다.

리픽싱: "우리 다시 계산할까?"

모든 투자는 밸류에이션(가치평가)을 기반으로 한다. 값이 얼마인지 알아야 지분율을 정할 수 있기 때문이다. 하지만 상환전환우선주의 최종 밸류에이션은 투자 당시가 아니라 보통주로 전환한 후에 결정된다. 최종 밸류에이션에 따라 재무적 투자자는 상환(R)을 할 것인지, 전환(C)을 할 것인지 옵션을 선택한다.

상환의 경우를 보자. 재무적 투자자가 A사의 밸류에이션을 100억 원으로 산정하고 투자했다고 하자. 그런데 몇 년 후 기업공개를 준비하는 과정에서 A사의 기업가치가 50억 원으로 평가됐다. 무려 절반 이상 낮은 가격이다. 이때 재무적 투자자가 보유한 지분을 보통주로 전환해봐야 이익이 크지 않다고 판단할 수 있다. 그러면 재무적 투자자는 보통주 전환 대신 상환을 요청하고 이자 등을 계산해서 투자원금을 회수하게 된다.

전환의 경우를 보자. 재무적 투자자에게 가장 이상적인 상황은 보유 지분을 모두 보통주로 전환해 상장하고 높은 수익으로 엑시트를 하는 것이다. 이는 피투자 기업의 최종 밸류에이션이 투자 당시보다 더 높은 상황일 때 가능한 시나리오다. 그런데 반대로 기업가치가 예상보다 낮아질 수도 있다. A사의 초기 기업가치를 100억 원으로 평가하고 투자했는데 최종 밸류에이션이 80억 원이라고 하자. 기대에는 미치지 못하지만 상환하는 것보다는 보통주로 전환해 상장하는 것이 더 유리하다고 판단된다.

이런 경우 재무적 투자자는 사전에 합의한 조건으로 '리픽싱re-fixing' 권한을 사용해 지분율 재조정을 요구할 수 있다. 가령 기업가치 하락을 반영해 재무적 투자자가 보유한 상환전환우선주 100주를 보통주 150주로 전환해 기업가치를 재조정하는 것이다. 이렇게 되면 비록 처음 제시한 기업가치보다 하락했지만 리픽싱을 통해 수익을 창출할 수 있는 길이 생긴다. 단, 리픽싱은 필수 권한이 아니라 투자를 받을 때 양자가 계약에 명시해야만 적용할 수 있다.

4부

혁신 국가
전략

Start up

7장

스타트업 게임의 법칙을
이해하라

혁신은 파괴와 융합으로 시작된다

2021년 한 해 국내 대표적 플랫폼 기업들이 줄줄이 수난(?)을 겪었다. 난데없는 '상권 갈등'의 당사자가 되어 이슈의 중심에 섰다. 시작은 쿠팡, 배달의민족, 카카오모빌리티 등 플랫폼 기업이 퀵커머스(즉시 배송) 사업에 뛰어들면서다. 쿠팡이츠 마트, 배달의민족 B마트 등 퀵커머스는 상품 판매와 배달 서비스를 합친 비즈니스로서 기존 배달 앱이 자영업자와 고객을 중개하는 것과는 다르다. 자영업자들이 상권 사수에 나선 이유다. 자영업자들은 플랫폼 기업도 오프라인 대형 유통업체에 적용되는 의무 휴업 등 규제를 받아야 한다고 목소리를 높였다. 이에 국회는 입법으로 화답하겠다는 입장이다.

혁신은 언제나 기존 질서의 파괴와 융합으로 시작된다. 4차 산업혁명 시대의 혁신을 대표하는 산업이 플랫폼 비즈니스다. 전 세계 시가총액 6위 기업 가운데 5개 기업이 플랫폼이다. 미국의 컨설팅사 아플리코의 분석에 따르면 세계 유니콘의 약 60%가 플랫폼에서 탄생했다. 미국의 유니콘의 45%, 아시아의 유니콘의 86%가 플랫폼을 채택하고 있다. 국내 유니콘 야놀자, 배달의민족, 당근마켓, 비바리퍼블리카, 로톡 등도 플랫폼이다. 스타트업의 전성시대라는 말은 곧 플랫폼 비즈니스의 시대를 의미한다고 해도 과언이 아니다.

플랫폼 비즈니스란 무엇인가? 쉽게 말하면 서로 다른 시장을 연결하고 한곳에 모아서 가치를 창출하는 통합 비즈니스다. 하나의 어플리케이션, 즉 소프트웨어가 아니라 다양한 비즈니스 모델이 작동하는 운영체제다. 퀵커머스, 서비스 마켓플레이스, 제품 마켓플레이스, SNS, 금융, 커뮤니케이션, 개발, 콘텐츠, 게임 등 플랫폼 유형도 다양하다.

성공적인 플랫폼은 거래비용을 절감하고 교환을 쉽게 함으로써 전통적 비즈니스가 할 수 없는 혁신적 방식으로 시장을 확장한다. 플랫폼의 특징 중 하나가 바로 이종 비즈니스와 융합하는 방식으로 진화하는 것이다. 온라인과 오프라인을 통합하고 연결하여 확장하는 방식이다. 미국 최대 온라인 쇼핑 플랫폼인 아마존은 2016년 12월 시애틀에 오프라인 편의점인 아마존고를 오픈했다. 고객은 물품 구매 후 계산대에 길게 줄을 설 필요가 없다, 아마존고 앱을 구동하고 필요한 물건을 들고 나오면 쇼핑이 끝난다. 플랫폼의 오프라인 시장 장악의 대표적 사례는 핀테크다. 중국의 경우 모바일 결제 시장의 98%는 이미 핀테크 기업이 점유했다. 오프라인의 전통적 결제시장을 밀어낸 것이다.

플랫폼과 오프라인 시장의 충돌은 필연적이다. 이것이 4차 산업혁명 시대의 경제 생태계다. 미국 신용평가회사 스탠더드앤드푸어스의

국가별 음식 배달 플랫폼 주요 기업

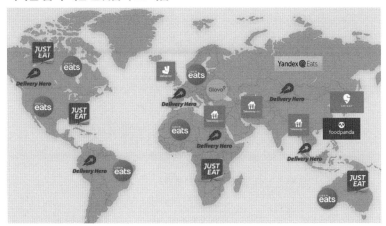

(출처: 프로스트 앤드 설리번)

연구에 따르면 플랫폼은 다른 산업군 대비 평균 2~4배 수익이 더 높고 장단기적으로 더 나은 경제적 성과를 기록하는 것으로 나타났다. 그래서 북미와 유럽의 주요국들은 민간뿐만 아니라 정부 주도로 융합 플랫폼을 연구하고 대응하고 지원한다. 플랫폼이 국가 산업 경쟁력의 상당 부분을 차지할 것이기 때문이다. 플랫폼의 큰 특징은 블리츠스케일링 전략을 펼친다는 것이다. 기습적으로 빠르게 시장을 선점해야만 생존이 가능하기 때문이다. 글로벌 플랫폼들은 지금 한정된 시장을 누가 더 많이 차지하는가를 두고 치열한 전쟁을 벌이고 있다. 대표적으로 배달 서비스 플랫폼들의 움직임을 보자.

2020년 한 해 동안 배달 서비스 플랫폼 기업들의 합종연횡이 두드러졌다. 영국의 저스트잇과 네덜란드의 테이크어웨이가 합병을 통해 유럽 시장의 최강자가 됐다. 그들은 같은 해 미국의 배달 서비스 기업 그럽허브와 또다시 합병을 감행했다. 유럽과 북미를 아우르는 대형

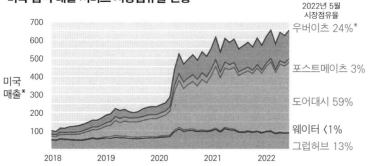

미국 음식 배달 서비스 시장점유율 현황

2022년 5월
시장점유율

우버이츠 24%*

포스트메이츠 3%

도어대시 59%

웨이터 <1%

그럽허브 13%

미국
매출*

* 2018년 1월 음식 배달 매출(=100)에 연동됨
* 데이터는 아마존 레스토랑과 도어대시에 인수된 캐비어는 제외됨
* 반올림으로 인해 백분율은 100이 아닐 수 있음

(출처: 블룸버그 세컨드 메저)

* 우버캐시로 구입한 건은 제외됐다. 특히 2019년 5~8월의 일부 매출은 우버라이드와 혼
재돼 있다.

배달 서비스 플랫폼이 탄생한 것이다. 그럽허브가 저스트잇과 뭉친
까닭은 미국 시장 1위 도어대시, 2위 우버이츠와의 싸움에서 독자 생
존이 어렵다고 판단했기 때문이다. 우버이츠는 또 다른 기업 포스트
메이츠와 합병했다. 독일의 딜리버리히어로는 우리나라의 배달의민
족을 인수했다. 현재 세계 음식 배달 비즈니스 시장은 저스트잇, 도어
대시, 우버이츠, 딜리버리히어로, 그리고 중국 시장의 강자 메이투안
으로 분할 점령된 상태다. 그들은 초기 음식 배달 사업을 넘어 플랫폼
의 특성을 살려 다양한 업종과 손잡고 배달 사업을 시작했다. 햄버거,
비상약, 애완동물 사료, 휴지 몇 통을 한 번에 배송받는 서비스가 가능
해졌다. 음식 배달 서비스는 이미 '라스트마일 배송 서비스' 시장으로
확장됐다.

반면 우리나라는 다르다. 딜리버리히어로가 배달의민족을 인수한
과정의 일을 복기해보자. 딜리버리히어로는 국내 1위 기업 배달의민

족을 인수하는 대가로 앞서 인수했던 요기요와 배달통을 토해내야 했다. '시장 독점' 규제 때문이다. 그런데 독과점 규제 여부를 심사하는 동안 이리지도 지리지도 못한 채 발이 묶인 요기요의 기업가치가 급격하게 하락했다. 그 기간 틈을 타 쿠팡이츠가 빠르게 시장을 차지했다. 결국 요기요는 초기 수조 원 대의 기업가치보다 훨씬 낮은 8,000억 원대로 GS리테일에 인수됐다. '상권 갈등'에 휘말렸던 카카오모빌리티는 타다가 그랬듯이 배달 비즈니스를 포기했다.

한편 국민주로 추앙을 받으며 유가증권시장에서 시가총액 3위 자리를 놓고 경쟁을 벌였던 네이버와 카카오의 주가 하락이 심상치 않다. 2022년 8월 8일 기준 코스피 시장에서 네이버는 25만 원, 카카오는 8만 원대에 거래 중이다. 네이버는 2021년 고점(46만 5,000원) 대비 50% 가까이 내렸다. 카카오 역시 2021년 고점(17만 3,000원)보다 약 60% 폭락했다. 이들 주가는 2022년에만 35% 이상 내리면서 15% 내린 코스피 지수보다도 훨씬 더 많이 빠졌다.

2021년 4,600억 원의 투자를 유치하면서 8조 2,000억 원의 기업가치를 인정받았던 금융 플랫폼 비바리퍼블리카(토스)의 투자유치가 늦어지면서 상장 시기와 가능성에 대해 회의적인 반응이 나타나고 있다. 저금리 기조로 유동성이 넘치던 시기에 몸값을 빠르게 높여왔지만 금리 인상기로 접어들면서 투자 심리가 위축되자 기업가치에 대한 거품 논란이 일고 있다. 최근 비바리퍼블리카는 애초 계획보다 상장 시기를 늦추는 방안을 검토 중인 것으로 알려졌다.

모빌리티 플랫폼 기업인 쏘카는 국내 유니콘 최초로 유가증권시장 상장을 위한 공모 절차에 착수했다. 상장 절차가 예정대로 진행되면 쏘카는 8월 중 유가증권시장에 상장된다. 하지만 글로벌 모빌리티 플랫폼 기업인 우버의 주가가 최근 3개월간 30% 이상 하락했고, 국내에서도 경쟁기업인 롯데렌탈의 주가도 많이 하락해서 쏘카의 상장에 악영향을 미칠 것으로 예상된다. 증권시장을 비롯한 금융시장의 침체로 SK쉴더스, 원스토어 등이 잇따라 상장을 철회한 상황에서 쏘카의 도전은 현재 국내에서 상장을 추진 중인 기업은 물론 스타트업 전체의 주목을 받고 있다. 쏘카의 기업공개 흥행 여부에 따라 스타트업 투자 시장에 미치는 파장이 커질 수밖에 없기 때문이다.

저금리와 풍부한 유동성으로 고공행진을 거듭하던 플랫폼들이 최근 글로벌 경기 침체와 급격한 금리 인상의 여파로 혹독한 겨울을 맞고 있다. 상장을 추진하다 수요예측에서 흥행에 실패해 상장 계획을 철회하는 기업이 속속 나오고 있으며 투자유치가 무산되어 향후 생존이 불투명한 기업들도 점차 늘어나고 있다. 상장 기업들도 예외는 아니어서 주가 폭락으로 인해 주주들의 한숨 소리가 커지고 있다.

플랫폼과 같은 성장주는 일반적으로 금리가 오르면 미래 기업가치에 대한 할인율이 높아지면서 상대적으로 훨씬 더 큰 타격을 받는다. 미국 연방준비제도가 기준금리를 0.75 인상하는 '자이언트 스텝'을 단행하면서 플랫폼 대장주들의 급락세가 나타나고 있으며 앞으로도 당분간은 이러한 상황이 이어질 것으로 전망된다. 그동안 버블 논란에도 불구하고 투자자들의 사랑을 받으며 승승장구하던 플랫폼 기업 중에서도 천문학적인 마케팅 비용을 쏟아부어 가며 시장점유율을 높여가던 인지도 높은 플랫폼 기업들이 직격탄을 맞는 느낌이다.

그러나 어려운 상황에서도 세계 각국에서 혁신 기업은 계속 나타나

빅테크 기업의 유니콘 인수합병 현황

마이크로소프트가 액티비전 블리자드를 687억 달러에 인수

인수한 회사
● 마이크로소프트(13개)　● 구글(8개)
● 아마존(5개)　● 페이스북(5개)　● 애플(2개)

2020

2018

마이크로소프트가 뉘앙스를 162억 달러에 인수

2016

아마존이 홀푸드를 137억 달러에 인수

2014

마이크로소프트가 링크드인을 262억 달러에 인수

2012

페이스북이 인스타그램을 10억 달러에 인수

2010

페이스북이 왓츠앱을 220억 달러에 인수

2008

마이크로소프트가 스카이프를 85억 달러에 인수

2006

2004

구글이 유튜브를 17억 달러에 인수

2002

2000

2000

(출처: 앤드루 위더스푼·악시오스)

고 있다. 특히 미국의 빅테크 기업과 중국의 플랫폼 기업은 지금의 상황을 경쟁자를 따돌릴 절호의 기회로 보고 엄청난 자금을 바탕으로 많은 스타트업을 인수하며 몸집을 키우고 있다. 『플랫폼 자본주의』의 저자이며 영국 런던대학교 킹스칼리지에서 디지털 경제를 가르치고 있는 닉 서르닉Nick Srnicek은 최근 한 세미나에서 급속도로 위축된 투자

환경으로 플랫폼 기업들은 생존경쟁에 내몰릴 것이며 구글, 마이크로소프트, 아마존, 메타 등과 같은 글로벌 거대 플랫폼 기업들이 이 틈을 타 활발한 인수합병 등을 통해 사업 확장에 나설 것으로 전망했다.

이는 향후 빅테크 기업들의 경쟁자가 줄어들고 영향력이 강화된다는 것을 의미한다. 중국 정부도 플랫폼 기업의 육성 기조를 분명히 밝혔다. 이에 따라 글로벌 기업으로 성장한 텐센트, 알리바바, 바이두, 징동, 메이투안 등 중국 플랫폼 기업들의 족쇄가 풀리며 주가 상승과 사업 확대를 전망하는 애널리스트 분석자료도 늘어나고 있다.

현실은 이토록 변화무쌍한데 기존 산업과 시장의 질서를 위해 만들어진 제도와 원칙으로 새로운 혁신 생태계를 합리적이고 공정하게 판단할 수 있을까? 기존 기업은 기술, 제품 성능, 기능 향상에 집중했다. 하지만 4차 산업혁명을 주도하는 IT 기업과 유니콘들은 스마트폰, SNS, 클라우드 컴퓨팅, 사물인터넷 등 다양한 융복합 비즈니스에 주력한다. 산업이 달라지고 비즈니스 모델이 바뀌었다. 기존 질서를 유지하는 목적의 규제는 미래의 질서에는 적합하지 않다. 변화를 주도하는 기업은 미래로 나아가지만 그렇지 못한 기업은 몰락의 길을 걷는다. 그런데 이보다 중요한 건 변화를 수용하는 경제 사회 시스템이다. 플랫폼 비즈니스와 스타트업 경제의 문법을 이해하지 못하는 심판이 있는 경기장에서 스타트업은 글로벌 경쟁을 치러낼 만한 체력을 키울 수 없다. 정책과 규제의 방향은 미래를 향해야 한다.

유니콘 기업을
키우고 육성해야 한다

스타트업은 이미 세계 경제의 굵직한 흐름을 좌우하고 있다. 여전히 대기업 중심의 사고가 지배적인 우리 사회에서는 체감하기 쉽지 않지만 실제로 그렇다. 2022년 8월 8일 기준 글로벌 시가총액 순위를 보자. 10위권 안에 무려 7개 기업이 스타트업에서 성장한 IT 기업이다. 우리나라도 마찬가지다. 코스피 시총 10위 안에 셀트리온, 네이버, 카카오가 있다. 미국에서 상장한 쿠팡도 우리 시가총액 기준으로 10위 안에 든다. 전 세계 유니콘은 2,500여 개에 달하며 요즘은 매일 1~2개씩 새로운 유니콘이 탄생하고 있다. 그러다 보니 언론이 국가별 유니콘 숫자를 세기 시작하고 '유니콘 육성'이 정책의 목표로 등장했다. 하지만 유니콘 육성을 주장하기 전에 먼저 '왜 유니콘을 키워야 하는가?'를 질문하는 것이 순서다.

실제 정책이나 현장에서 나오는 답변은 대략 세 가지로 정리된다.

첫째, '기술의 혁신 때문'이라고 한다. 그러나 이는 적확한 답이 아니다. 대부분의 유니콘은 세상에 하나뿐인 기술보다는 고객의 편익을 증대할 비즈니스 모델을 만들어 혁신을 꾀하는 기업이다. 둘째, '일자리 창출 때문'이라고 한다. 급성장하는 스타트업의 고용률이 기존 산업군보다 높은 것은 사실이다. 하지만 유니콘이 만들어내는 일자리가 많다고 하더라도 질적인 면에서 기존 기업과 비교해서 더 낮다고 볼 수 없다. 긱이코노미gig economy에 적합한 고용이 많아지기 때문이다. 셋째, '세수 효과 때문'이라고 한다. 기업가치가 수조 원대를 넘다 보니 국가에 세금을 많이 낼 것이라는 생각이다. 아쉽지만 이 역시 사실이 아니다. 유니콘의 기업가치는 현재의 매출 규모가 아니라 미래의 기대를 반영한 수치다.

유니콘이 많아지면 국가 경제가 훨훨 날게 될 것이라는 생각은 틀렸다. 그럼에도 유니콘을 미래 국가 경쟁력의 지표로 보는 이유는 그 나라의 혁신 성장을 의미하기 때문이다. 유니콘은 단순히 창의적인 아이디어로 성공한 기업이 아니다. 그들은 기존 시장의 질서를 바꿀 수 있는 혁신적 비즈니스 모델을 창안하고 현실화하는 선수들이다. 유니콘이 많이 탄생한다는 건 한 국가의 산업 생태계가 혁신의 방향으로 빠르게 전환되고 있음을 보여주는 증거다.

유니콘은 성공한 기업을 의미하는 것이 아니다. 첨단기술, 고용 창출, 수익 창출 등과는 상관없이 단지 '투자자 관점에서 투자를 통해 대박이 날 수 있는 기업'을 뜻하는 말이다. 그래서 유니콘은 빠른 시간에 기업가치를 기하급수적으로 끌어올릴 수 있는 비즈니스 모델을 갖고 있다는 특징이 있다. 미래의 아마존이나 구글이 될 기업이 유니콘인 것이다.

유니콘 육성을 제조업 분야의 중소 혁신기업 육성과 혼동해서는 안 된다. 유니콘은 창업 생태계를 활성화하고, 고용 창출을 확대하고, 첨단기술 개발과 제조업 경쟁력을 강화하고, 국내총생산 성장을 늘리는 등 모든 것을 할 수 있는 만능 신화가 아니다. 지금은 유니콘에 대한 지나친 환상을 깨야 한다.

많은 사람이 우리나라의 유니콘은 왜 플랫폼 일색인가? 왜 제조업 유니콘이나 첨단산업 유니콘은 없는가? 왜 수익이 나지 않는가? 버블이 아닌가? 등 여러 의문을 품는다. 그러나 '제조업 유니콘'은 이제 과거의 신화적인 얘기다. 제조업을 하기 위해서는 대규모 공장을 지어야 하고 한꺼번에 엄청난 물량의 제품을 팔아야 한다. 그런데 지금과 같은 디지털 경제 시대에 그런 제품은 흔치 않다. 제조업은 성장이 단계적이고 안정적이기 때문에 단기간에 천문학적인 기업가치를 만들 수 없다. 따라서 평균 5년 만에 기업가치 10억 달러로 성장하는 유니콘이라는 개념을 충족할 수 없다.

'하이테크 유니콘'도 마찬가지다. 우리는 유니콘에 관해 이야기할 때 유독 테크 기업을 강조하는 경향이 있다. 유니콘 경제에서 기술은 비즈니스 모델의 일부이다. 중요한 것은 비즈니스 모델이다. 우리 사회를 혁신할 비즈니스 모델이 선행되고 거기에 가장 적합한 기술이 후행으로 탑재되는 것이다. 그 경우 기술이 첨단일 수도 있고 그렇지 않을 수도 있다. 그러나 첨단기술이 활용됐더라도 고객의 눈에는 보이지 않고 비즈니스 모델에 녹아 있다. 그렇기 때문에 하이테크 유니콘을 논하는 것은 의미가 없다.

　고객의 페인 포인트Pain Point를 찾아 기술을 개발하고 적용하여 편리하게 바꾸는 것이 핵심이다. 고객은 편리성을 인식하면 절대 과거로 돌아가지 않는다. 유니콘은 문제점을 더 편리하게 매우 빠르게 해결한다. 작은 기업이지만 우버나 에어비앤비 등과 같이 불과 2~3년만에 전 세계 표준이 되기도 한다. 비즈니스 모델이 세계적으로 확산되기 때문에 성장 속도가 빠르다. 그러다 보니 유니콘에 돈이 몰리는 것이다.

　코로나 팬데믹 이후 실리콘밸리에서는 2가지 투자 키워드가 급부상했다. 바로 '회복력resilience'과 '적응력adaptability'이다. 위기 상황에서 바로 회복하고 적응할 수 있는 비즈니스 모델을 중시하는 것이다. 앞으로 새로운 비즈니스 모델들이 많이 탄생할 것이다. 코로나 팬데믹은 전 세계 비즈니스 모델을 새롭게 혁신하는 계기가 됐다. 이로 인해 아주 많은 유니콘이 탄생할 것이고 아주 많은 유니콥스도 나올 수 있다.

　제조업이나 대기업들은 회복력과 적응력을 키우기 위해 새로운 기술 개발은 물론이고 리쇼어링과 스마트 팩토리로 돌파구를 찾을 것이다. 기존 글로벌 공급망이 무너졌기 때문이다. 시장 규모는 더욱 작아져 이전보다 유니콘이 나오기는 더 힘들 수도 있다. 그럼에도 불구하고 플랫폼 등 비대면 분야에서 유니콘 경제가 확산될 것으로 예상되며 징교하고 빠르게 비즈니스 모델을 만들 수 있는 새로운 유니콘들이 쏟아져 나올 것이다.

유니콘의 탄생은 새로운 트렌드 발생 전후로 가장 활발했다. 반도체의 등장(인텔, AMD)과 대형 매장의 등장(월마트, 베스트바이), PC의 등장(애플, 마이크로소프트, 델), 인터넷의 등장(구글, 야후, 링크드인, 페이스북)이 그 예시다.

전염력과 치명률이 매우 강한 바이러스의 등장은 이미 고객의 습관을 바꿔버렸다. 아마존과 같은 기업들이 새롭게 더 생겨날 것이다. 부동산, 원자재, 교통 등의 시장이 변화하고 있다. 또한 원격의료, e-러닝, 재택근무 등 기존 산업이 새롭게 변하고 일부 새로운 산업의 상용화가 빨라졌다. 관건은 이와 같은 변화 속에서 유니콘이 될 기회를 잡는 것이다.

변화와 미래를 가장 빠르고 정확히 읽을 수 있는 지표 중 하나가 유니콘들과 예비 유니콘들이 모색하는 새로운 비즈니스 모델이다. 따라서 유니콘의 비즈니스 모델을 자세히 분석해 미래를 예측하고 시장에서 성장할 수 있도록 걸림돌을 제거하고 그에 상응하는 경제와 사회 전반의 시스템 개선과 인프라 강화를 추진하는 것이 중요하다. 특히 이러한 일은 정부가 앞장서야 한다.

하지만 유니콘 수를 늘리는 정책적 지원의 방향은 옳지 않다. 유니콘 수가 곧 혁신의 정도를 말하는 것은 아니며, 유니콘 수가 적다고 혁신이 멈춰 있다고 볼 수도 없다. 핵심은 유니콘이 결과가 아니라 과정

신규 유니콘 탄생 현황

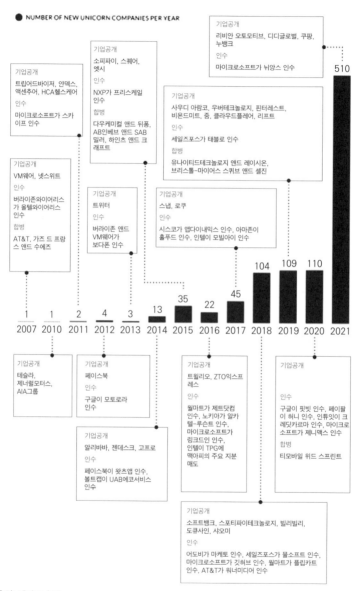

● NUMBER OF NEW UNICORN COMPANIES PER YEAR

기업공개
리비안 오토모티브, 디디글로벌, 쿠팡, 누뱅크
인수
마이크로소프트가 뉘앙스 인수

510

기업공개
소피파이, 스퀘어, 엣시
인수
NXP가 프리스케일 인수
합병
다우케미컬 앤드 뒤퐁, AB인베브 앤드 SAB 밀러, 하인츠 앤드 크래프트

기업공개
사우디 아람코, 우버테크놀로지, 핀터레스트, 비욘드미트, 줌, 클라우드플레어, 리프트
인수
세일즈포스가 태블로 인수
합병
유나이티드테크놀로지 앤드 레이시온, 브리스톨-마이어스 스퀴브 앤드 셀진

기업공개
트립어드바이저, 얀덱스, 액센추어, HCA헬스케어
인수
마이크로소프트가 스카이프 인수

기업공개
VM웨어, 넷스위트
인수
버라이즌와이어리스가 올텔와이어리스 인수
합병
AT&T, 가즈 드 프랑스 앤드 수에즈

기업공개
트위터
인수
버라이존 앤드 VM웨어가 보다폰 인수

기업공개
스냅, 로쿠
인수
시스코가 앱다이내믹스 인수, 아마존이 홀푸드 인수, 인텔이 모빌아이 인수

| 1 | 1 | 2 | 4 | 3 | 13 | 35 | 22 | 45 | 104 | 109 | 110 | 510 |
| 2007 | 2010 | 2011 | 2012 | 2013 | 2014 | 2015 | 2016 | 2017 | 2018 | 2019 | 2020 | 2021 |

기업공개
테슬라, 제너럴모터스, AIA그룹

기업공개
페이스북
인수
구글이 모토로라 인수

기업공개
알리바바, 젠데스크, 고프로
인수
페이스북이 왓츠앱 인수, 볼트캡이 UAB에코서비스 인수

기업공개
트윌리오, ZTO익스프레스
인수
월마트가 제트닷컴 인수, 노키아가 알카텔-루슨트 인수, 마이크로소프트가 링크드인 인수, 인텔이 TPG에 맥아피의 주요 지분 매도

기업공개
구글이 핏빗 인수, 페이팔이 허니 인수, 인튜잇이 크레딧카르마 인수, 마이크로소프트가 제니맥스 인수
합병
티모바일 위드 스프린트

기업공개
소프트뱅크, 스포티파이테크놀로지, 빌리빌리, 도큐사인, 샤오미
인수
어도비가 마케토 인수, 세일즈포스가 뮬소프트 인수, 마이크로소프트가 깃허브 인수, 월마트가 플립카트 인수, AT&T가 워너미디어 인수

(출처: 젠비즈니스)

290   스타트업, 아름다운 성공

의 성공 사례라는 것이다. 유니콘이 많다는 건 동시에 기업가치 1조 원이 될 때까지 엑시트를 하지 못한 비상장 기업이 많다는 뜻이다. 유니콘이 100개이든 핵토콘이 50개이든 이들은 여정의 반환점에 도달한 것이고 누구든 예외 없이 엑시트를 하지 못하면 좀비콘과 유니콥스의 길을 걷게 된다. 생각해보자. 스타트업이 기업가치 1조 원 혹은 100조 원이 될 때까지 계속 성장하는 것이 좋은 선택일까? 아니면 적절한 성장 시점에서 인수합병이든, 기업공개든 엑시트 후 가치 1조 원 이상의 기업으로 성장하는 것이 더 좋은 선택일까?

유니콘 정책의 방향은 유니콘 자체가 아니라 스타트업 생태계의 관점으로 바라봐야 한다. 유니콘은 '혁신의 방향을 보여주는 나침반'과 같다. 후룬리포트, CB인사이트 등 스타트업계의 동향을 분석하는 글로벌 미디어를 통해 인공지능, 푸드테크, 공유경제, 플랫폼 비즈니스 등 어느 분야에서 유니콘이 탄생하는지 흐름을 보면 미래 산업의 방향을 알 수 있다. 미래 정보는 유니콘 수가 아니라 비즈니스 모델의 유형에 담겨 있다.

따라서 유니콘 정책은 유니콘의 양적 증가가 아니라 유니콘이 될 만한 혁신적 비즈니스 모델이 자생적으로 더 많이 탄생하도록 환경을 조성하는 데 집중해야 한다. 시대 전환의 속도가 무척 빠른 지금, 혁신적 비즈니스 모델이 나온 후 비로소 대응을 고민하면 늦는다. 잠재 위험을 사전에 스크리닝함으로써 스타트업의 리스크를 사전에 줄여야 한다. 가령 다양한 비즈니스 모델이 사회에 미치는 영향을 연구한다고 하자. 축적된 정보를 토대로 시장에 미칠 부정적 영향을 어느 정도 예측할 수 있다면 성장을 방해하는 규제를 수정하고, 실패 후 재도전할 수 있는 안전망을 만들고, 엑시트 기회를 확장함으로써 더 많은 자본이 스타트업 생태계로 유입될 수 있도록 환경을 조성해야 한다.

미래를 선도할 유니콘이 잘 자라기 위해서는 비즈니스 모델을 연구하고 실험하고 상용화할 수 있는 인프라가 중요하다. 국가 차원에서 인프라 확충에 주목할 필요가 있다. 조속히 비즈니스 모델 전문 연구기관을 설립하는 것도 방법이다. 기존 정부 출연 연구기관도 기술 연구개발 못지않게 기술을 활용한 비즈니스 모델을 국내에 적용할 때 문제가 될 수도 있는 관련 규제 등을 사전 점검할 수 있을 것이다.

무조건 규제를 없애는 것이 올바른 길은 아니다. 현행법에 저촉되면 선제적으로 공론화하여 해결책을 모색하면 된다. 그래서 글로벌 스탠더드로 향하는 데 정부의 역할이 중요한 것이다. 연구기관이 비즈니스 모델의 건전성, 지속가능성, 사회·경제적 영향을 분석한다면 혁신적 비즈니스 모델에 관한 정보가 넘쳐나고 네트워킹 인프라가 잘 갖춰져 예비 유니콘들이 자라는 토양이 더욱 기름지게 될 것이다.

스타트업 생태계는
엑시트로 완성된다

    인공지능, 자율주행차, 메타버스, 바이오 헬스케어 등 미래를 만드는 기술이 매일같이 쏟아지는 도시 실리콘밸리는 1인당 특허 수, 엔지니어 비율, 벤처투자 건 모두 미국 내 최고 수준이다. 성공한 창업가와 예비 창업가, 벤처캐피털, 스탠퍼드대학교와 버클리대학교 교수진 등 각 분야의 전문가와 한때는 스타트업이었던 구글과 애플 등 대기업이 촘촘한 네트워크로 작동한다. 기술, 인재, 자본의 3요소가 매우 잘 갖춰진 스타트업 생태계의 모델이다.

    80여 년 전 스탠퍼드대학교 출신의 데이비드 팩커드David Packard와 윌리엄 휴렛William Hewlett이 창업한 휴렛팩커드HP의 오실레이터 기술이 디즈니의 애니메이션 「판타지아」에 쓰이면서 지금의 실리콘밸리가 탄생했다. 그 이후로 반도체 기술의 발전으로 페어차일드세미컨덕터와 인텔이 생겼고, 또 그들이 쌓아놓은 기술을 발판 삼아 애플과 마

이크로소프트가 탄생했다. 그리고 이들 어깨 위에서 구글과 스페이스
X가 등장했다. 팩커드의 낡은 주택은 현재 '실리콘밸리의 발상지'로
캘리포니아주의 사적으로 지정됐다.

역사가 된 이들의 창업 스토리에는 두 명의 안트러프러너 외 또 다
른 인물이 등장한다. 휴렛과 팩커드의 지도교수 프레더릭 터먼Frederick
Terman이다. 당시 서부에 마땅한 일자리가 없어서 제자들이 동부로 떠
나는 것을 무척 안타까워했다. 그는 졸업생들에게 창업을 적극적으로
권유했다. 말뿐만이 아니라 개인재산을 털어서 투자도 하고 직접 판
로를 개척하는 등 물심양면으로 지원했다. 휴렛과 팩커드도 프레더릭
터먼 교수에게 538달러를 빌렸다. 오늘날 실리콘밸리식 엔젤투자의
시초다. 여하튼 시드머니를 조달한 휴렛팩커드는 승승장구 성장했고
1961년 뉴욕증권거래소에 상장했다.

실리콘밸리 생태계는 두 명의 안트러프러너와 엔젤투자자의 만남
에서 시작됐다. 이후 기관투자자로서 벤처캐피털이 본격적으로 실리
콘밸리에 진출한 것은 1970년대 초다. 미국은 세계 최초로 밴처캐피
털이 탄생한 나라다. 하버드대학교 경영대학원 교수 조르주 도리오
Georges Doriot가 기술 창업 아이디어에 투자할 목적으로 1946년 창업
투자사 ARDCAmerican Research and Development Corporation를 설립한 것이
최초다. ARDC는 1957년 보스턴의 미니컴퓨터 회사 DEC에 7만 달러
를 투자했고 1968년 이 회사의 상장으로 무려 500배 이상 수익을 냈
다. 벤처투자의 대박 성공 사례다. ARDC의 성공을 지켜본 동부의 벤
처캐피털들은 투자할 스타트업을 찾아 서부로 몰려들었다. 이들 다수
가 스탠퍼드대학교 근처 샌드힐로드에 둥지를 틀었는데 지금도 실리

콘밸리의 중요한 투자가 이곳에서 결정된다.

국내 벤처캐피털 펀딩 시장은 정부 의존성이 높은 구조다. 정부에서 니온 지금은 벤처캐피털 시장 규모를 안정적으로 키우는 데 큰 역할을 했지만 매력적인 벤처투자 환경을 조성하진 못했다는 평가를 받는다. 재무, 금융 출신 인력 비중이 압도적인 국내 벤처캐피털과 달리 실리콘밸리에는 수많은 벤처캐피털, 유한책임 조합원, 투자 기업들이 하나의 네트워크로 움직이고 있다. 실리콘밸리의 유명 벤처캐피털인 앤드리슨 호로위츠Andreessen Horowitz는 인력의 절반 이상을 투자 이후 기업을 지원할 수 있는 역량을 가진 사람들로 채웠다. 그들은 재무, 마케팅, 전략과 같은 경영 기법을 가지고 투자 기업 경영에 직접 참여하거나 조언한다. 이러한 전문 인력 채용과 조직 운영은 투자한 기업의 가치를 늘리는 데 기여할 수 있다. 실제 미국의 벤처캐피털은 기업을 운영한 경험이 있는 인물들이 대다수를 차지하고 있다.

마침내 인재, 기술, 자본의 조합이 완성됐다. 하지만 스타트업 경제가 거대한 유기체로서 기능하려면 공식적인 엑시트 시장이 반드시 필요했다. 1972년 나스닥이 탄생한 배경이다. 나스닥은 벤처기업의 자금조달을 목적으로 설립된 주식시장이다. 그래서 뉴욕증권거래소보다 상장 문턱도 상대적으로 낮다. 상장비용과 유지비용도 뉴욕증권거래소보다 부담이 적다. 현재 나스닥은 아마존, 애플, 페이스북, 구글, 테슬라 등 테크, 바이오, 헬스케어 기업들이 포진한 세계적 주식시장이다.

나스닥은 자타공인 세계 혁신의 메카인 실리콘밸리 생태계를 완성한 마지막 퍼즐이다. 실리콘밸리를 눈여겨본 여러 나라가 앞다퉈 나

글로벌 신시장 상장 기업 수 현황 (2021년 5월)

(단위: 개)

구분	나스닥 (미국)	TSX-V (캐나다)	코스닥 (한국)	자스닥+마더스 (일본)	촹예반 (ChiNext·중국)	AIM (영국)
2019년 말	2712	1673	1406	1021	791	863
2021년 5월 17일	3245	1646	1500	1058	951	822

※미국, 영국은 4월 30일, 캐나다는 3월 31일, 일본과 중국은 5월 12일 기준

(출처: 한국거래소)

스닥과 같은 혁신기업을 위한 주식시장을 만들었다. 우리나라의 코스닥, 일본의 자스닥, 독일의 노이어마르크트 등이 나스닥의 카피캣이다. 하지만 대부분의 국가가 명맥만 유지하거나 실패를 겪었다. 현재 스타트업을 위한 주식시장으로서 활력을 잃지 않고 있는 건 우리나라의 코스닥과 중국의 차이넥스트 정도다. 일본은 2022년 4월 주식시장 개편을 통해 자스닥이란 이름을 떼고 스타트업 중심으로 466개사를 향후 성장 가능성을 기대한다는 의미를 담은 '그로스'로 변경했다.

한편 2020년 실리콘밸리에 장기증권거래소LTSE가 새로 문을 열었다. 『린 스타트업』의 저자 에릭 리스가 설립한 스타트업을 위한 주식시장이다. 장기증권거래소는 스타트업의 미래를 주목하는 투자자본을 유입해 장기적으로 스타트업을 육성하는 것이 목표다. 그러기 위해 스타트업 성장에 따른 수익이 투자자에게 충분히 돌아가도록 설계된 것이 특징이다. 투자자가 해당 기업의 주식을 오래 보유할수록 더 많은 의결권을 보장하고, 스타트업의 이중 상장을 허용하고, 주문수수료를 없애는 등 나스닥이 울고 갈 파격적 조건을 제시한다. 스타트업 생태계의 활성화는 자본을 얼마나 많이 유치하고 다양한 회수 채널이 있는가에 달려 있다. 글로벌 자본을 유치해 스타트업을 육성할 수만 있다

면 자본금, 의결권 등 전통적 '주식회사 제도'의 룰도 바꾸는 과감한 도전정신이야말로 실리콘밸리가 미래를 만들어가는 진짜 역량이다.

스타트업 게임의 법칙을
알고 플레이하자

우리 정부의 스타트업 지원정책은 세계 최고 수준이다. 다양한 지원 제도가 있어 실리콘밸리보다 풍족한 환경에서 창업이 가능하다. 그러다 보니 헝그리 정신의 부족을 우려하는 쓴소리가 나온다. 여하튼 이런저런 정책은 계속 쏟아지는데 정작 가장 중요한 엑시트는 풀기 어려운 문제로 남아 있다. 기업공개(상장)에 집중된 투자회수 정책은 국민 세금이나 정책자금을 활용하기에는 성공률도 높지 않을 뿐만 아니라 너무 오랜 시간이 걸려서 부적합하다.

스타트업이 실패하는 건 안트러프러너 개인만의 문제가 아니다. 스타트업 하나가 사라지면 좋은 기술, 아이디어, 노하우는 물론이고 투입된 정부 지원금과 투자금도 함께 사라진다. 그렇다고 정부가 계속해서 펀드를 조성해 스타트업의 엑시트를 의도적으로 지원하는 방식의 접근은 위험하다. 시장 논리에 의한 엑시트가 아니라 정책자금으로 스타트업을 인수한다든가 주식을 사주는 방식으로 엑시트를 하게 하면 안 된다. 투자자는 한숨을 돌리겠지만 정부 펀드는 회수할 길이 박막해서서 결국 국민 세금만 닐리는 꼴이 된다.

턱없이 낮은 엑시트 성공률은 스타트업들이 지금의 생태계에서 좋은 게임을 하지 못하고 있음을 나타낸다. 좋은 내용의 게임을 원한다면 합리적인 룰이 작동하는 경기장을 만들어야 한다. 그러기 위해서는 다음 네 가지가 선행되어야 한다.

첫째, 가장 시급한 건 인수합병 활성화다. 규모가 큰 기업이 좋은 비즈니스 모델을 적극적으로 인수할 수 있는 환경이 필요하다. 우선 중견기업과 대기업이 스타트업 인수 후 적자 회계가 되지 않도록 해법을 찾아야 한다. 스타트업 대부분은 적자다. 이것이 스타트업 인수합병을 어렵게 하는 요소는 아니다. 정작 걸림돌은 인수 후 스타트업의 적자가 모기업의 회계에 그대로 반영되고 주가에 영향을 미치는 것이다. 주가 하락을 신경써야 하는 상장 기업이라면 스타트업 인수합병에 적극적으로 나서기 어렵다.

기업지배구조 규제도 변화가 필요하다. 대기업의 무분별한 문어발식 계열사 확장은 계속 제한해야 하지만, 기업의 미래 먹거리를 위한 오픈 이노베이션에 제동이 걸리는 건 문제가 있다. 초기 스타트업이든 유니콘이든 기업을 인수할 자본력이 있는 전략적 투자자는 대기업이다. 그런데 스타트업을 인수해 자회사로 두면 대기업이 되어 규제 대상이 된다. 합병도 쉽지 않다. 위계적 조직문화가 강한 대기업과 수평적 문화를 지향하는 스타트업의 화학적 결합은 상당히 어렵다. 합병으로 스타트업 고유의 창의성, 역동성, 혁신성이 죽게 되면 전략적 시너지 효과도 사라진다. 현재의 규제는 이러지도 못하고 저러지도 못한 채 인수합병 발목만 잡는 형국이다. 이 숙제를 풀지 못하면 국내 전략적 투자자들은 국내 스타트업이 아니라 규제가 없는 해외 스타트업 인수에 더 많은 관심을 쏟게 된다.

또 국내 스타트업 인수합병 시장에 글로벌 전략적 투자자가 활발하게 참여하도록 환경을 만들어야 한다. 인수합병에는 많은 돈이 필요하다. 재무적 투자자는 대규모의 딜도 여러 투자자가 지분을 나눠 투자할 수 있다. 반면 전략적 투자자는 수천억 원대의 자금을 동원할 능력이 있어야 한다. 특히 유니콘 인수는 1조 원 이상이 필요하다. 국내에도 소수의 대기업을 제외하면 인수가 쉽지 않다. 인수합병을 통한 조기 엑시트의 활성화는 글로벌 전략적 투자자의 참여가 중요하다. 해외 기업이 국내 스타트업을 인수하는 건 먹튀가 아니다. 국경 안에 갇힌 비즈니스 모델은 오히려 경쟁력을 잃는다. 기업의 국적보다 중요한 건 우리나라에서 일자리를 창출하고 세금을 내는 것이다. 무엇보다 우리나라 경제 성장에 도움이 되는 것이 중요하다. 왜 삼성전자에는 외국인 지분이 높아지면 환호를 지르고 스타트업에 해외 투자자의 자금이 많이 들어오면 문제라고 하는가? 국내 스타트업이 전략적 투자자든 재무적 투자자든 해외 투자자로부터 주목을 끌고 투자를 유치하면 우리나라 국내총생산이 높아지고 일자리가 생기고 해외 진출에 많은 도움이 된다. 국수주의적 논리로 국내 스타트업의 앞길을 막아서는 안 된다. 스타트업 경제에 대한 올바른 이해와 합리적 판단이 시급하다.

둘째, 기업공개 제도를 개선해야 한다. 우리나라 증권시장은 기본적으로 흑자 상장 원칙을 고수한다. 스타트업 경제와 맞지 않는 제도다. 미래 전망이 밝고 고도 성장하는 스타트업은 계속해서 많은 성장 자금이 필요하다. 시장에서 벤처캐피털을 통해 충분히 자금을 조달했더라도 끊임없이 투자가 필요한 스타트업은 주식시장에서 대규모 공모 자금을 받아 최종 그림을 그리려 한다. 그런데 우리나라는 흑자를 만든 후 상장하라고 한다. 회사가 흑자가 돼서 충분히 돈을 벌고 있으면 굳이 상장할 필요가 없다. 그런데 제도를 개선하기보다 '특례상장' 도입으로 보완한다. 우수기술기업이라서, 유니콘이라서 예외를 주는 방식은 건전한 시장의 자율성을 해치고 그 피해는 고스란히 시장이 떠안게 된다. 생색내듯이 찔끔찔끔 계속해서 특례를 만들 것이 아니라 글로벌 스탠더드에 맞는 제도를 도입해서 시장에 맡겨야 한다.

미국은 기업공개(상장)를 하는 기업의 85% 정도가 적자기업이다. 뉴욕증권거래소와 나스닥처럼 적자 상장을 허용하기 어렵다면 당장 코스닥만이라도 제도를 개선해야 한다. 상대적으로 국내 스타트업이 글로벌 기업에 비해 굉장히 불리한 게임을 하고 있기 때문이다.

스타트업은 결국 시간과 돈의 싸움이 된다. 기업공개IPO의 문턱을 낮추라는 것이 아니다. 다만 글로벌 시대에 우리 스타트업만 불이익을 받는 환경을 만들어서는 안 된다. 흑자, 적자 여부와 상관없이 상장은 시장에 맡기자. 우리나라도 세계 10위 경제 대국이다. 이 정도의 파격(?)도 없이 좋은 선수를 게임에 적극적으로 참여시킬 수 없다.

셋째, 안트러프러너의 복수의결권이 필요하다. 스타트업은 반드시 투자를 받아야 한다. 그런데 투자를 받을수록 안트러프러너의 지분은 희석될 수밖에 없다. 이런 특성을 고려해 여러 국가가 안트러프러너의 지분에 다수의 의결권을 부여하는 복수의결권을 인정한다. 복수의 결권의 악용 가능성을 우려해서 도입을 반대하는 사람들도 있지만 복수의결권이 도입돼도 주주의 동의가 필요하기 때문에 걱정할 필요가 없다. 주주들이 바보가 아닌 이상 회사의 성장에 도움이 되지 않는 상황에서 복수의결권을 찬성할 리 없기 때문이다. 제도는 글로벌 시대에 맞게 만들고 활용은 자율적으로 하도록 놔두면 된다. 개별 기업의 의결권까지 정부가 개입할 필요는 없다.

복수의결권을 활발하게 활용하는 나라는 역시 미국이다. 주식의 의결권 수에 대한 규제가 없다. 기업 정관으로 복수의결권이 부여된 주식을 발행할 수 있다. 가령 구글은 두 종류의 주식을 발행한다. A클래스 주식은 1주당 1개의 의결권을 가지고 B클래스 주식은 1주당 10개의 의결권을 가진다. 구글의 공동 창업자 래리 페이지와 세르게이 브린은 11.4%의 지분을 소유하고 있지만 복수의결권을 인정받아 51.1%의 의결권을 갖는다. 뉴욕증권거래소에 상장한 쿠팡의 창업자 김범석은 1주당 29개의 의결권을 가진 주식을 보유하고 있다. 지분율은 10.2%지만 의결권은 76.7%다. 복수의결권은 주식회사 제도의 원칙에서 벗어난 규정이고 여러모로 악용될 우려도 존재한다. 미국도 상장 기업이 추가로 복수의결권 주식을 도입할 수 없도록 규정하는 등 나름의 안전장치를 설계했다.

넷째, 스타트업 생태계는 패자부활의 정신으로 성장한다. 스타트업 게임은 실패가 필수다. 한두 번의 실패가 아니라 여러 번 도전해서 모두 실패할 수도 있다. 하지만 스타트업의 실패는 결과가 아니라 과정이다. 다만 실패를 과정으로 수용하는 건 개인의 의지보다 실패를 용인하는 문화에서 가능하다. 2009년 실리콘밸리에서 최초로 페일콘이 시작됐다. 안트러프러너들이 서로 실패를 공유하는 행사다. 실패를 부끄러워하지 않고 그 경험을 공동의 자산으로 축적하자는 취지다. 페일콘은 이후 전 세계로 퍼져나갔다. 프랑스 그르노블, 일본 도쿄, 이스라엘 텔아비브 등 전 세계 10여 개 도시에서 페일콘이 진행된다.

우리의 문화는 확실히 이와 반대다. 청년층의 60%가 '우리 사회는 한 번 실패하면 다시 일어서기 어렵다(2018. 한겨레)'고 말한다. 실패를 혁신의 동력으로 끌어내려면 실패를 부끄러워하지 않는 사회의 분위기가 조성돼야 한다. 이는 체계적 인프라를 통해 가능하다. 재도전하는 기업가에 대한 실질적인 지원뿐만 아니라 생태계 안에서 안트러프러너들이 연대하고 협력하는 장이 필요하다. 한국형 페일콘의 활성화가 대안이 될 수 있다. 실패의 두려움은 가까이 보고 듣고 경험함으로써 극복할 수 있다. 그 과정을 통해 실패는 희망의 동력으로 전환된다.

선한 스타트업 마피아들이 많아져야 한다

미국에는 '비즈니스 명예의 전당'이 있다. 1975년 로크웰인터내셔 널 회장 윌러드 로크웰Willard Rockwell Jr.이 모범적인 비즈니스 리더십 사례를 사회에 널리 알릴 목적으로 설립을 주도했다. 토머스 에디슨, 앤드루 카네기Andrew Carnegie, 월터 크라이슬러Walter Chrysler, 마빈 바우 어Marvin Bower 등 글로벌 비즈니스맨 270명 이상이 명예의 전당에 이 름을 올렸다.

비즈니스 명예의 전당은 기업 경영이 사회적 책임을 위한 활동이라 는 인식에 기반한다. 개인의 큰 성공은 기본적으로 사회 시스템의 조 력이 있었기에 가능한 것이다. 따라서 개인이 이룩한 유무형의 성과 는 사회와 공유할 자산이기도 하다. 공동체가 부여하는 명예란 개인 이 이룬 부의 크기가 아니라 사회적 책임의식에 대한 존경의 의미다.

스타트업 경제라는 새로운 패러다임이 시작된 지금 우리 사회에

'스타트업을 위한' 명예의 전당이 필요하다. 전통적 비즈니스맨들과 다르게 비교적 젊은 나이에 이미 기업가치 수조 원대의 기업을 키워낸 안트러프러너들이 미국은 물론이고 한국과 중국 등 많은 나라에서 등장하고 있다. 대중의 관심은 주로 '얼마'의 돈을 벌었는가에 집중된다. 그러나 성공한 안트러프러너는 어느 날 갑자기 벼락부자가 된 것이 아니라 남들이 하지 않는 모험을 통해 혁신의 가치를 창출하는 사람들이며 경제적 성공은 그 결과로서 얻은 것이다.

안트러프러너의 창업은 개인의 경제 활동을 넘어 사회적 가치가 매우 높다. 스타트업 생태계가 얼마나 활성화되어 있는가는 곧 그 사회의 혁신 수용성과 미래의 발전 가능성을 예측할 수 있는 중요한 근거다. 명예의 전당은 안트러프러너의 경제적 성공과 가치를 존중하고 그들의 활동이 사회에 미치는 선한 영향력을 충분히 인정해주자는 뜻이다. 스타트업의 가치를 인정하는 문화에서 안트러프러너는 험난한 도전의 여정을 자랑스럽게 생각하고 재도전의 힘을 얻는다. 명예의 전당은 안트러프러너 개인에게는 명예이고 새로운 도전을 꿈꾸는 예비 창업자와 초기 창업자에게는 롤모델을 제시한다. 더불어 안트러프러너의 정신, 즉 안트러프러너십의 사회적 확산도 기대할 수 있다.

안트러프러너는 단지 큰돈을 번 부자와는 확실히 다른 행보를 보인다. 미국 사회의 성숙한 기부 문화를 만든 이들은 시대의 안트러프러너들이다. 철강왕 카네기, 석유왕 록펠러John Davison Rockefeller, 투자전문가 워런 버핏Warren Buffett, 마이크로소프트의 빌 게이츠, 메타의 마크 저커버그 등은 재산 대부분을 사회에 환원했거나 환원하기로 약속했다. 그들은 엄청난 부를 축적한 이유를 개인의 역량보다 사회 시스

템의 혜택으로 인식한다. 사회에 빚을 지고 있다는 부채 의식의 발로
다. 국내에서도 스타트업 출신 젊은 기업가들의 남다른 기부가 주목
받았다. 참 좋은 선례다. 그런데 안트러프러너가 개인의 성취를 사회
와 공유하는 방식이 기부만 있는 것은 아니다. 자신이 성취한 부를 스
타트업 생태계에 뿌리는 방식도 있다. 대표적으로 미국의 선한 마피
아 활동이 있다.

  페이팔의 공동 창업자 피터 틸Peter Thiel은 실리콘밸리를 움직이는
'페이팔 마피아'의 대부다. 페이팔 마피아는 페이팔 출신의 성공한 창
업가와 투자자들을 일컫는다. 그는 페이팔의 성공으로 큰돈을 번 다
음 초기 페이스북에 투자해 엄청난 돈을 벌었다. 그는 이후 페이팔 출
신들이 창업한 스페이스X, 에어비앤비, 옐프 등에도 투자해 잇따라 성
공을 거두었다. 그를 중심으로 페이팔 출신 안트러프러너들은 서로
정보를 공유하며 함께 새로 창업도 하고, 서로 투자도 하고, 또 초기
스타트업에 엔젤투자를 하기도 한다. 성공한 사업가와 투자자들이 '인
맥'을 형성할 수 있도록 도와주고 직접 멘토가 되어서 기술, 재무, 경
영에 관해서도 조언한다. 링크드인의 창업자 리드 호프먼, 테슬라의
창업자 일론 머스크 등이 대표적 멤버다. 실리콘밸리에는 페이팔 마
피아만 있는 게 아니다. 페이스북 마피아, 엑스 구글러 마피아, 스탠퍼
드 마피아 등이 존재한다. 이들 선한 마피아는 미래 안트러프러너의
발굴과 육성에도 관심이 높다. 가령 피터 틸의 '20 언더 20' 프로그램
은 창의적이고 독특한 아이디어를 가진 20세 이하 청년 20명을 선발
해 2년간 10만 달러의 창업자금과 멘토를 지원한다.

  선한 마피아의 공식 명칭은 비즈니스 엔젤이다. 엔젤과 같은 역할의

비즈니스를 하는 사람들이다. 선한 마피아 활동은 안트러프러너가 가장 그들'답게' 사회에 공헌하는 방식이다. 비즈니스 엔젤이 생태계에 많아질수록 선순환 효과가 커진다. 성공한 스타트업과 안트러프러너들이 생태계의 마중물이 되는 비즈니스 활성화는 실리콘밸리의 또 다른 저력이다.

실리콘밸리의 안트러프러너들은 번 돈을 사회에 기부하고 가진 재능을 생태계에 공헌함으로써 자신의 성공에 자부심을 느낀다. 이는 오랫동안 한 사회가 성공한 기업과 기업가를 명예롭게 존중해온 문화가 큰 영향을 미쳤다. 스타트업의 성공은 창업자나 투자자들의 이익에 국한되는 것이 아니라 경제 전반에 긍정적인 활력을 부여한다. 안트러프러너의 성공은 공동체의 관점에서도 매우 가치가 높다. 성공한 안트러프러너가 자부심을 느끼고 자신의 성취를 공유할 수 있는 문화에서 스타트업 생태계는 건강하게 발전한다.

그럼에도 스타트업은
우리의 미래이다

　스타트업은 우리 경제의 미래가 될 수 있을까? 당장 눈으로 확인할 수 있는 지표는 일자리 창출 효과다. 코로나 팬데믹에서도 국내 벤처·스타트업계는 삼성, 현대자동차, LG, SK 등 4대 대기업보다 더 많은 일자리를 만들었다. 2021년 상반기 기준 연간 6만 7,238개다. 1년 만에 10.2%나 증가한 것으로 국내 평균 고용증가율 3.4%(고용보험가입 기준)보다 3배나 높다. 같은 기간 4대 대기업은 2,000여 개 일자리를 만드는 데 그쳤다.

　벤처·스타트업계의 특징은 투자가 곧 일자리 증가로 이어진다는 것이다. 2015년부터 2019년까지 5년간 벤처투자를 받은 기업은 투자 전보다 무려 4만 8,025개의 일자리를 더 만들었다. 창업 초기 스타트업의 경우 투자가 곧 일자리로 이어지는 효과가 더 컸다. 특히 테크 기업의 일자리 창출 효과는 두드러진다(중소벤처기업부).

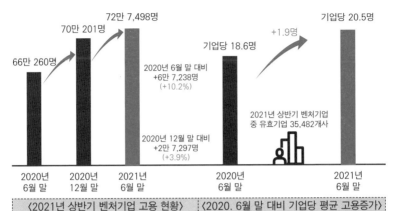

72만 7,498명

70만 201명

기업당 20.5명

+1.9명

기업당 18.6명

66만 260명

2020년 6월 말 대비
+6만 7,238명
(+10.2%)

2021년 상반기 벤처기업
중 유효기업 35,482개사

2020년 12월 말 대비
+2만 7,297명
(+3.9%)

2020년 6월 말	2020년 12월 말	2021년 6월 말	2020년 6월 말	2021년 6월 말

〈2021년 상반기 벤처기업 고용 현황〉　〈2020. 6월 말 대비 기업당 평균 고용증가〉

(출처: 중소벤처기업부)

　새로 일자리를 만들려면 저성장의 덫에서 벗어나야 하는데 이는 혁신으로 가능하다. 혁신은 제품이나 서비스, 구조나 시스템이 아니라 생태계의 관점으로 접근해야 한다. 혁신이란 산업생태계 내의 다양한 경제 주체 간 끊임없는 경쟁과 협력을 통해 창출되기 때문이다.

　과거 전통적 경제 생태계는 외부 연구기관이 기술을 개발하고 대기업의 연구개발을 거쳐 상업화되어 시장에 출시되는 구조였다. 대기업에 자본, 인재, 기술이 집중되어 있었기 때문이다. 하지만 이런 하향식 구조는 속도가 느리고 혁신이 쉽지 않다. 따라서 대기업은 일찌감치 내부 자원에만 의존하지 않고 다양한 외부 자원과 협업하는 오픈 이노베이션open innovation(개방형 혁신)에 화력을 집중하고 있다. 그 중심에 스타트업이 있다. 스타트업은 대기업 혁신의 레버리지다. 특히 막대한 자본력을 지닌 공룡기업은 쇠락하는 기업가치를 높이고 새로운 시장진출을 위해 유니콘을 매입하거나 투자하는 데 열심이다. 이른바

'유니콘 헤지unicorn hedge' 현상이다.

하지만 우리 사회가 진정한 오픈 이노베이션 생태계로 진보하기 위해서는 기업경영의 선진화가 필수적이다. 핵심은 기업지배구조의 투명성을 강화하는 것이다. 바로 여기에 스타트업의 역할을 기대한다.

국제적으로 통용되는 대표적인 한글 경제용어가 있다. 『옥스퍼드 영어사전』에도 등재돼 있는 'Chaebol(재벌)'이다. 학벌, 군벌, 문벌, 족벌, 파벌 등의 표현에서 보듯 '벌' 자가 주는 어감은 그리 좋지 않다. 철저한 가족 승계, 선단식 경영, 재벌 패밀리의 결속 등 한국 재벌만의 독특한 특징이 있기에 국제적으로 통용되는 단어가 됐을 것이다. 재벌은 거대 자본을 가진 혈연관계 구성원이 경영진으로 참여하는 기업 집단이다. 재벌의 지배구조는 한국형 기업지배구조를 설명하는 좋은 예다. 가장 큰 특징은 아주 적은 지분으로 다수의 계열사를 지배하는 것이다.

2021년 공정거래위원회가 발표한 자료에 따르면 상위 10대 그룹 총수의 지분은 평균 0.8%에 불과하다. 1%도 되지 않는 지분으로 계열사 간 순환출자와 상호출자 등을 통해 경영권을 지배한다. 이런 지배구조에서는 주주 중심 경영이 어렵고 의사결정 과정이 불투명하다. 강력한 오너 경영체제는 과거 경제발전 시기 빠른 성장에 도움이 된 측면도 있다. 하지만 이제 변화하지 않으면 안 되는 시대다.

세계는 이미 ESG 경영의 시대로 이동했다. ESG는 환경environment, 사회social, 지배구조governance의 영문 첫 글자를 조합한 단어다. 이 3요소는 기업의 지속가능 경영을 위한 핵심 요소로 평가한다. 재무제표와 같이 단기적이고 정량적인 지표가 아니라 장기적이고 정성적인 요

2002~2021년 총수가 있는 상위 10개 집단의 내부 지분율 변화

(단위: %)

구분	2002	2004	2006	2008	2010	2012	2014	2016	2018	2020	2021
총수 (총수일가)	1.4 (3.3)	1.3 (3.1)	1.4 (3.7)	1.1 (3.2)	1.0 (3.1)	0.9 (2.7)	0.9 (2.8)	0.9 (2.6)	0.8 (2.5)	1.0 (2.5)	0.8 (2.4)
계열사	42.2	43.3	46.0	44.7	44.0	52.8	49.5	54.9	55.2	54.2	55.2
내부 지분율	45.9	47.1	49.8	48.3	47.4	55.7	52.5	57.6	58.0	56.8	57.7

※자기주식은 계열사 지분에 포함되어 있음

(출처: 공정거래위원회)

소에 초점을 두고 기업이 지속적으로 성장할 수 있는지 가능성을 평가하는 지표로 활용되고 있다. 세계경제포럼은 '다보스 선언 2020'을 통해 기업 성과는 주주에 대한 수익뿐만 아니라 ESG를 달성했는지도 투명하게 측정돼야 한다고 강조했다. 유럽에서는 ESG를 비관세 장벽으로 활용하려는 움직임도 있다.

코로나19의 장기화로 지속가능성에 대한 전 세계인의 불안감이 커지고 있다. 미국의 바이든 정부가 기후전략, 사회정의, 평등, 기업 투명성 등 ESG 경영에 부합한 정책을 제시하며 기업의 핵심 키워드로 떠올랐다. 기업의 ESG 경영 활동을 위해 세계 곳곳에서 국가적인 제도화가 이루어지고 있으며 유럽 기업들은 이미 비재무정보 보고지침 **NFRD, Non-Financial Reporting Directive**를 통해 비재무적 정보를 공시하도록 규정했다. 국내에서도 금융위원회가 2030년부터 ESG 정보 공시를 모든 코스피 상장 기업에 의무 적용한다고 밝혔다.

도이체방크나 옥스퍼드대학교 등의 연구결과에 따르면 ESG를 도입한 기업은 자금조달이 훨씬 쉽고 리스크를 낮추고 재무성과는 물론 주가에도 긍정적이었다. 이처럼 기업의 필수 경영전략인 ESG 경영의 중요성은 점차 강화돼 앞으로 환경과 사회에 기여하는 균형 있는 성장을 이끌어가는 새로운 차별화 요소가 될 것이 분명해 보인다.

국제기구, 투자기관, 금융기관으로부터 시작된 ESG 바람은 어느새 대기업은 물론 중견기업을 넘어 스타트업에도 빠르게 확산되며 큰 영향을 미치고 있다. 세계 최대 자산운용사인 블랙록은 2021년부터 부쩍 ESG를 강조하며 주요국 정부에 ESG 정보 공유, 글로벌 스탠더드 제정을 요구하고 있다. 미국 3대 신용평가사도 ESG를 주요 평가지표로 보고 있다.

ESG 경영은 한 시절의 트렌드가 아니라 기업의 장기적 경쟁력을 평가하는 기준이다. 기후환경의 변화, 산업재해, 금융사고 등 부정적 리스크를 최소화할 수 있는 역량이 곧 기업의 경쟁력이라는 의미다. 글로벌 자본은 기업이 고객과 주주와 직원의 이익에 기여하는지, 환경에 대한 책임을 다하고 있는지, 지배구조가 투명한지를 다각적으로 평가하고 투자를 결정한다. ESG를 잘 준비하면 변화의 파도를 넘어 기회를 잡을 것이고, 준비하지 못하면 반대로 위기에 빠지게 될 것이다. 불확실성 시대에 비재무적 요소인 ESG가 글로벌 스탠더드가 된 이유는 시대가 달라졌기 때문이다. 과거 기업은 재화를 생산하고 이익으로 직원에게 급여를 주고 주주에게 이익을 잘 배당함으로써 존속했다. 지금은 기업 내부의 구성원, 외부의 고객, 더 나아가 사회(공동체)의 모든 이해관계자와 공존을 추구해야 존속할 수 있다.

시대의 변화는 기술의 목표도 바꿨다. 과거 기술의 혁신은 산업발전을 위한 것이었다. 지금은 환경과 사회 문제를 해결하는 데 주력한다. ESG 경영은 리스크에 강한 기업을 만든다. 직원, 고객 등 사회의 모든 이해관계자와 더불어 환경을 위한 가치를 창출할 수 있는 역량은 불확실한 위기에 대처하는 진짜 경쟁력이다.

그런데 한국형 기업지배구조는 ESG 경영 기준을 충족하기 어렵다. 물론 우리 기업들도 ESG 경영을 선포하고 중요한 목표로 설정하고 있다. 문제는 3가지 핵심 요소 중 환경과 사회에만 집중하는 것이다. 사실 가장 중요한 건 지배구조다. 지배구조, 즉 의사결정 구조가 투명하지 않은 기업은 내외부의 이해관계자와 소통하기 어렵고 환경과 사회 이슈의 대응에서 실패할 가능성이 더 크다.

어디서부터 변화해야 할까? 스타트업 경제의 성장이 혁신의 물꼬를 틀 수 있다. 스타트업은 태생부터 한국형 기업지배구조에서 출발하지 않는다. 스타트업은 투자를 받아야만 존속할 수 있고, 투자자는 경영 상태를 판단하는 지표로 투명한 지배구조를 중요하게 고려한다. 그 때문에 스타트업은 향후 성장해 기업 규모가 커져도 지배구조가 한국형 기업지배구조를 따라가는 방식은 되지 않을 것이다. 스타트업 경제가 무르익으면 스타트업의 선진화된 투명 경영은 사회 전체로 자연스럽게 확산될 것이다. 정책으로 규제하는 방식이 아니라 변화하지 않으면 안 되는 흐름에서 기업은 살아남기 위해 혁신의 길을 선택해야 한다. 스타트업은 혁신 성장의 돌파구다. 스타트업 생태계의 건전한 성장은 국가 경제는 물론 사회와 문화의 성장을 견인하는 동력이다.

스타트업, 아름다운 성공

초판 1쇄 인쇄 2022년 12월 1일
초판 1쇄 발행 2022년 12월 8일

지은이 유효상
펴낸이 안현주

기획 류재운 이지혜 **편집** 안선영 **마케팅** 안현영
디자인 표지 정태성 본문 장덕종

펴낸 곳 클라우드나인　　**출판등록** 2013년 12월 12일(제2013 - 101호)
주소 우) 03993 서울시 마포구 월드컵북로 4길 82(동교동) 신흥빌딩 3층
전화 02 - 332 - 8939　**팩스** 02 - 6008 - 8938
이메일 c9book@naver.com

값 18,000원
ISBN 979 - 11 - 91334 - 98 - 2 03320